KB202900

대중문화와 영성

대중문화와 영성

BTS, 메타버스, 다문화 그리고 양성평등 시대의
대중문화에 대한 신학적 성찰

박종현 외 12인 함께 지음
한국문화신학회 엮음

동연

책을 펴내며

　한국문화신학회의 2020~2021년 공동 연구서『대중문화와 영성』을 출간하게 된 것을 학회원 모든 분과 함께 축하합니다. 금번 대중문화 프로젝트는 2019년 가을 학회 임원회에서 결정하고 학회에 공지하여 모두 열세 분의 연구자들이 참여하는 연구가 결실을 하게 되었습니다.

　2020년 1월 겨울 코로나19가 중국에서 발생하였고 우리가 월례 발표회를 하게 된 3월 무렵부터 한국과 일본 등 주변국으로 전파되기 시작하였고 4월 5월에는 세계 중심 도시들로 확산하는 것을 목격하였습니다. 여름이 되면서 코로나19의 팬데믹이 선언되었고 학회 모임에 많은 제약이 뒤따랐습니다. 그런 과정에서도 방역 수칙을 지키며 학술 발표회를 지속하여 참가한 연구자들의 모든 발표를 마칠 수 있었습니다. 협조하여 주신 모든 분에게 감사 말씀을 드립니다.

　이 연구는 코로나19가 아니어도 이미 빠른 속도로 변화하는 현대 한국과 아시아 사회에서 대중문화의 흐름에 주목하여 그 변화 양상을 분석하고 비판적 성찰을 통해 기독교 공동체가 어떤 대응과 어떤 대안을 제시할 수 있는가를 모색하는 글들입니다.

　이 연구서는 크게 두 부분으로 구성되어 있습니다. 첫째 부분은 현재 진행 중인 한국 사회와 대중문화의 흐름의 맥락을 짚어내고 그것을 성찰할 수 있는 이론적 기술에 속합니다. 그리고 둘째 부분은 현대 한국 또는 아시아의 대중문화의 구체적 작품들을 분석하고 다

각도의 비평을 시도하는 한편 기독교 공동체 또는 기독교 공동체의
선교적 대안을 모색하는 연구입니다.

이병성의 글은 찰스 테일러의 세속화 개념을 중심으로 현대 대중
문화 비평을 시도합니다. 그리고 대중문화와 기독교의 접촉점으로
영성을 제안하여 기독교가 대중문화와 접점을 시도하고 선한 영향
력을 행사할 필요성에 접근합니다.

전철의 글은 포스트 휴머니즘에 대한 기술과 분석입니다. 포스트
휴머니즘의 역사적 출현 과정과 그에 대한 철학적 비판과 그 함의를
체계적으로 기술합니다. 그리고 이 사상에 대한 대응으로 포스트 휴
머니즘에서 근대성으로 회귀도 아닌 종말론적 파국도 아닌 새로운
문화 철학으로서의 가능성을 제안합니다.

이민형의 연구는 우선 한국의 신세대에 확산하는 뉴트로 현상에
주목합니다. 그리고 뉴트로 현상을 문화적 혼종성, 시뮬라시옹, 프
랙털 등의 개념들로 분석하고 뉴트로 현상의 바탕에 있는 기호 자본
주의 전략을 끌어내어 비판합니다. 그는 뉴트로에 내장된 이미지 지
배 자본주의 전략을 비판하며 이에 대한 기독교의 영성적 대응의 필
요성을 제시합니다.

김상덕의 글은 현대 사회의 테크놀로지에 기반한 새로운 미디어
가 다양하게 등장하고 이에 따라 이 뉴미디어에서 활동하는 인플루
언서의 등장에 주목합니다. 이 인플루언서는 기업, 마케터, 개인 등
그 주체를 구분하여 분석하고 과거에 기독교가 수용아니면 배척이
라는 이분법적 태도를 가졌던 것을 비판하면서 기독교는 뉴미디어
의 새로운 비평자로서 감시자, 해석자 그리고 생산자로서 대응하여

야 한다고 제안하고 있습니다.

남성혁의 글도 e-sport로 상징되는 뉴미디어 플랫폼의 등장에 주목하고 있습니다. 뉴미디어는 디지털 세대라는 한국에서 전혀 새로운 문화 주체가 등장하고 있음을 강조합니다. 전통적 기독교 선교에서는 이방 세계에 복음을 전하는 것을 선교의 주요 전략으로 삼았습니다. 이 연구는 디지털 세대가 새로운 이방 세계로 치환될 수 있음을 보여 주며 뉴미디어 시대에 기독교 선교 패러다임의 변화를 요청합니다.

김구의 연구는 오늘날 새로운 대중문화 장르로 급부상한 판타지라는 문화현상을 주시하며, 한국에서 혼령 드라마가 다양하게 등장하게 된 배경과 한국 사회가 혼령 드라마의 한풀이, 빙의 등 심령 현상에 이끌리고 그것이 드라마를 통해 다양하게 나타나는 현상을 파고들어 한국 판타지 문화의 한 단면을 분석하고 있습니다.

강응섭·백승희의 글은 일본의 영화감독 고레에다의 영화를 통해 영화가 추구하는 가족의 재발견에 주목합니다. 영화를 통해 어머니의 돌봄(강응섭)과 아버지의 혈연적 결속(백승희)이라는 두 가지 관점을 분석하고 가족이 존재하고 지속하기 위한 접촉과 소통의 가능성을 탐구합니다.

윤영훈의 글은 최근 한국 영화와 드라마를 분석하여 가족이라는 개념의 다양한 변화와 분화에 주목합니다. 그리고 이 미디어들은 근대 한국의 가족주의 이데올로기가 도전받고 있으며 이미 상당 부분 해체를 경험하고 있음을 보여줍니다. 그리고 대안으로 제시하는 새로운 가족은 기독교가 줄 수 있는 공동체성에 기반할 필요성을 강조합니다.

송용섭의 글은 〈반두비〉나 〈완득이〉 같은 다문화를 배경으로 하는 영화 속에 기독교의 이미지가 어떻게 투영되어 있는가를 분석합니다. 다문화 영화 속에 투영된 기독교는 중도적이고 우호적 이미지로 표현되고 있으며 이는 한국 개신교회 사회적 역할의 결과로 보이는 긍정성을 바탕으로 이를 선교적 과제로 전환할 필요성까지 제안합니다.

　　박종현의 글은 최근에 상영된 여성 영화 네 편을 통해 한국에서 여성의 이야기들이 어떻게 표현되는가 주목합니다. 대중문화에서 여성은 어떤 메시지를 드러내고 있으며 기독교 공동체는 한국의 여성 문제에 어떤 대답이 가능한지 질문합니다.

　　박일준의 글은 최근 세계적인 대중문화의 아이콘으로 떠오르는 방탄소년단을 철학하기 위한 미디어 비평적 방법과 제안을 보여줍니다. 방탄소년단의 역사와 그들이 노래하는 그 메시지를 분석하여 방탄소년단의 노래가 어떻게 철학적 행위로 재현되는가를 기술합니다.

　　김명희의 글은 찬송가와 대중음악 트로트를 분석합니다. 서구로부터 수용된 찬송가와 트로트가 한국에 문화적 토착화를 이루는 과정에는 풍류도의 미학적 바탕이 작용하고 있으며 특히 트로트와 찬송가의 만남에는 문화의 창조적 혼종성이 작용하고 있음을 분석합니다.

　　이 연구가 최근의 한국 대중문화를 이해하려는 독자, 기독교적 비평과 대안에 관심 있는 독자 그리고 기독교의 문화 선교에 관심을 가진 모든 독자와 현대 대중문화를 다면적으로 이해하려는 독자들께 유익하고 도움이 되길 바랍니다. 연구비를 후원해주신 성공회대학교와 도움 주신 이찬수 박사님께 감사드립니다. 귀한 마음으로 문화신학회에 관심을 갖고 이 책을 출간해주신 동연출판사와 김영호 대표님께 감사드립니다.

2021년 11월 1일
한국문화신학회 회장
박종현

차례

2부 | 텍스트와 삶

1부

상황과 문화

세속 시대의 대중문화와 영성

이병성*

I. 들어가는 말

미국의 한 기독교인이 다음과 같이 말하였다. "20세기 말 서구 문화에서, 하나님에 관한 매우 진지한 대화가 이루어지고 있습니다. 그러나 교회는 그 대화에 참여하고 있지 않습니다. 대부분의 경우 우리는 그 대화에 초대되지 않으며… 따라서 그런 대화가 이루어지고 있는지조차 모릅니다."[1] 이러한 사태는 미국만의 현상은 아니다. 한국에서도 마찬가지이다. 우리가 전통적으로 종교적이고 신학적 영역 속에서 논의되고 토론된다고 생각하는 주제들이 점차적으로 교회 밖에서 이루어지고 있다.

우리 시대의 많은 사람들은 교회를 떠나고 있다. 그들은 교조적 신앙이나 조직화되고 형식화된 신앙에 대하여 강한 거부감을 갖고

---

* 연세대학교 강사
[1] 로버트 존스톤, 『영화와 영성』 (서울: IVP, 2003), 12.

있다. 또한 조직화된 교회의 반민주적이고, 반인권적이고 시대에 뒤떨어진 규범의식, 근본적이고 배타적인 태도 그리고 부패한 모습들에 실망과 분노를 하면서 교회를 떠나고 있다. 교회는 안으로는 자기 만족에 빠져들고, 밖으로는 시대의 고민과 논쟁들을 외면하면서 자족적이면서 폐쇄적인 공동체가 되어 가고 있다. 그러나 그들이 교회를 떠난다고 해서 영성을 버리는 것은 아니다. 오히려 다른 방식으로 영성을 추구하고 있다. 그 영역 중의 하나가 바로 대중문화의 영역이다.

II. 세속사회와 종교

대중문화는 기본적으로 세속 문화이다. 그러나 세속 문화가 반드시 종교 문화, 기독교 문화에 대응하는 이항대립적인 관계를 갖는 것은 아니다. 세속 문화는 세속 시대라는 큰 프레임 속에서 형성되는 문화이다. 이러한 세속성은 현대인 삶의 가장 중요한 특징 중 하나이다.

현대적 의미의 세속 사회에서 세속의 가치와 규범 그리고 제도는 우리 삶의 조건이 된다. 세속의 가치 중 중요한 것은 자유, 평등, 인권, 민주주의, 다원주의 등이다. 세속의 삶의 영역은 자유 민주주의적 정치 체제, 자본주의라는 경제 질서 그리고 시민 사회라는 세 영역에 의해 구성된다. 이러한 세속적 규범과 제도의 조건 속에서 현대인들은 자신의 종교 생활을 모색한다. 그러나 세속이라는 영역의 확대가 반드시 종교 영역의 축소를 의미하지 않는다. 세속이라는 삶의 조건 속에서 종교의 가르침은 끊임없이 재구성되면서 그 생명력을 잃지 않는다.

세속이라는 삶의 조건 속에서 종교적 실천과 가르침이 현대적으로 재구성되고 있다는 점은 캐나다 출신의 철학자 찰스 테일러(Charles Taylor)[2]가 저술한『세속 시대』(*A Secular Age*)[3]라는 책에 아주 잘 설명되어 있다. 이 책에서 테일러는 근대성의 중요한 특징을 '세속성'(secularity)이라고 본다.

이 근대와 현대 시대의 특징인 세속성을 설명하기 위해서는 테일러는 세속성을 세 가지로 나누어서 설명한다. 그는 이것을 각각 세속성 1, 2, 3이라고 부른다. 첫째 단계인 세속성 1은 종교적 세계관이 공공영역(정치, 경제, 과학, 예술 등)으로부터 후퇴하고 있다는 점을 의미한다. 이것은 탈주술화(disenchantment)의 결과이다. 세속주의는 주술화된 세계로부터 탈주술화된 세계로의 전환을 의미한다. 그러나 세속주의가 반드시 신의 존재를 부정하지는 않는다. 이것은 단지 신을 초월적 영역, 즉 초자연적인 곳, 그러므로 믿을 수 없는 곳으로 밀어내어버리는 것이다. 신은 객관적인 과학의 영역 밖에 놓이게 되고, 이로 인해 과거에 서구인들에게 궁극적이고 우주적 가치를 부여해 왔던 신에 대한 믿음은 점점 더 어려워지게 되었다. 세속성 2는

---

[2] 찰스 테일러는 넓게 정의해서 공동체주의(communitarianism) 학자라고 부를 수 있다. 1980년대와 90년대 북미주권에서 시작된 공동체주의는, 그 당시의 주도적 담론인 자유주의적 사회철학을 비판하면서, 개인과 공동체 사이의 긴밀한 관계를 강조하고, 개인의 사회적 정체성은 공동체 관계를 통하여 형성된다고 주장한다. 이러한 입장에 서 있는 대표적인 학자는 테일러를 비롯해, Alasdair MacIntyre, Michael Walzer, Michael Sandel이다.

[3] Charles Taylor, *A Secular Age* (Cambridge, MA: Harvard University Press, 2007).

개인적 차원의 종교적 행위와 헌신의 약화를 의미한다. 개인은 공동체로부터 후퇴하고, 그들은 삶의 의미를 더 이상 외부적이고 영원한 원천에서 찾지 않고, 개인의 선택을 통하여 찾는다. 세속성 3은 가장 최근에 전개된 단계이다. 이것은 하나님을 믿지 않는 것이 거의 불가능한 사회로부터 신앙이 여러 가지 선택지 중의 하나가 된 사회로의 전환을 의미한다. 테일러는 종교개혁 이전의 시대에는 하나님 또는 신령으로 가득 찬 세계를 믿지 않는 것이 실질적으로 거의 불가능한 시대였다고 진단한다. 그러나 현대의 시대는 신앙 또는 종교가 현대인들에게 여러 가지 선택지 중 하나인 시대이다. 현대인에게 무종교는 "초기설정값"(default option)이 되었다. 테일러는 이 셋째 단계를 앞의 두 세속성의 단계와 구분하면서, 세속성은 종교적 믿음과 실천이 쇠퇴하는 것을 의미한다기보다는, 종교적 믿음의 조건이 변하였다는 것을 의미한다고 주장한다. 그는 세속성 3이 세속과 종교의 관계를 가장 잘 설명해 주는 관점이라고 강조한다.[4]

세속성 3을 통하여 테일러는 현대의 시대에 종교가 약화된다는 세속화 이론을 비판한다. 그는 세속화 이론과 달리 우리가 사는 세속 사회의 중요한 특징은 종교가 후퇴하는 것이 아니라 세속이라는 조건 속에서 종교가 재구성되는 것이라고 주장한다. 즉 근대성이 종교를 주변부화 한다는 관점은 현대인의 종교성을 설명하는 데 적절하지 않다는 것이다. 현대의 삶 속에서 종교는 전통적인 모습과는 다르지만 여러 가지 다양한 모습을 띠게 된다는 것이다.

테일러는 『세속 시대』에서 자신 논의의 지역적 문화적 경계를 분

---

[4] Taylor, *A Secular Age*, 20-22.

명히 하였다. 그 논의는 가톨릭과 개신교를 중심으로 하는 라틴 기독교 세계(Latin Christendom)에 집중하고, 북대서양 문화권에 한정하면서, 서구에서의 근대성과 세속성의 의미를 검토하였다. 테일러의 분석은 서구사회에 초점을 두고 있다. 그러나 그의 분석은 근대성을 시대 규범으로 받아들이며 현대 사회의 일원이 된 한국 사회에도 아주 중요한 시사점을 제공해 준다. 문명개화, 계몽적 근대, 근대적 국가 건설, 근대적 산업화 그리고 세계화를 거치면서 근대적이고 현대적인 규범과 제도와 인식이 한국 사회에 심화되어 왔다.

많은 학자들은 한국의 종교 인구가 줄어들고 있다는 통계적 분석에 근거하여 한국 사회의 탈종교적인 현상에 대하여 논의를 하고 있다.[5] 종교 인구 감소에 대한 논의는 무엇이 종교인가, 유교의 종교성과 같은 복잡한 논의를 수반한다. 또 한국 사회가 종교 인구의 감소 시대에 들어섰다면 이것이 종교성의 약화를 의미하는가에 대한 물음과도 연결된다. 이러한 논의는 기본적으로 테일러가 제시한 세속 사회와 세속 시대라는 관점에서 바라보아야 한다. 한국 사회가 테일러가 분석의 대상으로 삼은 서구 사회와는 세속이라는 점에서 다른 길을 걸었지만, 한국 사회도 세속 시대에 속해 있고 기본적으로 세속 사회이다. 무엇보다도 계몽을 중시하는 근대화라는 흐름속에서 세속의 질서는 토대를 형성하였고, 정교 분리와 종교 자유를 기본가치로 하는 자유주의적 규범 속에서 세속이라는 질서는 견고하여지고, 자본주의적 가치를 중심으로 한 경제 생활은 세속의 삶을

---

5) 이에 대한 논의로는 다음 문헌을 보라. 임영빈, "한국 종교 인구 변화에 관한 코호트 분석", 「현상과 인식」 43.4 (2019), 123-150; 전명수, "종교인구 감소의 시대 종교의 스포츠 활용현황과 과제", 「문화와 융합」 42 (2020), 205-206, 213-216.

심화시켰다.

이러한 세속 사회로서의 한국 사회에서 한국인들은 다양한 형태의 영성을 추구하고 있다. 세속 사회 속에 살아가는 한국인들은 반드시 종교에 무관심하지 않다. 이 세속 시대를 살아가는 사람들은 나름의 방식으로 자신의 종교성을 찾고 있다. 삶의 궁극적 가치를 찾고, 궁극적 질문에 대한 대답을 구하고 있다.

III. 탈주술화와 현대적 영성

100여 년 전에 막스 베버는 근대 사회의 특징을 '탈주술화'(dis-enchantment)라는 개념을 통하여 설명하였다. 탈주술화된 근대 사회 속에서 인간은 근대적 자유를 실현하였고, 자연이 주는 굴레를 상당히 극복하였다. 그러나 이로 인한 대가는 심대하였다. 현대 사회의 탈주술화는 도구적 이성의 지배를 가져왔다. 도구적 이성은 한편으로 인간을 자연의 지배로부터 해방시키기도 하였지만, 또한 인간은 도구화되고 수단화되며 원자화되었다. 부르주아적 질서 속에서 신과의 관계는 무인격적인 관계로 빠져들었고, 사회의 도덕성은 물질주의와 긴밀하게 연결하게 되었다. 모든 행동의 판단이 비용과 편익 분석으로 환원되는 세상이 되었다. 이러한 근현대 사회의 특성들은 기계주의적이고 물질주의적 특성을 강화시켰다. 이것이 탈주술화된 근대의 어두운 측면이다. 테일러가 지적한 것처럼, 탈주술화된 현대 사회에서 현대인들은 자신들의 삶과 행위에 "광범위한 사회적 우주적 의미의 지평"을 부여하였던 전통적인 질서의 해체로 인해 삶의 의미에 대한 상실감으로 고통스러워하였다.[6] 탈주술화를 기반으로 하는 세속주의적 태도는 인간의 삶의 의미를 빈약하게 만들고, 현대 사회가 갖는 기계주의적이고 물질주의적인 특성은 초월적 가치를 추구하고 염원하는 영혼들을 방황하게 만들었고, 영혼의 목마름을 적셔 줄 수가 없었다. 이러한 근현대사회는 생생한 삶의 경험을 제공해 주지 못했다.

그러나 근대와 현대 사회에서 이 세상을 뛰어넘는 초월적인 존재나 가치 또는 관계에 대한 갈망과 열망이 사라진 것은 아니다. 이 세상을 넘어서는 영원에 대한 갈망, 인간을 넘어서는 존재에 대한 열망, 지금/이곳 너머에 존재하는 궁극적 존재에 대한 염원 등은 인간의 마음속 깊은 곳에 뿌리를 내리고 있다. 세속 사회에서 많은 이들이 인간의 영혼을 약동하게 하고 생기를 주는 영원에 대한 갈망, 초월에 대한 열망을 가지고 있다. 이러한 열망과 염원은 인간의 영성의 출발점이다.

영성은 인간이 자기의 삶을 신이나 또는 어떤 초월적 존재에 관련시키는 믿음이나 모든 활동으로 구성된다. 탈주술화된 관점을 가지고 이러한 영성을 이해하기는 어렵다. 신의 영역이나 초월의 영역은 결코 탈주술화될 수 없는 영역이고 상태이고 관계이다.[7]

영성은 제도화된 종교와 불화하는 경향이 있다. 왜냐하면 종교성은 초월과 맞닿는 내적 경험인데, 종교가 제도화되면 이러한 영성이

---

6) 찰스 테일러/송영배 옮김,『불안한 현대 사회』(서울:이학사, 2001), 11.

7) Pam McCarroll, Thomas St. James O'Connor, and Elizabeth Meakes, "Assessing plurality in Spirituality Definitions," Augustine Meier, Thomas St. James O'Connor, and Peter VanKatwyk, eds., *Spirituality and Health: Multidisciplinary Explorations* (Wilfrid Laurier Univ. Press, 2005), 44-59.

제도 안에서 제대로 표현되지 못하기 때문이다. 종교와 영성 사이의 불일치와 괴리는 현대 시대만의 문제는 아니다. 종교는 제도를 통하여 조직화된 기관을 통하여 그 형식을 유지한다. 그러나 이러한 제도화된 형식은 끊임없이 영성을 억압하게 된다. 이러한 이유로 종교와 영성은 불화하는 경우가 많다. 에른스트 트뢸치(Ernst Troeltsch)는 서양의 기독교를 연구하면서, '교회', '섹트', '신비주의'라는 유형론을 제시한다.[8] 제도화된 '교회'의 메마른 영성을 비판하면서 새로운 종교운동, 신앙운동이 일어난다. 이것이 '섹트'로 나타나고 '신비주의'적 모습을 갖는다. 기독교 역사는 바로 이러한 흐름의 연속이었다. 20세기와 21세기에 이러한 흐름의 대표적인 모습은 오순절/카리스마 운동이다. 그러나 세속 시대가 되면 형식화되고 메마르고 폐쇄적인 종교적 가르침에 대한 반발이 반드시 새로운 형식의 종파 운동이나 신비주의 운동만으로 표현되는 것은 아니다. 교회나 제도 종교를 떠나거나 비판적 거리를 두는 사람들 중에 적지 않은 이들은 새로운 영성을 찾고 있다. 많은 경우에 이러한 영성은 대중문화 속에서 발견된다. 이것은 근대 이전에 새로운 영성을 찾는 방식과는 다른 현대적 영성의 두드러진 특징이다.

세속 시대에 현대인들이 영성을 추구하는 방식에는 두 가지가 있다. 하나는 제도화된 종교의 영성이고 또 하나는 제도화된 종교 밖에서 시도되고 표현되는 대안적 영성이다. 대안적 영성은 종종 개인주의적으로 표현되고 추구되곤 한다. 현대 사회에서는 개성과 다원

---

8) Ernst Troeltsch, *The Social Teaching of the Christian Churches*, 2 Volumes, Translated by Olive Wyon (Louisville, Kentucky: Westminster/John Knox Press, 1992).

성이 더욱 더 강조되는 있다. 이러한 사회에서 영성도 또한 개성과 다원성을 가지는 경향을 가진다. 현대 사회에서 다원화와 개성이 강조되면서 제도화되고 정형화된 종교가 약화된다. 제도화된 종교의 약화를 반드시 종교성의 약화로 볼 필요는 없다. 오히려 자율적 개인의 종교성은 강화되고 심화될 수 있다.

개인주의적 경향이 부상하기 이전에 사람들은 신성한 것을 국가, 사회, 민족 또는 자기가 속한 집단과 연결하려는 경향이 강하였다. 그러나 개인주의적 영성의 확대와 함께 신성한 것은 더 이상 국가, 민족 그리고 제도로서의 교회와 집단적으로 연결되거나 그것에 의해 매개되지 않는다. 종교적 소속감보다는 개인의 자기 표현력 그리고 자기 체험이 중시된다. 현대인은 대중문화 속에서 이러한 개인주의적 영성을 표현하고 있다. 대중문화를 통하여 현대인들은 개성과 다원성을 표현하고 향유할 뿐 아니라 그곳에서 영적인 만남과 체험을 한다.

IV. 대중문화, 영화 그리고 영성

우리가 사는 사회는 탈주술화라는 근대적 합리성의 개념으로 설명이 되지 않는 영역이 많이 있다. 그 중 대표적인 영역이 바로 대중문화 영역이다. 현대의 대중문화는 불가사의하고, 초자연적이고, 합리적으로 설명되지 않는 신비한 일에 대하여 많은 관심을 가지고 있고, 영화·뮤지컬·문학·게임·음악·미술 등을 통하여 다양하게 표현되고 있다. 이러한 소재에는 초월적인 힘, 심령술, 외계인이나 외계적인 현상, 악마적인 힘과 현상, 종말론적 현상(그 원인이 핵전쟁, 바이러스 창궐, 환경문제와 같은 비기독교적 원인에 근거한다), 환각세계, 사이버적 마술의 공간, 명상에 대한 관심 등이 될 수 있다.[9] 이러한 관심은 탈주술화라는 세속화이론과는 정반대의 현상으로 볼 수 있다.

오히려 대중문화의 이러한 관심은 '재주술화'(re-enchantment)라는 개념으로 설명될 수 있다.[10] 재주술화 개념을 강조하는 이들은 세상은 과학적 이성만으로 설명이 되지 않고 신비와 기묘함 예언자적 상상이 넘쳐나는 곳이라고 본다. 이러한 재주술화가 가장 잘 표현되는 곳 중의 하나가 바로 대중문화이다.

이러한 재주술화는 현대 종교에 많은 시사점을 준다. 재주술화는 본질적으로 세속화에 대한 반작용, 반발이라는 측면이 있다. 또한 그 자체가 종교적 현상이라는 측면을 가지고 있다. 대중문화 속의 재주술화 접근은 세속 시대에 대안적 영성을 확산시키고 있다. 이 대안적 영성은 제도화되고 형식화된 종교성에 대한 반발이라는 측면에서 일어나고 있다.

제도화된 종교 밖에서 추구되는 대안적 영성이 가장 돋보이는 곳 중의 하나는 영화의 영역이다. 영화는 반드시 재미나 흥미만 주는

---

9) 서구의 대중문화속에서 이러한 여러 가지 재주술화된 현상에 대한 관심을 Christopher Partridge는 다음의 문헌에서 잘 논의하고 있다. Christopher Partridge, *The Re-Enchantment of the West: Alternative Spiritualities, Sacralization, Popular Culture, and Occulture*, 2 Vols. (London: Continuum, 2005).

10) 재주술화에 대한 논의로는 다음 문헌을 보라. Charles Taylor, "Disenchantment-re-enchantment," *The Joy of Secularism* 11 (2011), 57-73; Patrick Sherry, "Disenchantment, re-enchantment, and enchantment," *Modern Theology* 25.3 (2009), 369-386; George Reynolds, "The re-enchantment of the world: McDowell, Scruton and Heidegger," Diss. University of Southampton, 2014.

것은 아니다. 영화는 인생의 의미를 발견하고 가치를 가르치고 궁극적 의미에 대한 문을 열어주기도 한다. 엘리자 카잔 감독은 영화는 "인류의 언어"라고 언급하였다. 영화는 인류의 언어이면서 인류에게 삶의 의미에 대한 새로운 해석과 새로운 관점을 제기하고 있다. 전통적인 종교들처럼, 영화는 세상을 어떻게 바라보아야 하고, 인생에서 중요한 가치는 무엇이며, 우리가 서로를 어떻게 대해야 하는지 그리고 이생 이후의 삶이란 있는 것인지, 있다면 어떠한 모습인지, 악이란 무엇인지 등을 이야기한다. 이런 점에서 영화는 종교적 기능을 수행하기도 한다. 그러나 영화라는 종합 예술 장르는 종교적인 면에서 기능적 등가물 이상의 의미를 갖는다. 그것은 세속 사회에서 새로운 형식의 영성이 표현되는 영역이다. 영화 속에서 현대인들은 현대적인 영성을 찾고 경험하고 표현하고 공유한다.

영화는 관객에게 영적인 영향을 강하게 미치는 대중문화 매체 중 하나이다. 물론 영화라는 대중 매체에 비판적인 보수적인 입장에서 영화는 그리스도인의 영성을 훼손하고 왜곡한다고 비판하며 의심스럽게 바라보기도 한다. 그들에게 영화는 죄악에 물들어 있는 영역으로 쾌락주의와 부도덕한 행위를 조장하는 매체이며, 반기독교적인 가르침이 자주 선포되는 곳이며, 아무리 좋게 보더라도 여가 시간을 보내는 수단 이상은 아니다.

이와 달리 어떤 이들은 영화를 포함한 대중문화를 복음화를 위한 유용한 수단이라는 좀 더 적극적인 관점에서 보기도 한다. 이들은 대중문화를 통하여 복음을 변증하기를 원한다. 이 시대에도 복음은 생명력이 있다고 이야기하는 것이다. 그러나 이러한 관점은 세속 사회에서 대중문화의 영성이 갖는 의미를 제대로 파악하지 못하고 있다. 너무 모든 것을 교회중심적으로 이해하면서 세속 시대의 영성의 넓고 깊은 의미를 놓치는 것이다.

영화를 통하여 영성을 체험하는 이들은 인간 경험의 본질적 의미의 문제를 영화를 통하여 찾고 있다. 이것이 바로 세속 시대의 대중문화가 우리에게 던져주는 영성에 대한 접근의 한 방식이다. 어떤 영화가 기독교영화가 아닐지라도 기독교인이 공감하고 배울 수 있는 문제의식을 던져준다는 점을 인식하는 것이 중요하다. 어떤 문화가 종교적인 문화나 종교를 닮은 문화가 아닐지라도 세속적 형태를 가지고도 영적인 깊은 울림을 줄 수 있다는 것을 이해하는 게 중요하다.

V. 나가는 글

세속화 이론이 주장하는 것과 달리 현대 사회에서 종교의 영향력은 강력하다. 종교가 약화되었다가 돌아온 것이 아니라 종교가 다른 형식과 다른 모양을 가지고 우리 사회와 우리 삶에 영향을 주고 있다. 이러한 영역 중의 하나가 바로 대중문화의 영역이다. 현대의 대중문화는 종교성, 영성이 현대적 형식을 가지고 영향을 주는 영역이다. 또한 대중문화 속에서 종교성과 영성이 확장되고 심화되고 있다. 어떤 이들은 "종교가 돌아왔다"라고 표현하기도 한다. 그러나 종교가 사라졌다 돌아온 게 아니고 새로운 형식을 가지고 새롭게 반응하는 것이다.

세속 시대의 대중문화가 휴머니즘적 접근을 하는 경우가 많이 있다. 그러나 이러한 휴머니즘이 반드시 기독교에 반하는 것이 아니라 오히려 기독교의 논의를 심화 확장할 수 있다. 세속 시대에 대중문화는 신앙인의 이해를 확장하고 심화시킬 수 있다. 대중문화는 인간됨에 대한 더 큰 가능성을 끌어내는 데 도움을 주고, 인간 본성과 세계 그리고 악에 대하여 깊은 통찰력을 제공해 주고, 우리의 인식의 지평을 넓혀준다.

휴머니즘의 빛과 그림자
: 포스트휴머니즘의 문화적 양상*

전철**

I. 들어가며

'인간/인류 이후'(post-human)로 번역될 수 있는 "포스트휴먼", '휴머니즘 이후'(post-humanism)로 번역될 수 있는 "포스트휴머니즘" 정신은 세련된 인공지능의 등장을 필두로 한 과학시대와 결합하여 21세기에 들어서 더욱 유행어로 번지고 있다. 포스트휴머니즘은 인간의 새로운 조건을 둘러싼 철학적 성찰이 누적되어 있다. 포스트휴머니즘 발화와 진화는 긴 역사적 맥락을 지니고 있다. 포스트휴머니즘의 발원을 휴머니즘과 당대적 긴장을 이룬 '반휴머니즘'에 둔다면 상당히 긴 역사적 숙고와 논쟁을 거쳐 계승되고 심화한 사유로 해석할

---

* 이 논문은 "휴머니즘의 빛과 그림자: 비판적 포스트휴머니즘의 사상적 실험",「신학사상」
  191 (2020), 295-323에 게재된 원고를 수정, 보완하였다.
** 한신대학교 교수, 조직신학

수 있다. 그러나 이에 대한 개념적이며 철학적인 논의는 20세기 후반 본격적으로 이루어진다. 이제 "인간 이후"에 대한 모색은 더욱 격렬하고 역동적으로 전개된다.

'휴머니즘'은 라틴어 후마니타스(humanitas)에서 파생된 용어이며, 르네상스의 중요한 정신과 특징을 반영하고 있다. 이는 인간을 둘러싼 모든 외부적인 권위와 전통을 거부하고 인간의 고유한 세계와 문화를 옹호하고 구축하려는 문명의 산물이다. 그렇다면 휴머니즘과 포스트휴머니즘에서 말하는 "인간"은 무엇인가. 분명히 인간의 본성은 그를 둘러싼 다양한 관계적 조건과 긴밀하게 연동된다. 순수하고 단독적인 주체로서의 불변하는 인간은 존재하지 않는다. 특히 과학, 기술, 자본, 문화가 빠르게 변화하고 있는 상황에서 인간의 새로운 조건과 과제에 대한 새로운 물음은 폭발하고 있다.[1] 포스트휴머니즘 담론은 전통적인 인간 해석의 사각지대를 둘러싼 새로운 질문에 기반을 둔 역동적 해석의 체계이다.

인간 이후의 미래를 그리는 포스트휴머니즘 사유는 어디에서 발원하였는가. 인간이 만나는 그 새로운 조건은 무엇인가. 본 연구는 새로운 포스트휴머니즘의 역사적 계보를 조명하고, 포스트휴먼 사유의 핵심을 검토한다. 특히 오늘날의 휴머니즘 전통을 해체하고 비판적으로 재구성하는 비판적 포스트휴머니즘의 사상적 실험을 탐색한다. 이를 통하여 포스트휴머니즘의 문화적 양상을 조명한다.

---

[1] 홍성욱·전철, "과학기술학(STS)의 관점에서 본 종교와 과학: 과학적 사실과 종교적 가치의 만남에 관한 연구", 「신학연구」 73 (2018), 39-44; 전철, "신의 지능과 사물의 지능: 지능의 본성에 대한 신학적 연구", 「신학사상」 183 (2018), 79-109.

II. 휴머니즘과 포스트휴머니즘

포스트휴머니즘 현상은 정보과학, 인지과학, 생물학과 나노공학의 급속한 기술적 발전과 함께 1990년대 폭발적으로 확산되었다. 동시에 정치적 문화적 관심 또한 확장되었다. "포스트휴먼"이란 무엇인가. 혹은 "포스트휴먼적"이란 무엇인가. "인간/인류 이후", 혹은 "인간 너머"의 뜻으로 다가오는 포스트휴먼 논의는 인류의 문화화 과정에서 배척되었던 모든 정신적인 것을 포괄하고, 인류의 '모든 다른 것'—동물, 신, 악마, 괴물 등 모든 것—을 포함하는 사유로 해석할 수 있다. 인간의 본성에 대한 전통적 탐구에 기반을 둔 '휴머니즘'은 마르틴 하이데거도 지적하였듯 철학과 형이상학의 긴 역사와 궤를 같이하였다. 모든 형이상학의 특징은 휴머니즘적이었다.[2] 인간은 인간에게 중요한 질문이었으며, 이는 여전히 유효하다. 그러나 수 세기 우리 문명의 중요한 동력이자 해석학적 기초가 되었던 '인간'에 대한 해석을, '인간 너머'로 확대하고 전환하려는 동기가 포스트휴먼 사유에 있다.

1. 포스트-휴머니즘 해석의 다양성

'포스트휴머니즘'이라는 개념은 다양한 해석의 가능성을 지니고 있다. 반인간중심주의, 관계론적 인간론, 생태학적 세계관과 우주관이 아니라 왜 굳이 포스트휴머니즘이라는 이름을 붙여야 하는가? 그

---

[2] Martin Heidegger, "Brief über den Humanismus," *Gesamtausgabe Band 9* (Frankfurt am Main: Vittorio Klostermann, 1976), 321.

리고 포스트모더니즘과의 차이점은 무엇인가? 포스트휴먼 논의는 과학기술 문제에 방점을 두었기 때문에 포스트모더니즘이 아닌 포스트휴머니즘이라는 개념을 사용하는 것인가? 오랜 역사를 가진 휴머니즘을 사상적으로 넘어선다는 것이 과연 가능한가? 왜 포스트휴머니즘이라는 용어가 우리 사회, 특히 학문의 영역에서 중요한 화두가 되었는가? 우리는 포스트휴머니즘이라는 개념을 둘러싼 여러 질문을 던질 수 있다. 개념은 특정한 문화적 상호관계 속에서 빚어지고 출현한다. 그러나 특정한 문화적 맥락이 담긴 개념이 다른 맥락을 지닌 문화권과 새롭게 만날 때 그 개념은 새로운 해석학적 국면을 맞이한다.

14세기 중반 유럽에서 발원하여 르네상스와 종교개혁을 거쳐 17세기에 이르기까지 큰 영향력을 제공한 휴머니즘(humanism)이라는 개념[3]은 역사적 조건과 문맥에 따라 '인간주의'(人間主義), '인문주의'(人文主義), '인본주의'(人本主義), '인도주의'(人道主義)로 각각 해석할 수 있을 것이다. 주술적이거나 종교적인 차원에서 거대한 힘과 신성에 대한 통치를 거부하고 인간을 세계의 중심으로 해석하는 인간주의, 인간의 중심에 깃든 본성의 함양과 더불어 문화와 문명을 새롭게 전개하는 인문주의, 어떠한 외부적인 권위를 판단의 요소로 삼지 않고 인간의 본성과 사명에 바탕을 두고 진리·도덕·아름다움을 모색하는 인본주의, 인간의 존엄성과 인권을 핵심 정신으로 생각하여 인간 공동의 도덕적 가치를 사회적으로 구현하는 인도주의 등등 휴머니즘 개념과 그 정신은 다양한 얼굴을 지닌다.

---

[3] Lewis W. Spitz, "Humanismus/Humanismusforschung," *Theologische Realenzyklopädie*, Band 15 (Berlin: Walter de Gruyter, 1986), 639.

동서양의 사상과 폭넓게 관계하는 휴머니즘 정신을 고려할 때, 특히 동아시아의 관점에서 '휴머니즘'과 '포스트휴머니즘'을 접근하는 것에는 개념적 어려움이 더욱 가중된다. 즉 휴머니즘이 인간중심주의라는 비판을 받기 이전, 즉 바로 한 세기 이전에 동아시아와 한국은 휴머니즘의 득과 실을 쌍방향으로 경험하고 있었다. 백인 중심주의적이고 기계 물질문명을 내세운 서양문명을 '잘못된 휴머니즘'으로 규정하고, 이에 반해 사해동포주의적이며 정신문명이 고양된 동양의 문명을 '건강한 휴머니즘'으로 내세우며 저항했기 때문이다.

　제국주의 식민주의 시대로 열강들이 패권을 다투던 19세기 말, 20세기 초 조선에서 휴머니즘은 인간중심주의로 이해되지 않았다. 오히려 인간의 인간에 대한 차별이 횡행하던 때, 인간의 가치와 존중을 고양하는 휴머니즘은 매우 중요한 개념이었다. 1920년대 시기의 휴머니즘 개념은 계몽주의와 결합하여 '인도주의'(人道主義)로 번역되는 경우가 많았다. 자의든 타의든 글로벌 세계에서 인종, 민족의 경계를 넘어서 인간 그 자체를 존중하는 의미로 문명국이 갖춰야 할 '인도주의'가 부각되었던 것이다.

　이 인도주의는 공산주의 사회주의 계열의 지식인이 아닌 이상은, 고양된 종교성에 대한 강조가 늘 동반되었던 개념이었다. 특히 기술문명을 내세우며 약소국을 침략한 열강들은, 본인들을 휴머니즘의 담지자나 전문가로 자처했지만, 피식민지국에서 그들은 오히려 기계 물질문명에 경도된 휴머니즘의 변절자, 배교자이기도 했다. 따라서 이때의 휴머니즘은 제국주의 열강에 의해 들어온 것이기도 했지만, 피식민 지식인들이 식민세력을 비판할 수 있는 무기로 활용되었다. 전통적으로 인간의 보편성과 일반성에 기반을 두어 통용되었던

'휴머니즘' 개념은 이후 다양한 역사적 조건과 상황과 결부되어 '해석의 갈등'을 겪는다.

2. '인간'과 '인간 너머'의 새로운 만남

전통적으로 인간은 시선의 '주체'이자 시선의 '대상'이었다. 그에 비하여 포스트휴먼 논의는 적어도 인간의 시선을 넘어서는 주체적 시선의 전적 교체는 불가능하지만, 인간이 아닌 '다른 모든 것'으로의 대상의 확장을 꾀한다. 물론 인간은 인간 아닌 것을 응시해 왔다. 그리고 인간은 수많은 비인간에 관한 시선과 해석을 확보하기도 하였다. 그러나 '인간 너머'의 것을 '인간 본성을 구성하는 핵심 요소'로 본격적으로 편입시키는 관점은 매우 전향적이다. 인간과 돌의 차이를 전제로 인간을 해명하는 것보다 인간과 돌의 동일성을 전제로 인간을 해명하는 것은 생각보다 낯설다. 바로 이 지점이 포스트휴먼 논의의 중요한 출발점이다.

타자는 이제 인간만이 아니다. 그렇다면 인간은 인간이 아닌 것들을 진정한 타자로 어떻게 받아들이는가. 인간과 무관한 경계 너머의 타자가 아니라 긴밀한 관계적 타자로 어떻게 받아들일 수 있는가. 새롭게 출현하는 인간 아닌 존재자들에 대한 실존적 배격과 두려움을 넘어서 그 존재자들과 공존하는 새로운 인간학의 구성을 포스트휴먼 사유는 모색한다. 그러나 인간의 관점은 궁극적으로 인간 아닌 관점으로 교체될 수 없다. 인간의 시선은 돌의 시선이 아니다. 그것은 불가능의 가능성이다. 하지만 포스트휴먼 사유는 궁극적으로 인간이 아닌 다른 존재자의 관점에서 '인간'의 본성을 탐구하는 시선으로까지 안착하는 과제를 모색한다.

이 포스트휴먼의 "포스트"는 휴머니즘의 연속성에 기반을 둔 미래 이미지보다는, 인간이 아닌 것들이 "휴먼"과 어떻게 미래에 결합하고 관계 맺을 수 있는지를 의미론적으로 다룬다. 포스트휴먼 논의가 인간과 비인간의 새로운 결합 가능성에 집중하는 이유가 여기에 있다. 즉 포스트휴먼 논의는 그동안 인간적인 것에 의해 배제당하고 고려되지 못하였던 여백의 영역을 새롭게 조명함으로써 인간과 인간이 아닌 그 모든 것과 새로운 대화와 결합을 시도하려 한다.

포스트휴먼의 논의는 문화와 기술, 과학의 여러 도전 앞에서 전통적으로 견지했던 인간과 생명의 '정체성'에 대한 성찰적 재구성이다. 정체성은 생명의 코드화이다. 정체성 개념은 전통적으로 "영혼", "자아", "관계적 능력", "주체", "의식"과 매우 광범위하게 연결된다. 모든 생명은 환경과의 관계에서 자신의 정체성을 코드화하는 역량을 지닌다. 그러나 전통적인 생명과 환경에 대한 인식이 변화되는 상황에서 인간의 중심, 생명의 중심에 대한 해체와 재구성의 과제가 요구된다. 포스트휴먼 담론은 새로운 정체성의 발굴과 재해석을 주요하게 의식한다.

포스트휴먼 담론은 오히려 전통적인 인간과 생명의 정체성 논쟁의 중요한 주제인 영혼과 신체의 관계, 정신과 자연의 관계, 생명과 무생명의 관계, 인간과 동물의 관계, 마음과 뇌의 관계를 오늘의 새로운 상황에서 새롭게 바라보는 계기를 제공한다. 왜냐하면 전통적인 정체성 패러다임과 정체성 정치의 틀이 우리 시대의 새로운 포스트휴먼 현상 속에서 그의 사각지대를 노정하고 있기 때문이다. 예를 들어 전통적으로 인간의 정체성에 대한 사유에 비해 사물의 정체성에 대한 사유는 극히 소수였다. 적어도 포스트휴먼 시대는 인간, 생명, 사물, 자연에 대해 새롭고 참신한 개념적 성찰을 요청한다.

그렇다면 포스트휴머니즘의 논의는 전통적인 휴머니즘과 '긍정적' 계승의 관계인가 아니면 '부정적' 해체의 관계인가. "포스트"에 담겨 있는 인간 외의 여러 조건에 대한 검토는 "휴먼"과 얼마나 긍정적으로 조응하고 대응될 수 있는가. 아니면 전통적인 "휴먼"이 운신할 수 있는 모든 미래 가능성과 연속성을 파괴하고 전혀 다른 방식으로 미래를 진단하는 담론인가. 여기에는 '긍정적인 포스트휴머니즘'과 '회의적인 포스트휴머니즘' 모두가 병존한다. 긍정적인 포스트휴머니즘은 인간의 진보를 전제로 한 기술문화적 실용주의로 이어진다. 반면에 회의적인 포스트휴머니즘은 종말론에서부터 해체적, 비판적 포스트휴먼에 이르는 관점이 전개된다.

포스트휴머니즘의 출현은 새로운 시대에 진입한 인간 조건에 관한 고유한 성찰의 산물이기도 하다. 이러한 새로운 시대의 진입을 가속화 하거나 표상할 수 있는 중요한 동력은 바로 '기술'의 문제이다. 포스트휴머니즘 논의는 기술 혁신의 문제와 아주 긴밀하게 연결되어 있다. 분명 포스트휴머니즘은 인공지능 시대 기술과학적 변화와 도전 앞에서 인간의 미래를 고민하는 담론이지만, 기술과 과학의 범주로만 환원될 수 없는 폭넓은 개념적 외연을 지닌다.

전통적인 인간에 대한 논의의 범주를 기술의 급격한 발전과 진화에 따라 근본적으로 재구성해야 하는지를 시급하게 다루는 것은 포스트휴먼 사유의 중요한 과제이다. 인간에 대한 전통적인 이해는 기술의 발전을 통하여 끊임없이 새롭게 변경되고 교체되어 왔다. 또한 기술의 발전이 인간 본성과 인간 미래의 경로를 새롭게 생성하였으며 인간 이해에 아주 깊숙한 영향을 미치고 있다. 모던을 넘어서는 포스트모더니즘의 사유에서도 기술의 혁신은 중요한 출발점을 제공하였다. 기술의 혁신이 인간의 미래를 어떻게 변화시키는지를 포스트휴머니즘은 더욱 주목하고 있다.

III. 포스트휴머니즘의 문화적 조건

서구 휴머니즘 이해의 중요한 변화를 촉발한 사상가는 미셸 푸코이다. 『말과 사물』(1966)에서 전개된 그 유명한 "인간의 종말"은 바로 휴머니즘에 대한 비판적 외침이자 그 종말에 대한 확언이었다. 이는 서구 휴머니즘의 근간인 보편주의적 이성을 지닌 인간 주체는 사실상 존재하지 않는다는 중요한 선언이었다. 근대정신을 선도해 온 주체로서 서구 문명에 대한 반성이 담긴 성찰이었다. 계몽의 주체로서 인간의 종말이 바로 포스트모더니즘적인 휴머니즘의 출발이었다. 이러한 푸코의 사상은 포스트모더니즘과 후기 구조주의 사상으로서 이후 널리 확산된다.

21세기 초반 인도주의로서 '휴머니즘'은 여전히 실현을 향해 나아가야 할 중요한 방향이다. 하지만 식민주의 시대의 휴머니즘과 지금 우리시대의 휴머니즘의 함의는 변화되었다. 그 사이 인간은 두 차례의 비극적인 세계대전을 넘어왔으며 역사, 정치, 경제, 과학기술적으로 전혀 다른 시공간을 체험한다. 이제 인간의 정당한 존속을 위해서는 '인간' 사이의 관계뿐 아니라 '인간과 비인간'의 관계에 대한 재설정이 필요하다는 각성이 점점 뚜렷해지고 있다. 바로 과거의 폐

허와 미래의 변화에서 휴머니즘에서 포스트휴머니즘으로의 전환이 작동한다. 그리고 휴머니즘에서 포스트휴머니즘으로의 사상적 전환은 반휴머니즘, 기술적 포스트휴머니즘, 비판적 포스트휴머니즘의 흐름으로 구성된다.

1. 반휴머니즘

'반휴머니즘'(anti-humanism)은 전통적인 '휴머니즘'과 그 조건에 대한 비판적-대립적 관점을 제시하는 일련의 사상적 흐름이다. 반휴머니즘의 역사는 휴머니즘의 역사만큼 대극적으로 긴 역사가 있다. 특히 2차 세계대전 이후로 전개되는 새로운 사회적 저항의 운동, 전통적인 구조주의를 넘어선 포스트구조주의 사상의 출현 그리고 보편적 휴머니즘의 위기와 허위의식을 전면적으로 극복하려는 다양한 문화적 목소리로 반휴머니즘 사유는 채워진다. 분명히 반휴머니즘과 포스트휴머니즘은 동일시할 수 없는 사상적 시공간의 차이가 존재한다. 그러나 반휴머니즘은 포스트휴먼 사상을 형성하는 중요한 원천이다.

반휴머니즘은 계몽주의의 발흥 이후로 형성된 세계의 중심인 보편적 인간, 척도로서의 인간과 그 휴머니즘의 신뢰를 거부한다. 특히 서구 근대 휴머니즘이 노정했던 여러 철학적-역사적 그림자를 반휴머니즘은 주목한다. 여기에서의 서구 근대 휴머니즘은 유럽 중심주의적, 제국주의적, 남성 중심적, 보편적, 합리적, 이성적 경향에 대한 옹호를 뜻한다. 반휴머니즘은 근대 휴머니즘의 위기와 종말을 말한다. 반휴머니즘의 사유에서 이러한 휴머니즘적 보편주의는 가상의 현실이며, 진정한 현실의 풍경을 파괴한다. 반휴머니즘은 전통적인 휴머니즘이라는 개념에 안착한 권력, 특권, 가상, 폭력, 공모, 정치, 억압, 추상의 이데올로기를 폭로하면서 비판한다. 그 휴머니즘 안에는 진정한 휴먼이 없다는 것이다.

> 이제 이 '인간'은 자연법의 위치에 도달했던 보편주의적 이상을 발화하는 완벽한 비율의 표준이기는커녕, 우발적인 가치와 지역성을 지닌 역사적 구성물임이 드러났다. 자유주의 사상가들은 개인주의가 '인간 본성'의 고유한 부분이라고 믿고 있지만, 개인주의는 역사적으로 그리고 문화적으로 특정하게 형성된 담론이며, 더 나아가 점점 문제가 되어가고 있다.[4]

사실 포스트휴머니즘이라는 개념의 애매모호함에 대하여 놓치면 안 된다. 왜냐하면 '휴머니즘'의 역사와 개념 자체가 광의적이며 다의적이기 때문이다. 그렇다면 휴머니즘에 대한 비판의 관점에서 '반휴머니즘'을 지닌 입장은 누구의 입장이며 무엇을 지향하는가. 그리고 포스트휴머니즘의 유용한 형성을 위한 반휴머니즘의 통찰은 무엇인가. 헤어브레히터는 포스트휴머니즘의 핵심에 휴머니즘을 비판하는 '반휴머니즘'이 내재하는 면을 주목한다.

반휴머니즘은 서구 휴머니즘의 붕괴와 종말을 목도하며 전통적인 인간상을 넘어선 새로운 인간의 얼굴을 그려나가고자 한다. 20세기 반휴머니즘의 관점에서 '휴머니즘'은 서구의 보수적이고 철이 지난 이데올로기로 평가된다. 예를 들어 후기구조주의의 사유 속에서

---

[4] Rosi Braidotti, *The Posthuman* (Cambridge: Polity Press, 2013), 23-24; 로지 브라이도티/이경란 옮김, 『포스트휴먼』 (서울: 아카넷, 2015), 36.

반휴머니즘의 흐름을 구성하는 자크 데리다는 '나'와 '우리'를 지칭하지 않는 포스트휴머니즘의 사유를 모색한다. 즉 개별적인 인간의 목적성이나 인간 개념의 목적론 속에서 인간을 '인간 중심적'으로 만드는 것이 아니라, 미래의 '비인간적인 것'에 대한 인간의 급진적 개방성을 새롭게 이해하고 규정하려는 시도이다. 데리다는 '인간이라는 무엇인가?'라는 질문을 '인간이란 누구인가?'라는 질문으로 바꾸고자 하였다.

2. 기술적 포스트휴머니즘

기술적 포스트휴머니즘 논의에 관하여 '포스트모던'과 '포스트휴먼'의 차이를 구분할 필요가 있다. 포스트모더니즘은 계몽의 사유를 넘어선 새로운 사상의 자유와 이론의 재발견, 상대화, 임의성과 우연성을 인지하는 시각의 공간화와 연계성에 집중한다. 더 나아가서 극단적 의미개방성과 다양성에서 포스트모더니즘의 정신은 분명히 드러난다. 그러나 포스트휴머니즘은 "오락적이거나 불분명하기도 하지만 동시에 진지하게 논의되는 측면도 가지고 있다. 다시 말해 포스트휴머니즘은 포스트모던에 근거하지만 포스트모던의 급진적 측면과는 거리를 둔다."[5] 즉 포스트모던 사유는 휴머니즘에 대한 강력한 해체와 저항, 다중심성의 강조를 꾀한다면, 포스트휴먼 사유는 그럼에도 불구하고 휴머니즘의 '포스트'적인 재구성을 통하여 해체 앞에 서 있는 인간의 새로운 존속 가능성을 진중하게 모색한다.

---

[5] 슈테판 헤어브레히터/김연순·김응준 옮김, 『포스트휴머니즘』(서울: 성균관대학교 출판부, 2012), 39.

포스트모더니즘에 대한 포스트휴머니즘의 거리두기는 미래 인류의 기술, 문명, 그리고 진보에 대한 고유한 해석과도 연결된다. 포스트휴머니스트들은 포스트모더니즘이 기술시대를 설명하기에는 그 사유가 너무 빈약하다는 평가를 가한다. 왜냐하면 미래의 기술, 문명, 진보에 대한 회의보다는 이에 대한 적극적 옹호와 승인을 통하여 미래에 대한 적극적인 변화를 탐색하기 때문이다. 특히 이러한 경향은 포스트휴머니즘을 기술 발전과 연계하여 전개하는 '기술적 포스트휴머니스트'에게서 발견된다. 과학 기술의 진화는 인간과 기계의 새로운 결합을 향한 상상력에 새로운 힘을 부여한다. 기술적 포스트휴머니즘의 전사는 영화와 소설과 공상과학 그리고 첨단기술이 구현되는 연구실이었다. 기술적 포스트휴머니즘에서는 인간과 기술, 인간과 기계의 변증법적 결합을 더욱 적극적으로 주목하고 승인한다. 기술적 포스트휴머니즘은 반휴머니즘과 포스트모더니즘이 경시하는 기술의 정신을 미래 포스트휴머니즘 구성의 중요한 실마리로 삼는다.

분명 기술은 자동으로 인간에게 주어지는 것이 아니다. 모든 기술의 목적이 인간에게만 귀속된다는 관점은 일방적인 인간중심적 해석일 수 있다. 기술은 그 기술을 다루는 인간의 지위와 그 기술을 통하여 성취하려는 인간의 목적과 무관하지 않다. 인간은 호모 테크니쿠스(homo technicus)였다. 하지만 기술의 진보가 인간을 위협하는 심리적, 실존적, 사회적 상황이 출현할 수 있다. 바로 이러한 기술에 대한 양면적 긴장, 즉 긍정과 부정은 포스트휴머니즘에서도 존재한다. 바로 이 지점이 기술을 긍정적으로 접근하는 '트랜스휴머니스트'와 기술 비판적인 '포스트휴머니스트'가 분기하는 지점이기도 하다.

이 두 흐름은 전통적인 휴머니즘에 대한 저항과 새로운 인간 존재에 대한 해석의 관점에서는 상호 유사하기도 하다. 하지만 트랜스휴머니즘은 H+(Humanity Plus)로 상징될 수 있는 인간 역량의 가능성을 적극적으로 모색한다는 점에서 포스트휴머니즘과 차이를 지닌다.

3. 비판적 포스트휴머니즘

비판적 포스트휴머니즘은 세계화, 과학기술, 후기 자본주의와 기후의 위기를 겪고 있는 인간/인류의 새로운 조건을 검토하는 현대적 사회 담론이다. 비판적 포스트휴머니즘은 인류세의 조건이 야기하는 인간의 다양한 위기 상황을 매우 심각하게 받아들인다. 동시에 비판적 포스트휴머니즘은 전통적인 휴머니즘에 대한 안티테제를 강조한 '반휴머니즘'과 과학기술주의와 긍정적 포스트휴먼 사유로 무장된 '기술적 포스트휴머니즘' 사이의 긴장을 창조적으로 넘어서려는 입장을 지칭하기도 한다.

비판적 포스트휴머니즘은 휴머니즘의 계승이 아니라 휴머니즘의 해체 위에 존재한다. 휴머니즘의 위기는 자명한 현실이다. 비판적 포스트휴머니즘은 휴머니즘의 '대서사'가 현재 난관에 봉착했지만 언제든지 기회가 되면 새롭게 출몰할 것이며, 지속적인 해체의 작업이 이루어질 때 포스트휴머니즘 담론과 트랜스휴머니즘 담론에 '휴머니즘'이 다시 귀환하는 것을 막아낼 수 있다고 생각한다.

포스트휴머니즘을 둘러싼 비평에는 비판과 옹호의 양 관점이 병존한다. 한 관점은 프랜시스 후쿠야마, 마이클 샌델, 위르겐 하버마스 그룹이다. 이들은 도덕주의적, 보편주의적 관점에서 포스트휴머니즘이 지닌 과학기술의 낙관적 기대에 윤리적 문제를 환기하는 입장이다. 예를 들어 프란시스 후쿠야마는 이미 긍정적 포스트휴머니즘을 대변하는 트랜스휴머니즘이 세계에서 가장 위험한 사상이라고까지 비판하였다. 이 입장은 인간 본성을 변할 수 없는 핵심 가치로 인식하기에 인간 본성의 변화 가능성과 그 도전에 대하여 비판적인 견해를 피력한다.

다른 한 관점은 한스 모라벡이나 맥스 무어와 같은 급진적인 트랜스휴머니스트 그룹이다. 이들은 과학기술을 인간과 접합시켜 인류의 진보와 새로운 트랜스휴먼 문명의 등장을 꿈꾸는 입장이다. 이 지점이 서로 상이한 포스트휴머니즘과 트랜스휴머니즘 사유가 어떻게 만날 수 있는지를 보여주는 매우 흥미로운 지점이다. 기술이상주의와 기술결정주의는 트랜스휴머니스트들의 중요한 관점으로 보인다.

비판적 포스트휴머니즘은 이러한 양극단의 두 관점 사이에서 그것을 넘어서려는 입장에 서 있다. 비판적 포스트휴머니즘은 휴머니즘이라는 거대서사로서 지속하긴 하지만 끈질긴 해체 전략을 통해 휴머니즘이 변화하거나 무효가 될 수 있다고 진단한다. 이를 통해 휴머니즘이 포스트휴머니즘과 트랜스 휴머니즘 내의 새로운 담론에 다시 각인되는 것을 방지할 수 있다. 즉 '포스트휴머니즘'은 휴머니즘의 진행되는 해체, 즉 급속도로 발전하는 기술화 시대에서 휴머니즘을 급진적으로 해체하는 것이다. 그에 비해 '비판적 포스트휴머니즘'은 휴머니즘 그 자체 내의 우선적인 위기로서 비인간화와 그 위기에 초점을 맞춘다. 비판적 포스트휴머니즘은 긍정적 포스트휴머니즘의 강조점인 미래의 인간과 기술의 증진에 대한 낙관적이며 이상적인 태도에 대하여 비판적 입장을 담고 있다.

비판적 포스트휴머니즘은 기술적 변화에 대한 맹목적 신뢰를 가하지 않는다. 그렇다고 하여 그 기술적 변화가 의미 없다고 판단하지도 않는다. 이 점에서 비판적 포스트휴머니즘은 기존의 기술적 포스트휴머니즘과의 불연속적인 관계를 갖는다. 로지 브라이도티는 이러한 비판적 포스트휴머니즘의 관점을 충실히 담보하고 있다. 그는 반휴머니즘적인 관점이 보여주고 있는 보편성의 해체, 개별성의 확장 그리고 전통적인 인간의 지위에 대한 냉소적이며 급진적인 저항에 대하여 비판적 입장을 취한다. 거기에는 새로운 방식의 개별적 가치를 묶는 연대적 재구성이 결핍되어 있다는 것이다. 또한 그는 기술주의에 입각한 긍정적 포스트휴머니즘(분석적 포스트휴머니즘)이 그리는 새로운 휴머니즘적 주체 구성의 모호함과 열약함에 대하여 비판한다.

> 과학과 기술 연구의 분석적 포스트-휴머니즘은 현대 포스트휴먼 풍경의 가장 중요한 요소의 하나다. 하지만 내 포지션의 핵심인 비판적 주체이론의 관점에서 보면, 이 견해는 휴머니즘적 가치들을 선택적으로 도입하면서 그러한 접붙임이 낳는 모순들을 언급하지 않기 때문에 목적을 이루기에 적절치 않다. 기술적 성취와 그에 따라오는 부에 대한 자부심 때문에 우리의 선진기술이 발생시키는 사회적이고 도덕적인 불평등과 커다란 모순들을 간과해서는 안 된다. 과학적 중립성의 이름으로든 혹은 지구화가 가져온 범-인간적 유대에 대한 급하게 재구성된 인식에서든, 모순과 불평등을 언급하지 않는 것은 논점을 교묘히 회피하는 것에 불과하다.[6]

---

6) Rosi Braidotti, *The Posthuman*, 42. 브라이도티, 『포스트휴먼』, 58.

비판적 포스트휴머니즘은 위에서 언급하였던 기술주의적 혹은 낭만적 포스트휴머니즘과 결별한다. 비판적 포스트휴머니즘은 휴머니즘의 그 유산과 문명의 그림자에 숨어 있는 보편의 이데올로기와 보편성의 정치를 비판한다. 거기에 있는 주체는 인간의 본성에서 빛나는 주체이기보다는 서구의, 권력의, 남성의, 부르주아의 주체일 뿐이다. 특히 오늘날 펼쳐지는 글로벌 정치 사회 문화의 다원화와 혼종적 조건에서 그 휴머니즘적 보편은 현실의 모순을 덮고 은폐하는 가상의 보편일 뿐이다.

그렇다고 하여 비판적 포스트휴머니즘은 우리 시대의 새로운 휴머니즘 구축을 위하여 수백 년간 형성되어 왔던 전통적인 휴머니즘의 가치와 전제를 모두 말살시키는 태도도 거부한다. 전통은 배제의 대상이 아니라 활용의 대상이 되어야 한다. 그럴 때 전통을 넘어서는 새로운 잠재적 공간이 열린다. 분명히 휴머니즘은 포스트휴머니즘의 훌륭한 모태이며, 새로운 상상력의 전거이다. 그 과정은 끊임없는 해체와 체화가 될 것이다. 그러므로 비판적 포스트휴머니즘은 전통적인 휴머니즘의 개념들을 새로운 오늘의 복잡한 공간에서 더욱 민감하게 가공하는 시도를 멈추지 않는 실험이다. 비판적 포스트휴머니즘은 새로운 민감성의 윤리와 정치를 요청한다. 더 나아가 이러한 과잉 다원주의와 기술주의를 넘어서는 현실적이고 민주적인 제도의 모색까지 도모한다.

비판적 포스트휴머니즘은 전통적인 휴머니즘의 가치를 기술주의로 암암리에 대체하는 시도에 대한 비판적 견해를 제시하고 있다. 포스트휴먼의 긍정적인 사유가 트랜스휴머니즘으로 심화할 때 그 전제에 담겨 있는 수많은 기술 유토피아적인 이데올로기는 분석되어야 한다. 오늘날의 트랜스휴머니즘은 종교적 사유와 깊이 연동된다. 그 이유는 트랜스휴머니즘이 새로운 종교를 적극적으로 의도하여서가 아니라 트랜스휴머니즘 사유가 궁극적으로 지향하는 사유의 정점에 '인간의 초월'이 연계되어 있기 때문이다. 즉 비판적 포스트휴머니즘은 기술의 증진과 인간의 초월에 대한 낙관주의를 비판적으로 바라본다. 이는 비판적 포스트휴머니즘이 트랜스휴머니즘에 가하는 기술비판이며 종교비판이기도 하다.[7]

IV. 포스트휴머니즘의 문화적 양상

1. 포스트휴머니즘의 문화적 기획

인간중심주의에 대한 비판과 극복은 포스트휴먼 정신의 핵심이다. 포스트휴먼의 조건에서 새롭게 응시하는 대상은 인간이 아닌 존재자들이다. 전통적으로 현실을 구성하는 주체로서의 인간이 이제 인간이 아닌 것들을 현실 구성의 주체로 등재시킨다. 인간과 비인간, 인간과 사물의 관계 속에서 휴먼의 기능을 조명하는 이론은 전통적인 휴먼 이해를 뒤흔들지만, 동시에 유용한 해석을 제공한다. 이는 인간과 실재의 본성에 대한 심화된 해석이며 인간의 지위를 주변과 연관하여 더 크게 조명하는 작업이다. 더 나아가 인간의 미래

---

[7] 트랜스휴머니즘에 대한 과학적, 철학적, 신학적 성찰에 대하여 다음을 참조. 한신대학교 종교와과학센터(CRS), 『트랜스휴머니즘과 종교적 상상력: 인간존재론의 재구성: 종교와과학 2016 국제콘퍼런스』 (서울: 한신대학교 종교와과학센터, 2016).

과제를 다양한 조건들과 결합하여 더욱 전향적으로 탐색하려는 진정한 실재론적 시도이다.

사실 인간은 언제나 사물과 연관하여 인간의 본성을 탐구해 왔다. 그렇다면 포스트휴먼 탐구는 어떠한 변별점을 지니는 것일까. 이는 사물과 연관한 해석의 그물을 더욱 심화하고 확장한다는 것을 의미한다. 포스트휴먼 조건은 더 나아가 '사물에서부터' 인간의 본성을 탐구하려 한다. 인간은 사물이 아니기에 이는 한계를 지닌 불가능한 가능성의 영역이다. 그러나 '사물의 영점'에 대한 인식과 수용은 사물과 인간의 관계망과 함께하는 인간 해명의 중요한 자극과 영감을 제공한다. 인간의 확장으로서의 포스트휴먼적 사유는 결국 인간의 지위에 대한 '종말론적 사유'로 연결된다. '종말'은 세상의 끝에 대한 고답적인 논의가 아니라 인간의 시선을 넘어선 궁극적인 관점에서 인간의 고유한 지위와 한계를 조명하고, 긍정적으로 확장한다. 바로 여기에서 사물의 끝에 관한 포스트휴먼적 사유와 신을 향한 신학적 사유의 대칭성이 드러난다.

인간중심주의를 지탱해 왔던 핵심 정신은 인간이 진화의 최종점이라는 의미일 것이다. 반면 인간중심주의를 넘어서는 것은, 하나밖에 없는 이 세계 안에서 생명을 공유하는 많은 타자와의 관계망 속에서 인간 자신이 '겸손'해진다는 것을 뜻한다. 인간중심주의가 인간을 중심으로 생명의 회로를 탐색한 주체의 윤리학이라면, 탈인간중심주의는 인간을 수많은 타자와의 상호작용의 산물로 해석하는 겸손의 윤리학일 것이다. 탈인간중심주의는 인간 주체성의 확장 논리보다 세계의 지속가능성이 더욱 중요하게 모색된다.

탈인간중심주의는 인간 주체가 자신/의 무대인 세계에 자신을 넘기고 자신의 독점적 정체성을 포기한다는 것을 넘어선다. 오히려 인간과 환경의 관계방식을 둘러싼 새로운 실재론의 구상을 중요한 과제로 설정한다. 즉 근대적 사유인 사회 안의 주체와 자연 안의 객체 사이의 일반적 형식논리를 새롭게 전환하려는 시도가 그 안에 담겨 있다. 오히려 탈인간중심주의는 인간이 세계를 향해 투사하는 개념적 구조의 정당성에 대한 붕괴 가능성을 심각하게 주목한다. 전통적인 인간과 자연(환경)이라는 이원적 대항적 개념을 어떻게 새로운 포스트휴먼 조건과 연결하여 재구성할 것인가를 모색한다. 특히 인간중심주의는 주체-객체 이분법을 통하여 언어적, 논리적, 정치적 차원에서 인간의 주체성을 강화하였을지 몰라도 실재에 대한 기술은 언제나 실패를 동반하였다. 탈인간중심주의는 새로운 실재론을 향한 언어적-논리적 전향이다.

포스트휴먼 사유의 중요한 전환점을 제공한 부르노 라투르는 전통적인 방식의 인간과 세계, 주체와 객체, 자아와 타자, 인간과 자연의 관계를 비판하고 새로운 방식의 인간-환경 관계론을 구축한다. 전통적인 시간과 공간과 인과론에 새로운 독법을 모색한다. 그는 전통적인 주체-객체의 틀 안에서 골칫거리의 대상으로만 다가오는 '양면성, 모호성, 불확실성, 유연성'을 적극적으로 주목한다. 오히려 양면성, 모호성, 불확실성, 유연성은 실험실이 존재의 가능성과 역사적 기회를 제공한 창조물에게도 동반된다. 그러므로 전통적인 주체와 객체 사유에 의거한 인과관계로 자연에 대한 설명을 시도하는 것은 매우 위험스러운 것이다. 그의 표현에 의하면 "인과관계는 사건에 따라오는 것이지, 선행하는 것이 아니다."[8]

이렇게 포스트휴머니즘의 인간중심에서 지구중심으로의 선회는 인간이라는 주체성이 역사에 남긴 여러 황폐한 흔적에 대한 철저한 반성의 산물이다. 이 반성은 인식론과 존재론을 모두 포괄하는 새로운 방식의 인간상을 모색한다. 공존의 인간상 모색을 통하여 인위적이거나 작위적으로 지탱되어 왔던 근대의 논리적, 사회적, 과학적 그림자와 불평등의 구조를 해체하는 작업을 수행한다. 특히 모든 생명이 살아 숨 쉬는 이 지구라는 최종 무대의 지속가능성의 관점에서 볼 때 오늘의 글로벌 현실은 결코 낭만적일 수 없다. 휴머니즘에서 포스트휴머니즘으로의 전환은 그것이 완만하건 급진적이건 전통적인 휴머니즘의 그늘과 급변하는 현실에 대한 성찰의 이론적 결합을 근거로 진행되고 있다.

2. 포스트휴머니즘의 문화적 구현

인류세의 재앙을 목도하는 생명과 환경이 상호 상생하는 생태학적 방향전환은 포스트휴먼 사유의 핵심이다. 이는 포스트휴먼 논의가 인간중심주의를 넘어서는 관점과도 긴밀하게 연관된다. 포스트휴먼 논의에서 생명의 경계는 인간과 비인간, 생물과 무생물의 차원으로 환원되지 않는다. 오히려 생명을 지탱하는 생명력(zoe)은 모든 존재의 본성과 연결되어 있다. 물론 여기에는 두 가지 상이한 관점의 차이가 드러날 수 있다. 하나는 생명의 본성에 대한 생명공학적-기술과학적 탐구를 통하여 '인간의' 신체성에 대한 새로운 정체성을 각인하는 작업이다. 이러한 신체성에 대한 새로운 부여와 확산을 통

---

8) 부르노 라투르/장하원·홍성욱 옮김, 『판도라의 희망』 (서울: 휴머니스트, 2018), 246.

하여 기술과학의 도움을 매개로 인간과 환경의 긴밀한 직조를 모색하는 관점이다.

다른 하나는 생명의 본성에 대한 확장의 방식을 '인간 너머의' 생태계에 대한 고려와 적극적 인증으로 연결하는 관점이다. 이러한 두 관점은 상호 긴장하거나 조응한다. 예를 들어 20세기 중반 생태계의 지위를 인간과 사물의 본성으로 확장한 여러 논의를 주목할 필요가 있다. 사이버네틱스의 토대를 마련하였던 그레고리 베이트슨은 인간과 생명과 기계를 관통하는 생명의 생태학적 작업을 이미 20세기 중반 적절하게 제시하였다. 베이트슨의 이러한 선구적인 작업은 이후 생명에 대한 생태학적 이론과 포스트휴먼 논의의 중요한 토대를 제공하였다.[9] 이러한 방식으로 인간과 환경, 생명과 환경의 관계를 성찰하는 생태학적 관점은 '인간'의 관점과 '인간 너머'의 관점 사이의 긴밀한 긴장과 논쟁의 맥락이 존재한다.

비판적 포스트휴머니즘을 견지하는 로지 브라이도티는 인간 정체성의 동반자로서 동물, 생물, 환경에 관심을 가지고 접근하는 관점을 우선 긍정적으로 바라본다. 우선 동물, 생물, 환경을 인간의 중요한 관계망으로 인식한다는 점에서 그 긍정성은 존재한다. 그것은 다시 말하여 인간의 단독자적인 위치에서 벗어나서 인간을 포괄하는 더욱 큰 동물, 생물, 환경의 거시적 장을 배경으로 존재하는 인간의 고유한 지위를 성찰한다는 점에서 의미가 있다. 20세기 후반 '동

---

[9] Katherine Hayles, *How We Became Posthuman: Virtual Bodies in Cybernetics, Literature, and Informatics* (Chicago: The University of Chicago Press, 1999), 51-70; Gregory Bateson, *Mind and Nature: A Necessary Unity* (New York: Dutton, 1979); Gregory Bateson, *Steps to an Ecology of Mind* (New York: Ballantine, 1972).

물권'을 둘러싼 논의의 확산은 이러한 새로운 인식의 전환점을 증명한다. 인간과는 전적으로 무관한 그리고 인간의 생존을 영위하는 수단으로만 인식되었던 동물의 지위에 대한 새로운 성찰은 매우 의미 있는 변화이다.

그러나 브라이도티는 진정한 의미의 인간과 동물의 관계 맺기에 대한 비판적 관점을 논쟁적으로 제시한다. 영장류학자 프란스 드 발은 인간뿐만 아니라 수많은 동물에게도 공감의 능력이 있으며, 이는 뿌리가 깊은 진화의 산물이라고 주장한다. 동물들은 상호 감정의 소통을 진행한다. 동물 진화의 발전 동력은 공격성이 아니라 공감과 소통의 능력이라는 것이다. 브라이도티는 이러한 입장을 탈-인간중심적 네오휴머니즘으로 정의한다. 인간과 동물 모두에게 적용되는 주체성 이론을 형성한다는 점에서 탈-인간중심주의이며, 전통적인 휴머니즘의 경계를 넘어선다는 점에서 네오휴머니즘이다.

비판적 포스트휴머니즘의 관점에서 이는 양가적이다. 특히 이러한 탈-인간중심적 네오휴머니즘은 고전적 휴머니즘의 도덕적 주장과 결합한다는 점에서 여전히 한계를 지닌다. 예를 들면 윤리, 도덕, 공격성과 같은 인간의 특성을 동물에 대한 해석에 투사한다. 인간의 특수성이 동물의 특수성을 덮어버린다. 남는 것은 인간의 우월한 '휴먼적' 보편성 강화로 인한 동물 주체성의 상실이다. 분명 인간과 동물의 새로운 관계방식의 가능성을 시도하는 실험이지만, 결과적으로는 인간중심적 휴머니즘이 여전히 잔존하거나 세련된 방식으로 강화되어 진정한 인간-동물의 관계 맺기에 실패할 수 있다는 점을 브라이도티는 지적한다.

내 생각에 포스트휴먼 관계에서 요점은 인간/동물의 상호-관계가 인간과 동물 각각의 정체성을 구성한다는 것이다. 그 상호관계는 각각의 '본성'을 혼종화하고 변화시키고 그들이 상호작용하는 중간지대를 전면에 드러내는 변형과 공생의 관계다. 이것이 인간/비인간 연속체의 '환경'(milieu)이다. 그 상호관계는 소위 보편적 가치나 자질에 대해 미리 도덕적 결론을 내리기보다는 열린 실험으로 탐구해야 한다. 그 특정한 상호조직의 중간지대는 새로운 매개변수들이 안트로포스의 동물-되기를 위해 출현할 수 있도록 규범적으로 중립으로 남아 있어야 한다. 안트로포스는 너무나 오랫동안 종의 우월성 주형에 담겨 있던 주체다. 되기의 강도 있는 공간들이 열려야 하며, 더 중요하게는 열린 상태가 유지되어야 한다.[10]

포스트휴먼 사유는 전통적인 안트로포스 사유에서 포착되지 않은 열린 관계적 공간을 주목한다. 이 관계적 공간은 사물성으로 추락하거나 휴먼의 주체성으로 강화되는 것이 아니라 모든 존재들의 고유한 정체성의 근원이며 새로움을 창출하는 새창조의 무대이다. 특히 인간이 아닌 동물, 환경, 기계, 인공지능 등등 비인간과 새로운 관계설정을 시도하는 포스트휴머니즘의 관점에서는 전통적인 위계적, 폭력적, 일방적 관점을 넘어선 새로운 관계의 네트워크를 확보하는 것이 중요한 출발점이다. 개인주의적, 인간주의적 주체 개념에 조탁 되지 않은 민주적이고 중립적이며 다면적인 인간-비인간 연속체를 어떻게 문화적으로 구축할 것인가. 바로 이 질문에 대한 해법 모색은 문화이론으로서의 포스트휴머니즘의 중요한 과제이다.

---

[10] Braidotti, *The Posthuman*, 79-80; 브라이도티, 『포스트휴먼』, 106.

V. 나가며

본 연구는 휴머니즘에서 포스트휴머니즘으로의 사상적 연속성/불연속성의 조건과 그 경로를 검토하였다. 포스트휴머니즘 사유는 전통적인 휴머니즘에 대한 비판과 해체 속에서 전면적으로 전개된다. 20세기 후반에 등장하는 포스트휴머니즘 사유는, 휴머니즘의 파국에 대한 예비적 전조현상으로 해석될 수 있거나, 새로운 휴머니즘의 모색을 향한 사유의 모험으로 해석될 수 있다. 포스트휴머니즘의 생성과 진행의 과정을 단선적으로 해석하기보다는 이 사유의 맥락과 그 역사적 접합점에 대한 입체적 분석을 통하여 그 문화적 함의를 신중하게 검토할 필요성이 있다. 포스트휴머니즘의 사유는 여전히 현재형이며, 지속과 생성을 거듭하고 있다.

포스트휴머니즘 사유의 정신에 대하여 언급한 위의 몇 가지 쟁점은 어렵지 않게 수긍하고 동의할 수 있다. 전통적인 휴머니즘에 대한 비판과 대안의 모색은 새로운 인간 조건을 경험하는 오늘날의 위기상황에서는 매우 자연스러운 시대적 응답이기 때문이다. 변화하는 삶과 역사는 새로운 담론의 방향성을 잉태하며, 새로운 문화적 과제를 요청한다. 포스트휴먼을 둘러싼 다양한 해석의 갈등은 여전히 오늘날에도 첨예하게 존재한다. 그것은 과거 사유와 미래 사유 사이의 긴장이며, 비동시적 사상들이 현재 경합하는 담론의 긴장이기 때문이다. 특히 '비판적 포스트휴머니즘'은 휴머니즘과 포스트휴머니즘의 전환에서 유실되거나 배제되는 여러 대안적인 통찰을 종합적으로 구성하려는 입장을 견지하고 있다.

포스트휴머니즘 사유는 인식론적 결핍, 인류세의 그늘, 정치적 위기, 환경의 역습, 비인간의 등장을 맞이하는 인간의 불안한 지위에 대한 적극적 사유이다. 그러나 이 사유는 인간의 불안한 지위를 다시 근대로 회귀시키거나 인간 파멸의 선포로 퇴각시키지 않는다. 오히려 인간 사유의 사각지대에 있었던 동물, 사물, 기술, 환경이라는 수많은 타자와의 새로운 공존을 위한 고양된 감수성과 문화실험을 포괄한다. 휴머니즘의 빛과 그림자를 넘어 '비판적 포스트휴머니즘'이 인간의 조건과 문화적 공간을 어떻게 새롭게 창출하는지 주목해야 할 이유가 여기에 있다.

뉴트로 문화로 드러난 이미지 지배의 사회*

이민형**

I. 서론

바야흐로 이미지 지배의 시대이다. 프랑스의 사회학자 쟝 보드리야르(Jean Baudrillard)가 예상했던 "이미지를 소비하는 사회"에서 한 단계 더 진보한 셈이다.[1] 보드리야르는 포스트모던 사회를 살아가는 사람들은 사물의 이미지를 사고 팔게 될 것이라고 주장했다. 그의 시대에서는 파격적인 예측이었을지 모르겠으나, 오늘날에는 "명품을 소비하는 행위는 명품의 기능이나 가치가 아닌 명품을 소유한 자신의 이미지를 사는 것"이라는 논리처럼 보편화된 현상이다. 대신 이미지는 소비의 대상 그 이상으로 진화했다. 현대인들, 특히나 젊은 세대에게 이미지는 소비하는 상품 이상으로, 주요 소통의 통로이

이 글은 「복음과 선교」 제 53권에 실린 논문, "뉴트로 문화 연구를 통해 살펴본 이미지 지배 사회의 선교적 상상"을 본 저서의 취지에 맞게 수정한 것임을 밝힙니다.

** 성결대학교 조교수

[1] Jean Baudrillard, *La societe de consommation*, 이혁률 역,『소비의 사회』(서울: 문예출판사, 1991), 171.

며, 생각하는 방식이다.

　이를 단적으로 보여주는 문화현상 중 하나가 바로 "뉴트로" 문화이다. 요즈음 1980~1990년대 유행하던 패션, 음악, 상품 디자인 등 그 시대의 문화가 다시 주목받고 있다. 더불어 최첨단의 디지털 문화를 향유하고 있는 젊은 세대들이 다소 어눌한 그 시절의 아날로그 문화에 매료되고 있다. 이를 "뉴트로"라고 하는데, 흥미로운 사실은 이들에게 그러한 문화 상품들은 소비 욕구를 자극할 만한, 향수와 같은, 연관성이 없다는 것이다. 하지만, 그들은 기억을 매개로 하는 연관성과는 별개로 과거의 문화 상품들이 가지고 있는 이미지를 소비한다.[2] "뉴트로" 문화는 이미지의 영향력이 개인의 기억과 소장 욕구를 초월한 흥미로운 현상이다.

　이처럼 이미지의 영향력은 인간의 기억과 연관성까지도 (가상으로) 재현하여 소비를 넘어선 존재의 이해 자체를 지배한다. 문제는 뉴트로 문화의 절대 요소인 재현 이미지들은 프레드릭 제임슨(Fredric Jameson)이 주장한 대로 역사적 연결고리를 상실한 이미지들의 조합일 뿐이라는 사실에서 출발한다. 그렇기에 깊이가 없는(depthless) 이미지들에 지배당한 오늘날의 젊은 세대들은 "의미의 모호함", "실재와 허상의 혼란"과 같은 정서적 불안감에 고통받을 가능성이 높다.[3] 실제로 이미지의 지배를 받고 있는 젊은 세대들은 실존의 혼란 속에서 살아가고 있다. 실재보다 더 실재 같은 이미지의 발전으로 인해 이들의 현실감각은 무엇을 현실로 인지해야 하는지를 가늠하

---

[2] 서울대학교 소비트렌드분석센터, 『트렌드 코리아 2019』 (서울: 미래의창, 2018), 258.

[3] Fredric Jameson, *Postmodernism or the Cultural Logic of the Late Capitalism* (Durham: Duke University Press, 1992), 25-26.

는 것에 있어 심각한 어려움을 느낀다. 뉴트로 문화를 재미와 상술의 조합으로만 여기기에는 가볍지 않은 결과이다.

따라서 이 글에서는 "뉴트로" 문화 현상을 분석하고, 이 문화가 반영하고 있는 현대 사회의 현실—이미지의 지배—을 살펴보고자 한다. 더불어 과연 이미지가 지배하고 있는 현실은 젊은 세대들의 실존에 어떠한 영향을 미치는지를 알아보고, 이러한 현상에 신학은 어떻게 연결이 가능하며, 무엇을 이야기 할 수 있는지를 나누려 한다.

II. 뉴트로: 기의를 잃어버린 기표가 주는 재미

1. 뉴트로 문화 현상

요즈음 들어 과거에 유행하던 것들이 유독 눈에 들어온다. 예상보다 훨씬 많이 그리고 다양하게 한국 사회에 퍼져 있다. 분명 복고로 불릴만한 문화적 회귀현상이기는 하지만, 차이점이 있다면 "그 시절의 추억"이 매개되지 않는다는 점이다. 옛 문화를 즐기는 요즈음의 젊은 세대들에게는 그 문화가 유행하던 시기의 경험과 그에서 파생된 기억이 없다. 시간이라는 물리적인 장벽으로 인해 노스탤지어(Nostalgia)가 결여된 것을 잘잘못의 이치로 따질 수 있는 것은 아니지만, 분명 옛 문화의 표면적 재현이 주는 느낌은 그 시절을 경험한 사람의 그것과는 다를 것이다.

이처럼 경험이나 노스탤지어가 결여된 복고 문화를 "뉴트로"라고 한다. 새로운(New) 복고(Retro)라는 의미의 이 단어는 말 그대로 복고 문화의 새로운 흐름을 지칭한다. 서울대학교 소비트렌드분석센터에서 2018년에 발간한『트렌드 코리아 2019』에는 뉴트로의 정의를 "과거를 모르는 [밀레니얼] 세대가 옛것에서 신선함을 찾아" 즐기는 문화현상으로 소개하고 있다.[4] 1020세대로도 불리는 이들이 소위 7080세대가 즐기던 다소 단순하고 투박한 디자인의 복식, 음식, 음악, 상품, 카페와 같은 상업 공간 등에 부쩍 관심을 보인다는 것은 새로운 1년이 시작되기 전 다음 해의 트렌드를 미리 예측해 보는 이들에게도 분명 흥미로운 현상이었을 것이다.

무엇보다 옛것에 대한 기억이 거의 없는 밀레니얼 세대들이 복고 제품이나 디자인에 관심을 갖게 된 동기가 무엇인지에 대한 의문이 생겼을 것이다. 7080세대의 기억과 경험을 가지고 있지 않은 젊은 세대가 과거의 유행에 반응하기 위해서는 분명 다른 동기가 필요하다. 더불어 그들이 처한 상황은 7080세대의 그것과는 또 다른 모습이다. 무엇보다 그들은 삶의 시작부터 각박한 현실 안에 있었으며, 위안을 받기 위해 돌아갈 만한 과거가 없다.[5]『트렌드 코리아 2019』는 1020세대가 옛것에서 매력을 느끼는 이유를 그들의 성향에서 찾는다.[6] 디지털 기기의 발전으로 인해 다양한 문화 이미지의 홍수 속에서 살고 있는 밀레니얼 세대들은 나날이 새로워져 가는 문화에 익숙하다. 하지만, 늘 새롭다는 것은 그 흐름을 따라가는 것만으로도

---

[4] 서울대학교 소비트렌드분석센터,『트렌드 코리아 2019』, 243-244.

[5] 이들이 처한 상황적 배경은 임홍택의 책,『90년생이 온다』에 자세하게 소개되어 있다. 1997년 외환위기와 2008년 국제금융위기 이후 취업시장과 경제 환경 자체가 바뀌어버린 상황에 태어난 1020세대는 상시 구조조정을 하는 조직과 비정규직이 넘치는 사회를 경험하고 있다. 임홍택,『90년생이 온다』(서울: 웨일북, 2018), 21-44.

[6] 서울대학교 소비트렌드분석센터,『트렌드 코리아 2019』, 255.

피로도가 높은 상황을 의미하기도 한다. 이러한 피로감에서 벗어나고자 하는 일부의 1020세대들의 눈에 띈 것이 바로 자신들의 아버지/어머니 혹은 삼촌/이모들이 향유하던 문화이다.

알록달록하고, 덜 세련되었고, 조금은 더디고 불편한 과거의 문화 산물들이 디지털 문화에 지친 이들의 눈에는 새롭고 신선하게 보인 것이다. 남들과는 다른 것, 그래서 주목을 받는 것이 중요한 1020세대들에게 그들이 경험하지 못했던, 그래서 흔하지 않은 뉴트로 스타일은 그 자체로도 매력적일 수 있다. 더불어 복고 제품들이 주는 순수함은 기술적으로 민감하게 발달한 디지털 제품들이 주지 못하는 "둔한 (착한) 재미"가 있다. 그래서 1020세대들은 레트로 문화의 순수함이 주는 미학적 매력에 빠진 것일지도 모른다. 분명한 것은 1020세대의 뉴트로는 7080세대의 레트로와는 그 동기부터 다른 새로운 문화 현상이라는 것이다.

2. 조작된 기억 그리고 이미지

뉴트로 트렌드에 대한 조사 중, 이 문화 현상의 대표적 소비자인 대학생들에게 질문을 해본 적이 있다. 질문의 요지는 "뉴트로라는 트렌드를 인지하고 있는지", "옛 문화를 소비하고 있는지" 그리고 "그러한 현상을 볼 때 (혹은 즐길 때) 무슨 생각이 드는지였다." 그들의 대답을 요약해 보자면, 뉴트로라는 표현 자체에 대한 인식은 그리 높지 않았다. 일부의 학생들은 이 단어를 들어본 적이 있다고 했지만, 대다수의 학생들은 그것이 무슨 의미인지를 알지 못했다. 하지만, 옛 문화의 소비 측면에서는 상당한 수준의 다수가 긍정적인 대답을 했다. 다시 말해서 그들은 트렌드의 명칭과는 별개로 나름의 기준에 따라 옛 문화를 소비하고 있었던 것이다. 가장 높은 비율을 차지한 소비 분야는 복식이었으며, 그 외에 아날로그 제품이나 복고 스타일의 카페를 찾아다니는 것을 주로 하고 있었다.

흥미로운 것은 마지막 질문에 대한 그들의 대답이었다. 옛것이 유행하는 현상을 보고 무슨 생각이 드는지를 묻는 질문에 대부분의 학생은 소위 "내가 어릴 적에는 말이지" 식의 이야기를 풀어내기 시작했다. 위에서 언급했듯, 답변자들은 대부분 현재 대학을 다니는 학생들, 즉 1990년생부터 2000년생까지였다. 그들의 옛 이야기의 시대적 배경은 그 윗세대들이 현실의 불안감과 각박함을 이기지 못해 옛것을 회상했던 그 시기였다. 하지만, 그들의 옛 이야기는 아름답고 행복하고, 무엇보다 요즈음과는 대비되는 "정이 흐르는" 시대에 대한 찬양으로 가득했다. 분명 같은 시대를 이야기하고 있는데, 7080세대들은 "그때"의 현실이 너무나 인간미가 없어서 옛날로 돌아가고 싶었다고 이야기하는 반면 1020세대들은 "그때"는 지금보다 훨씬 더 정이 있고 따뜻했던 시기였다고 말을 하는 것이다.

앞서 이야기한 대로 뉴트로는 노스텔지어, 즉 과거에 대한 그리움을 매개로 하지 않는다.[7] 그럼에도 불구하고 젊은 세대들이 옛것의 유행에 호감을 표시하는 것은 그들도 모르게 학습된 과거에 대한 긍

---

[7] 일부 학자들은 노스텔지어를 지배계급이나 사회 체제가 제공하는 환각적 판타지로 해석한다. 특히나 자본주의의 상업화 논리에 따라 향수는 대부분의 상품에서 빼놓을 수 없는 키워드가 되었다고 한다. 상업화된 향수는 쉽게 현실의 문제점을 발견하게 하고, 그것으로부터 벗어나려는 욕망을 강화하며, 극도로 미화된 과거로의 회귀를 해결책으로 제시하는 매개체가 된다. 최병근, "써니를 통해 본 복고 이미지와 환각적 기호로서의 향수에 관한 연구", 「영화연구」 50 (2011), 544-546.

정적인 평가가 마음속에 자리하고 있기 때문이다. 미셸 푸코(Michel Foucault)는 미디어에 의해 재현된 과거는 대중들의 실제 경험에 근거한 것이 아닌 지배담론에 의해 선별된, 기억되어야 할 것들의 집합이라고 보았다. 그는 "대중기억"이라는 개념을 소개하며, 권력이나 지배 담론이 왜곡하고 변형시킨 기억에 대항하여 대중은 자신들의 과거가 반영된 기억을 되살릴 필요가 있다고 주장한다.[8] 푸코의 주장을 젊은 세대들이 뉴트로 제품에 흥미를 느끼는 현상에 대입해 보면, 결국 그들은 미디어 혹은 기업들이 조작한 기억, 즉 "옛것은 촌스럽지만 순수하고 인간미가 있다"는 막연한 호감을 가지고 시장에 쏟아져 나오는 제품들에 관심을 갖는다고도 해석할 수 있다. 절대적으로 옳은 평가라고 단정 지을 수는 없지만, 분명 그들은 이상할 정도로 과거의 문화에 관대한 태도를 보이고 있다. 따라서 뉴트로 트렌드가 돌연 주목을 받기 시작한 현상 이면에는 조작된 기억에 이끌려 소비에 편승하는 젊은 세대들이 있다고 볼 수 있다.

물론, 이러한 해석이 소비자로서의 1020세대들이 가지고 있는 주체성과 주관적 판단력을 폄하하는 것이라는 비판이 있을 수도 있다. 그들을 움직이는 원동력이 과거에 대한 막연한 호감이고, 그것이 스스로 갖게 된 감정이 아니라 누군가에 의해 일방적으로 주입된 것이라면, 그들은 뉴트로를 표방한 모든 제품에 열광해야하기 때문이다. 하지만, 모든 뉴트로 제품이 시장에서 성공을 거둔 것은 아니다. 뉴트로라는 공통의 테마를 가지고 제품을 기획하고 제작하더라도 소비자들의 선택을 받는 제품에는 언제나 특별한 이유가 있다. 그것은

---

[8] Michel Foucault, "Film and Popular Memory," *Radical Philosophy* 5/11 (1975), 25-26.

뉴트로 문화의 또 하나의 특징이자, 뉴트로 트렌드 시장에서 성공과 실패를 결정짓는 가장 강력한 요인, 바로 "재미"이다.

3. 기의를 잃어버린 기표를 채우는 재미

아무리 적절한 비율로 과거와 현재를 혼합하더라도, 아무리 좋은 기억을 심어 상품의 구매를 유도하더라도, 결국 젊은 세대들을 움직이는 것은 다름 아닌 "재미있는" 뉴트로 제품이다. 임홍택 작가가 『90년생이 온다』에서 지적하듯이 "재미"는 1020세대를 움직이는 요소이다. 그에 따르면 기성세대들은 "삶의 의미"를 찾았지만, 밀레니얼 세대는 "삶의 유희"를 찾는다.[9] 이것은 단순히 특정 나이 대에 일시적으로 일어나는 유흥의 욕망을 의미하지 않는다. 억압적인 전체주의적 사고와 질서를 거부하고, 상대적인 관점에서 서로를 바라보는 데에 익숙한 1020세대들에게 재미는 삶의 태도 그 자체이다.

개인이 즐겁지 않으면 아무리 좋은 제품이라도 선택하지 않고, 아무리 좋은 곳이라고 해도 가지 않는 주체적인 성향은 다분히 포스트모던적(postmodern)이다. 이는 위에서 이야기한 뉴트로 트렌드의 혼종성이 필연적으로 야기하는 역사적 맥락의 부재와 그에 따른 공허함을 무엇이 채우고 있는지를 단적으로 보여주기도 한다. "의미" 대신 "재미"를 추구하는 1020세대가 연결점, 즉 기억이나 경험, 이 전무함에도 복각된 문화에 관심을 갖는 것은 결국 재미있기 때문이다.

기실 "재미있기 때문"이라는 이유 앞에서는 그 어떠한 분석이나

---

9) 임홍택, 『90년생이 온다』, 97.

주장도 힘을 잃는다. 이는 지극히 주관적인 판단의 기준, 즉 취향이기 때문이다. 실제로 뉴트로 문화가 왜 재미있는가하는 질문에 대한 1020세대들의 대답은 너무나 다양했다. 취미, 흥미, 관심, 호기심, 아름다움, 매력 등 여러 이유를 대면서 그들은 자신들이 뉴트로를 즐기는 이유를 설명했다. 도무지 하나로 묶을 수 없는 옛것에 대한 그들의 태도를 묶어주는 단어가 바로 "재미"이다. 상당수의 1020세대들이 "트렌드"라 불릴 만큼의 집단적 반응을 보이고 있다는 것은 분명 뉴트로의 문화 속에서 공통적인 재미를 발견했기 때문이다.

하지만, 뉴트로 제품에 대한 집단적 반응을 세대적 공감으로까지 확장시켜 이야기할 수 있을지에 대해서는 의문이 든다. 젊은 세대들에게는 공감이 존재하겠지만, 그것조차 확실히 인식할 수 없는 이유는 뉴트로 트렌드를 좌지우지하는 것이 결국은 개인의 취향이기 때문이다. 오늘 몇몇의 밀레니얼 세대가 어떤 제품에서 공통의 재미를 찾았을지라도 다음날이면 개별적인 재미를 찾아 서로 다른 의견을 낼 수도 있기 때문이다. 따라서 일정 시간 집단의 문화 형태로 드러났다 하더라도 그것을 쉽게 "공감을 근거로 하는 트렌드"라고 정의하기에는 무리가 있다. 오히려 그것은 가상의 기억에 지배당한 일부의 사람들에게서만 나타나는 현상일 수도 있다.[10] 아니면 가상의 기억이 덮여진 허상의 상품을 실제로 오해하고 즐기는 이미지 지배적 파생 실제의 현상일 수도 있다. 뉴트로는 어디까지나 "개취"(개인취향)와 "취존"(취향존중)에 근거한 문화 현상이니 말이다.

---

[10] 태지호, "문화적 기억으로서 향수 영화가 제시하는 재현 방식에 관한 연구: 영화 써니(2011), 건축학개론(2012)의 기억하기 방식을 중심으로", 「한국언론학보」 57 (2013), 422.

III. 뉴트로: 트렌드라는 이름에 가려진 이미지의 음모

1. 혼종성

과거의 문화 산물의 현대적 재현, 아날로그식 문화의 디지털화, 기억이 아닌 재미가 동기화된 문화현상. 위에서 이야기한 뉴트로의 의미를 이와 같이 정리해 보니 눈에 들어오는 확실한 특징 하나가 있다. 뉴트로는 다분히 포스트모던적이라는 것이다. 다소 식상할 수도 있는 이 표현이 머릿속에 들어온 이유는 무엇보다 뉴트로 트렌드가 양가성을 띠고 있기 때문이다. 『트렌드 코리아 2019』의 평가인 "무자극의 자극, 밋밋한 새로움"을 위시하여 다양한 문화현상 분석가들은 뉴트로의 특징을 역설적인 가치들의 조합 그리고 그러한 아이러니가 주는 즐거움으로 보고 있다.[11] 이러한 뉴트로의 특징은 포스트모더니즘의 대표적인 양상으로 손꼽힌 "문화적 혼종성"(cultural hybridity)으로 이해할 수 있다.

문화적 혼종성을 직접적으로 포스트모던의 문화 현상에 접목한 이는 프레드릭 제임슨이다. 그는 혼성모방적 성격을 띠는 포스트모더니즘의 문화 양상을 "패스티쉬"(pastiche)라는 예술 장르에 빗대어 해석한다. 패스티쉬란 다른 작품 혹은 작품들의 일부 이미지들을 차용하여 혼합해 놓은 기법을 말한다.[12] 이는 다양한 원작의 이미지들을 임의로 복사하여 재조합하는 방식으로 원작자의 권위와 표현을 무의미하게 만들어버린다는 점에서 모더니즘의 권위적 체제에 저항

---

11) 서울대학교 소비트렌드분석센터, 『트렌드 코리아 2019』, 252-253.

12) 김욱동, 『포스트모더니즘의 이해』 (서울: 문학과 지성사, 1992), 435-436.

하는 포스트모더니즘의 특징을 잘 담고 있다. 패스티쉬 작가에게 원작은 마음대로 잘라 붙이기 위한 이미지들의 보고 그 이상도 이하도 아니기 때문이다. 여기에서 "원작"이라는 단어를 "과거의 문화"로 대체하면, 뉴트로가 가지고 있는 특징이 잘 드러난다. 다시 말해서 뉴트로는 복각된 문화의 역사적 맥락이나 의미, 혹은 그 문화 현상 속에 투영된 경험과 기억이 누락된 상태에서 과거의 문화가 가지고 있는 표면적인 이미지만을 차용하여 혼합한 산물이다.[13]

제임슨은 이러한 포스트모던적 산물들이 역사적 의미와의 단절된 기표일 뿐임을 강조한다. 그것은 그저 흥미로운 이미지의 파편들이 편집된 것일 뿐 그 안에서 어떠한 메시지도 찾을 수 없다는 것이다. 이는 기의를 잃어버린 기표들의 조합이라고 표현할 수 있는데, 기의 즉 어떠한 이미지가 담고 있던 원래의 의도가 패스티쉬 기법으로 짜깁기 된 이미지 속에서는 발현될 수 없음을 말한다. 의미를 잃어버린 이미지의 파편들이 조합된 작품은 그것을 감상하는 사람들에게 어떠한 메시지를 전달할 수가 없다. 이미지의 조각들만이 복잡하게 뒤섞인 하나의 조합 속에서 조각난 이미지의 의미를 발견할 수도 없을뿐더러 통일된 하나의 메시지 역시 유추할 수 없기 때문이다.

결국 패스티쉬 기법으로 만들어진 이미지들을 소비하는 사람들은 그것이 마치 자신들의 주체적 세계관을 드러낼 수 있는 개성 있는 스타일인 것으로 착각하고 있는 것이다. 하지만 이미 역사적 연결고리를 상실한 이미지들의 조합으로서의 패스티쉬는 이미지 그 자체로만 존재할 뿐 그 어떤 의미 전달이나 자아의 표현이 불가능하

---

[13] Jameson, *Postmodernism or the Cultural Logic of the Late Capitalism*, 17

다. 따라서 포스트모더니즘의 사회 속 현대인들은 자신도 모르는 사이 고유한 가치를 잃어버린 형식, 즉 또 하나의 이미지로만 남을 뿐이다.[14] 원작자의 권위에 대한 강한 집착이 낳은 모더니즘의 잔재에 저항하고자 발전한 포스트모더니즘은 일부의 원작자가 아닌 파편화된 개인 모두를 의미 없는 이미지(의 소비자)로 환원시킨다.

이는 젊은 세대들이 뉴트로 트렌드를 표방하는 상품들을 소비한다고 해도 실제로 그 상품들이 사용되던 시기의 역사와 경험 그리고 기억마저 소유할 수는 없다는 사실에 대한 해석적 근거가 된다. 포스트모던 문화로서의 뉴트로는 혼종적이고, 동시에 분열적, 즉 역사적 연관성이 결여된 상태의 문화이다. 이러한 문화를 소비하는 젊은 세대들은 자신이 경험한 적도, 이해할 수도 없는 이미지로 변해간다. 가볍게 여길 수도 있는 대중문화의 한 트렌드인 뉴트로의 음모는 여기에서 시작된다.

2. 시뮬라시옹

모더니즘 세대가 레트로 문화의 소비자이듯, 젊은 세대는 뉴트로 문화의 소비자일 뿐이다. 결국 뉴트로 문화를 구성하고 있는, 허상의 이미지들은 저 둘이 아닌 제삼의 누군가이며, 소비자들은 또 하나의 이미지로 전락하고 만다. 이러한 현상이 일어날 것을 미리 예상하고, 학문적 경고를 남겼던 대표적 인물은 프랑스의 사회학자 쟝 보드리야르(Jean Baudrillard)이다. 실재를 재현한 기호와 이미지가

---

[14] Fredric Jameson, *The Cultural Turn: Selected Writings on the Postmodernism 1983-1998* (Brooklyn: Verso, 2009), 153.

실재를 대신하는 현상, 이를 가리켜 보드리야르는 "시뮬라시옹"(sim-ulation)이라 정의한다.[15]

보드리야르가 예측한 포스트모던 사회는 시뮬라크르가 지배하는 사회, 즉 사람들이 대중 매체의 강력한 영향 아래 만들어진 이미지들을 사고 파는 소비자본주의 사회이다.[16] 이 사회에서 이미지 그리고 이미지의 조합으로서의 문화 콘텐츠를 생산하는 것은 인간이 아니라 산업사회 이후 자가 복제 및 증식의 구조를 확보한 시뮬라크르 그 자체이다. 이미지가 이미지를 생산한다는 것이 SF 소설의 내용처럼 들릴 수 있다. 하지만 다음과 같은 예를 생각해 보자. "명품"은 제품의 품질만으로 만들어지지 않는다. 제품의 품질, 장인의 이야기, 귀한 소재 등 다소 과장된 이미지들이 조합되어 명품이라는 가상의 가치를 만들어낸다. 그리고 이렇게 만들어진 이미지는 "명품을 사용하는 사람"이라는 이미지를 생산한다. 인간들은 "명품"이라는 이미지가 만들어 내고, 대중 매체가 확산시킨 "명품을 소유한 사람"이라는 이미지, 즉 시뮬라크르의 시뮬라크르를 소비한다.

이는 비단 하나의 상품에 국한된 현상이 아니다. 시뮬라크르는 인류의 역사 속에서 만들어진 다양한 이미지들을 복제하고 편집하여 실존하는 것처럼 보이는 가상의 이미지들을 생산한 후 대중 매체를 통해 송출한다. 대중매체를 통해 전 세계로 퍼져나간 이미지는 존재하지 않지만 존재하는 것 같은 실재, 가상의 실재가 된다.[17] 특히나

---

15) 보드리야르는 가상의 이미지를 의미하는 "시뮬라크르"(simulacre)라는 단어의 동사형으로서 시뮬라시옹을 정의하는데, 이는 '시뮬라크르가 되다' 혹은 조금 더 과격한 표현으로 '시뮬라크르가 지배하다'로 이해할 수 있다. Jean Baudrillard, *Simulacres et Simulation*, 하태환 역, 『시뮬라시옹』 (서울: 민음사, 2001), 9-10.

16) 배영달, "보드리야르: 시뮬라크르라는 악마", 「한국프랑스학논집」 80 (2012), 273-274.

오늘날과 같이 디지털 미디어의 확산으로 인해 시뮬라크르의 홍수 속에 살아가는 사람들은 가상의 이미지와 실재의 괴리를 발견하지 못한 채 그것을 실재로 인지하며 살아간다. 아니, 이미지가 그들이 그렇게 생각하도록 조종한다는 표현이 더 정확하겠다. 결국 포스트 모던 사회를 살아가는 인간들은 이미지의 지배 아래 살아가게 되는 것이다.

실재를 재현한 이미지가 대신하는 실재, 보드리야르는 이를 파생 실재(hyper-reality)라 정의한다. 인간이 살고 있는 모든 세계, 특히나 디지털 미디어의 영향이 강할수록 파생 실재가 실재를 대신하는 경향이 강하다. 뉴트로 문화 역시 파생 실재에 근거하고 있다. 마치 과거의 어느 시간, 어느 장소에는 현실과는 다른 인간미가 있을 것처럼 재현하며 상품들을 소비하게끔 하는 이 문화에 잠식되면 잠식될수록 인간은 실존으로부터 멀어지게 된다. 이처럼 실재보다 더 실재 같은 이미지는 개인의 삶의 영역뿐 아니라 인간 사회를 구성하고 있는 모든 요소에 영향을 미치고 있다. 아니, 모든 요소들을 지배해 나가고 있다는 것이 보드리야르의 관점에 더욱 알맞은 표현일 것이다. 이처럼 이미지의 영향력을 극대화시키는 오늘날의 상황을 고려해보았을 때, 가상 이미지의 재현으로 해석 가능한 뉴트로 문화는 단순한 소비문화 이상의 역할을 하고 있다. 소비자의 기억을 조작하고, 실재로부터 눈을 가리며, 결국 그들을 이미지 재생산 수단의 일부로 만들어버린다.

---

17) 배영달, "보드리야르: 현대사회와 이미지", 「프랑스예술문화연구」 16 (2006), 3.

3. 프랙탈화

이러한 이미지 지배적 문화가 인간에게 미치는 영향에 대해 경고하는 이는 이탈리아의 철학자 프랑코 베라르디(Franco Berardi)이다. 그는 현대 사회를 "기호자본주의"의 사회로 정의하는데, "기호자본주의"(semiocapitalism)란 자본주의의 시스템이 산업자본주의, 소비자본주의, 금융자본주의로 진화하는 중에 디지털 네트워크의 발전과 맞물려 만들어진 새로운 현상이다. 물리적 노동력을 기반으로 한 유기적 상품의 생산과 교환이 주를 이루는 전통적인 자본주의 시스템과 달리, 기호자본주의 체제는 디지털 네트워크상의 "추상적 기호의 생산과 교환"에 기반을 둔다.[18] 따라서 노동의 개념도 달라질 수밖에 없는데, 기호자본주의 시스템을 유지하는 노동을 두고 베라르디는 인지 노동(cognitive labor)이라고 이야기한다. 인지 노동에 종사하는 노동자들은 무한한 사이버 공간을 채우고 있는 비물질적인 이미지와 기호들을 생산한다. 노동의 생산성을 평가할 수 있는 기준이 비가시적이고 비물질적이 되었다는 것은 결국 인지 노동자들이 가지고 있는 노동력의 가치를 계산할 수 있는 방법이 모호해졌다는 의미이다. 다시 말해서 그들의 노동력은 그들이 들인 노동의 시간 혹은 그들이 생산한 (확인이 불가능한) 기호의 양과 비례하여 평가되지 않는다.[19]

---

[18] Franco Berardi, *Heroes: Mass Murder and Suicide,* 송섬별 역,『죽음의 스펙터클: 금융자본주의 시대의 범죄, 자살, 광기』(서울: 반비, 2016), 113-114.

[19] Franco Berardi, *The Soul at Work,* 서창현 역,『노동하는 영혼: 소외에서 자율로』(서울: 갈무리, 2012), 107.

결국 기호자본주의의 시스템 안에서 노동력은 뚜렷한 가치 단위
가 없는 조각으로 나누어진다. 베라르디는 이를 두고 노동의 "프랙
탈화"(fractalization)라고 하는데, 인간의 노동력이 디지털 생산 환경
에 맞춰 단위별, 시간별로 파편화되고 재조합되는 과정을 의미한다.
쉽게 말해 일정 기간 동안 노동자가 들이는 노동력에 대한 대가를
기업과 노동자가 상호 조절하여 계약을 하고, 이에 따라 기업이 노
동자를 고용하는 전통적인 고용 시장이 사라지고, 기업이 필요한 만
큼의 노동력을 필요한 시간만큼, 마치 1~2시간짜리 이용권처럼 구
입하여 간헐적으로 사용하는 형태로 대체되는 것이다. 노동자의 권
익은 그 어떤 사회적 보호도 받을 수 없으며, 그들은 그저 쉽게 구입
이 가능하고, 쉽게 대체가 가능한 일종의 부품 조각이 되어버린다.[20]

그렇다면 베라르디의 비관적 해석은 일부의 인지 노동자들에만
국한된 현상일까? 안타깝게도 디지털 네트워크가 전 세계를 지배하
고 있는 오늘날에는 극히 일부의 계층을 제외한 대부분의 인류는 기
호자본주의의 영향 아래에 있는 존재들이다. 다만, 그들은 자신들이
인지 "노동"을 하고 있다고 인식하지 못하고 있을 뿐이다. 디지털 미
디어를 통해 송출되는 정보 기호의 해석을 위해 하루 일과의 대부분
을 보내야하는 인류는 말 그대로 디지털 네트워크의 파편들일 뿐이
다. 특히 태어날 때부터 디지털 미디어 환경에서 자라난 젊은 세대
들은 유기체로서의 아날로그적 의사소통 방식과 디지털 환경 내에
서의 기호 해석 방식의 차이에서 오는 괴리로 인한 정신적 고통과
감각기관의 이상을 감내하며 살아야 한다.[21] 디지털 매체를 통해 유

---

20) Berardi, 『죽음의 스펙터클』, 173-174.
21) Franco Berardi, 『프레카리아트를 위한 랩소디: 기호자본주의와 불안정성과 정보노동

입되는 정보는 두뇌의 처리 속도와 용량을 고려하지 않기 때문에 자발적으로 조절이 불가능해지고 이로 인한 피로감과 무기력감이 늘어갈 수밖에 없다. 결국 현대 사회에 응축되어있는 부정의 에너지 그리고 언제 그 에너지가 터질지 모르는 불안정한 사회 분위기는 인간이 인간다운 삶을 살지 못하는, 아니 인간다움의 개념이 변화해 버린 이미지 지배 사회의 결과라고 할 수 있다.

IV. 이미지 지배의 시대, 신학적 접근 가능성

'재미'를 추구하는 문화(일 뿐)인 뉴트로에 대한 분석이 다소 과도한 결말로 이어지는 것처럼 보일 수도 있다. 하지만, 뉴트로는 이미지의 합성, 역사적 고리가 단절된 문화, 기의 없는 기표, 그 기표를 소비하는 사람들이 또 하나의 기표가 되는 재생산 등, 이미지 지배의 현실 그리고 기호자본주의의 특성을 너무나 잘 반영하고 있는 문화 현상이다. 더욱이 안타까운 것은 이 문화가 유독 젊은 세대와 밀접한 관련이 있다는 것이다. 태어날 때부터 디지털 기기에 친숙한 세대, 이제 막 공교육의 기간을 마치고 자아를 찾아가는 세대, 그리고 코로나19로 인해 사회로의 첫발이 온라인 공간 안에 묶여버린 세대. 이들이 마주하고 있는 현실은 결코 일부 디스토피아적 관점을 가진 학자들의 이론적 예상이 아니다. 그들은 실존적 자아를 잃어가는 상황과 디지털 환경을 쫓아가지 못하는 육체적 한계로 인해 정신

의 정신병리』(서울: 난장, 2013), 191.

과 몸이 모두 피폐해져가고 있다. 과연, 이들을 위한 신학은 무엇을 이야기할 것인가?

1. 영혼의 회복

위에서 살펴본 것처럼 뉴트로 문화로 대표되는 이미지 자본주의 사회의 현실, 즉 디지털 미디어의 막대한 영향력, 허상의 이미지, 유기체인 인간의 프랙탈화 그리고 그로 인한 과도한 경쟁주의 등은 결국 인간의 영혼을 파편화시킨다. 따라서 현대 사회에 만연한 비공감 정서—자신에 대한, 혹은 타인에 대한—를 해결하기 위해서는 영혼의 회복이 필요하다. 베라르디는 "타인을 향해 동정적으로 열릴 수 있게 하는 감각기관인 영혼이야말로 신체의 재구성이 일어날 수 있는 장"이라고 주장하며, 영혼 회복의 문제를 강조했다.[22]

현대 한국사회에서 "영혼"을 주제로 이야기를 나누거나, 교육을 할 수 있는 기회는 극히 드물다. 지극히 종교적 영역의 주제이기 때문이기도 하지만, 동시에 영혼이라는 것을 학문적으로 입증한다거나 분석하는 것이 불가능하기 때문이다. 결국 "영혼의 회복"을 교육할 수 있는 방안은 교회나 신학교 등의 단체들의 선교 프로그램들뿐이다. 특히 영혼과 같은 심연의 실존적 주제에 대한 토론이나 교육

---

[22] 베라르디에 따르면 인간의 영혼은 "클리나멘"(Clinamen) 즉 사선으로 낙하하는 원자와 같다. 이는 에피쿠로스(Epicurus)의 창조 개념에서 유래한 것으로 만물이 창조되던 시기 수직으로 낙하하는 원자들 사이를 사선으로 가로지르는 클리나멘이 통과하면서 원자들 간의 접촉이 일어났고, 이를 통해 물질들이 만들어졌다는 것이다. 마찬가지로 인간의 영혼이란 타인이라는 객체와의 접촉(관계)를 유도하는 에너지, 혹은 타인과 공명을 이루는 주파수이다. Berardi, 『노동하는 영혼: 소외에서 자율로』, 31, 192-193.

은 기독교인들 뿐 아니라 비기독교인들에게도 그들이 가지고 있는 한국 교회에 대한 비공감 정서를 해결하고, 대화의 물꼬를 틀 수 있다는 점에서 유의미하다.

또한 기독교적 세계관에 근거한 영혼의 회복에 대한 접근은 위에서 언급한 감수성의 회복에서 한 단계 더 나아가 초월적 존재와 자신의 실존에 대한 근원적인 질문에 다다르도록 도울 수 있다. 이는 영혼이라는 개념에서 영성이라는 개념으로의 확장을 통해 가능하다. 해롤드 엘렌스(Harold Ellens)는 영성을 "내적 생명의 힘이 영혼을 통하여 초월적 실재로 나아가는 것"이라고 정의한다.[23] 이는 자신의 영혼을 돌보는 인간은 결국 타인과의 관계 맺음뿐 아니라 궁극적 타자인 초월적 존재, 즉 하나님에 대해서도 관심을 갖게 된다는 의미로 해석할 수 있다. 이러한 의미에서 폴 틸리히는 실존적 의문이라는 의미의 궁극적 질문이라는 개념을 기독교를 의미하는 종교라는 개념과 혼용하여 사용하였다. 그리고 이 두 가지의 개념이 교차하는 것으로서의 상징 개념을 소개한다. 다시 말해서 인간이 실존적 질문을 담아낼 수 있는 모든 것들은 종교성을 띤 상징이 될 수 있다는 것이다.[24] 이와 같은 해석은 이미지가 지배하고 있는 현대 사회를 살아가는 많은 젊은 세대에게 접근할 수 있는 새로운 방향성을 제시한다고 할 수 있다. 다시 말해서 누군가에 의해 생산된 이미지, 혹은 자가 복제를 통해 만들어진 껍데기와 같은 이미지가 아닌 자신의 고민과 질문을 담아낼 수 있는 이미지를 통해 자아의 탐구와 더불어 초월적 존재에 대한 접근까지도 가능하다는 이야기이기 때문이다.

---

[23] Harold Ellens, *Sex in the Bible: A New Consideration* (CT: Praeger, 2006), 6.

[24] P. Tillich, *Theology of Culture* (Oxford: Oxford University Press, 1959), 58-59.

2. 하이퍼 리얼리티 그리고 자기 진실성

앞서 살펴본 것처럼 이미지 지배의 시대는 과도한 경쟁과 프랙탈화로 인해 인간성을 피폐하게 만들 뿐 아니라, 복제된 이미지들을 무한대로 제공함으로써 실재를 감추어버리고, 모든 것의 진실성을 불확실하게 만든다. 그 어느 것도 보이는 대로 믿을 수 없는 사회, 진실성을 의심받는 사회에서 살아가는 인간들의 피로감과 우울감이 어느 정도일지는 쉽게 상상이 가능하다. 특히나 디지털 미디어를 통해 세상을 관찰하고, 디지털 메커니즘 속에서 만들어진 이미지로 소통하는 젊은 세대에게 현실과 실재의 경계는 갈수록 모호해질 수밖에 없다. 문제는 이러한 현상이 개인에게만 국한되어 일어나지 않는다는 것이다. 다시 말해서 이미지로 인한 가상성의 침투는 개인의 인지 영역 너머에 영향을 미칠 수 있다.

이는 종교의 영역에도 분명히 영향을 미친다. 종교가 내세우고 있는 이미지 안에 그들의 초월적 실재가 존재하는지, 그들의 이미지는 초월적 존재가 아닌 가상의 존재를 마치 초월적 존재인 양 드러내고 있는 것은 아닌지 주의할 필요가 있다. 오늘날의 많은 젊은 세대들이 접하는 상당 부분의 기독교는 이미지로 재현되어있고, 이는 마치 뉴트로 문화 이미지들처럼, 그들의 현실과는 관계없는, 편향된 종교적 관심에 근거한 가상의 복음을 전하는 종교로 보일 수 있다. 따라서 복음의 현실성을 강조하고, 이를 통한 구체적인 실천 방향을 제시하는 것이 중요하다.

이미지 지배의 시대에 대한 비판적 접근을 통한 기독교의 진실성 회복은 궁극적으로 젊은 세대들의 자기 진실성 고양이라는 측면을 기대할 수 있다. 다시 말해서 기독교라는 종교가 스스로를 돌아보고 가상의 이미지로 인해 배재된 자신과 세계의 진실한 모습을 찾는 것만으로도 이미지 지배의 시대를 살아가는 많은 젊은 세대들에게 일종의 모델이 될 수 있다는 것이다. 찰스 테일러(Charles Taylor)는 인간의 내면에 존재하는 도덕률, 그것을 회복하여 스스로 옳은 것을 선택할 수 있는 힘을 기르는 것이 현대 사회를 살아가는 수많은 존재들에게 중요한 요소임을 강조한다. 그는 이것을 "자기 진실성"이라고 부르는데, 이는 도덕의 개념을 외적인 기준에 부합한 어떤 가치로 생각했던 근대 이전의 관념에서 벗어나 자신의 마음속에 내재되어 있는 (도덕적) 근원과 연결 내향적 움직임이다.[25]

이러한 움직임은 이미지 지배의 시대의 다양한 외적 압제에서부터 벗어날 수 있는 길이 된다. 가상의 이미지로 인한 진실의 모호함, 기호화되어버린 인간의 자기 상실 등은 현대 사회를 살아가는 젊은 세대가 마주하고 있는 고충이다. 자신의 외부에서 진실을 찾을 수 없는 현실, 그것으로부터의 탈피는 내면으로부터 들려오는 목소리에 귀를 기울이는 것에서부터 시작될 수 있다. 하나님의 모습을 따라 만들어진 인간의 내면에 들어가 있는 선함의 기준은 아무리 외적세계가 매혹적이지만 진실하지 않은 이미지들로 도배된다 하여도 그의 영향을 받지 않는다. 이러한 종교적 실천은 가상의 이미지의 혼재로 인해 탈진한 영혼들에게 적확한 현실 인식과 더불어 그것을 이겨낼 수 있는 힘을 기르는 기회를 제공할 수 있을 것이다.

[25] Charles Taylor, *The Malaise of Modernity*, 송영배 역, 『불안한 현대사회: 자기중심적인 현대 문화의 곤경과 이상』 (서울: 이학사, 2001), 46-47.

V. 결론

뉴트로 문화는 지극히 포스트모던적인 특징을 가지고 있다. 명확하게 "뉴트로는 이것이다" 하고 정의하기가 모호한 상황이다. 그것은 어디까지나 개인 취향의 반영이며, 재미를 추구하는 1990년생들의 문화 소비 현상 중 하나이기 때문이다. 기욤 에르네(Guillaume Erner)의 표현을 빌리자면, 뉴트로는 "비기능적 트렌드"이다. 이는 개인의 취향에 따라 나타났다 사라지는 것으로 유행의 명확한 원인을 파악할 수 없음을 의미한다.[26] 그렇다면 명확한 실체가 없는 지극히 개인적이고 유동적인 문화 현상인 뉴트로를 "트렌드"로 소개하고 있는 상황은 어떻게 이해해야할까?

어찌 보면 뉴트로 문화는 현실을 가리기 위한 눈속임용 여흥거리일지도 모른다. 그리고 현실의 지배자는 이미지이다. 이는 디지털 미디어의 확산으로 인해 더욱 가속화되고 있으며, 그 안에서 경제의 논리를 펼치는 이들에 의해 더욱 악화되고 있다. 수많은 젊은 영혼들이 우울증과 불안과 탈진과 공황 등의 고통을 토로하고 있음에도, 이미지가 지배하고 있는 사회는 그들을 언제든 대체 가능한 메커니즘의 말초기관 정도로 여기고 있다. 물론 이는 인간이 초래한 결과이기에 이 상황의 타계 역시 인간의 몫이다. 다만 인간 스스로가 이 상황을 헤쳐나가기에는 이미 이미지의 속임수에 너무나 영향을 받은 상태이다. 현실을 볼 수 없다면, 문제를 직시할 수 없는데, 현실이 왜곡되어 있다 보니 문제의 인지조차 불가능한 상황이다.

---

[26] Guillaume Erner, *Sociologie Des Tendances*, 권지현 역, 『파리를 떠난 마카롱』 (서울: 리더스북, 2010), 42-44.

결국은 종교적 문제로 치환된다. 누군가는 가르치고, 누군가는 인도하여, 진실을 깨우칠 수 있도록 해야 한다. 권위와 선도의 이야기가 아닌 공감과 공생의 이야기이다. 모든 종교가 그러하겠지만, 기독교는 초월적 존재, 즉 하나님의 창조 섭리가 깃든 인간들이 진실을 향해 나아가는 움직임이다. 비록 현실의 교회 역시 기호자본주의의 논리에 휩싸여 제 기능을 하지 못하는 경우가 있지만, 여전히 기독교의 가르침은 거짓 속의 진실을 구분할 수 있는 힘에 대해 이야기를 한다. 따라서 기독교 선교는 이러한 기독교적 세계이해에 근거하여 수많은 젊은 세대들에게 스스로를 돌아보고 진리를 추구하는 움직임을 취하도록 할 책임이 있다.

현대사회, 특히나 이미지의 지배 아래 놓인 사회에서 "진리", "영혼", "내향적 움직임"과 같은 개념을 소개하고 나눌 수 있는 공동체는 극히 드물다. 물론 사회 활동이나 미디어 전문성과 같은 기술도 이 땅을 살아가는 많은 젊은 세대들에게 중요한 요소이다. 하지만 그들이 살아가는 세상이 매력적인 이미지에 가려진 허구라면, 그 안의 인간들은 그저 그 이미지를 채우고 있는 픽셀에 불과하다면, 폐기된 그들의 인생은 허무한 결론으로 마무리될 것이다. 여기에 기독교의 시대적 사명이 부각된다.

이미지의 지배에 대한 학문적 분석은 여전히 진행 중이다. 이미지의 영향력이 어느 정도까지 커질지는 아무도 예상할 수 없다. 그렇기에 허상의 너머를 볼 수 있는 사람들이 필요하다. 진리가 우리를 자유케 하리라.

뉴미디어 사회 속 '인플루언서' 현상에 대한 기독교적 고찰

김상덕*

I. 들어가며

오늘날 유튜브, 페이스북, 인스타그램, 트위터 등 소셜 미디어가 사회 전반의 커뮤니케이션 플랫폼으로 대두하였다. 모든 세대의 개인 간 소통뿐 아니라, 기업의 소비자, 협력업체, 일반 대중 등 모든 이해관계자들과의 소통에도 이러한 뉴미디어의 영향은 양적 및 질적인 면에서 모두 확장되고 있다. 또한 정치, 경제, 사회와 문화 등의 공공의 영역에서도 소셜 미디어는 주요 커뮤니케이션 수단으로 자리매김하고 있다. 이 가운데 "인플루언서" 현상은 비단 기업 마켓팅뿐 아니라 개인 미디어 사용자들에게 다양한 세대와 다양한 영역에서 적지 않은 영향을 주고 있다. 이 글은 '인플루언서' 현상을 중심으

* 한국기독교사회문제연구원 연구실장. 명지대학교 객원교수

로 변화된 미디어 환경 속에서 기독교의 역할에 대하여 고찰해 보고
자 한다. 이 논의를 발전하기 위해서는 먼저 빠르게 변화하고 있는
미디어 환경에 대한 개략적인 이해가 필요할 것이다.

II. 뉴미디어 사회와 인플루언서 현상

21세기 한국 미디어 현실은 빠르게 변화하고 있는데 이러한 변화
를 나타내는 용어인 '뉴미디어', '디지털 미디어', '스마트 미디어' 등
이 혼재되어 사용되고 있다. 뉴미디어 사회란 기존의 소통 매체들
(예를 들어 언어, 문자, 이미지, 소리 및 영상 등)이 컴퓨터 및 인터넷 기
술의 발달과 함께 역동적이고 상호작용이 높아진 미디어 환경을 지
칭한다. 디지털 미디어는 아날로그 미디어와 구분하여 사용하며 '디
지털 코드화'된 매체를 의미하며, 쉽게는 디지털 컨텐츠(TV, 음악, 영
화, 전자책, 비디오게임 등)를 떠올리면 된다. 스마트 미디어는 이른바
'스마트폰'으로 대표되는 다양한 스마트 기기의 발전에 따라 인터넷
접속이 가능한 곳이라면 누구라도 쉽게 정보를 주고받을 수 있는 사
회로의 전환을 가리킨다.

이러한 기술 및 매체 환경의 변화는 주목할 만한 사회변화를 가져
왔는데, 일방적 소통에서 양방향 혹은 다방향 소통으로, (정보의 생성
과 소유자가) 엘리트 집단에서 시민 개개인으로 변화하였다. 또한 전
통적 매체에 의존하던 유통 경로를 넘어 언제 어디서나 누구라도 쉽
게 정보를 찾고 공유할 수 있게 되었고, 그 파급 속도는 순간적이며
그 범위는 전 지구적이다. 이 특징들을 간단하게 정리하면 정보의

민주화, 개인화, 세계화로 요약될 수 있다.

III. 뉴미디어 사회의 특징: 민주화, 개인화, 세계화

1. 민주적 소통의 증대

전통적 언론의 경우, 정보는 일부 엘리트에 의해 독점되거나 쉽게 통제되곤 하였다. 이를 매체의 변화와 관련하자면, 과거에는 정보의 생산자과 수용자가 비교적 쉽게 구분되었다. 소수의 허가를 받은 기자와 사진기자 등에 의해 목격된 현실은 신문이나 TV 등의 통제된 매체를 통하여 편집의 과정을 거쳐 재현된 정보만을 수동적으로 소비하는 형태였다. 대표적인 예가 전쟁 저널리즘이다. 전쟁터는 일반인은 갈 수 없으며 소수의 허가 받은 사람만이 '현장'에 들어간다. 기자의 역할이란 본질적으로 거기서 보고 들은 것을 가보지 못한 사람에게 전하는 것이기 때문에 '목격자'로서의 높은 윤리적 의식이 요구된다. 이른바 기자정신에서 가장 중요한 것은 무엇보다 사실에 기반한 진실성, 공정성, 정확성이다.

그런데 이 정보 전달의 과정에는 몇 가지 세부단계들로 구성되어 있다. 애초에 편집자는 특파원을 현장에 보내면서 어떤 상황과 어떤 내용을 독자들에게 알려야 할지에 대해 지침을 줄 것이다. 기자가 직접 본 것을 전달하기도 하지만, 많은 경우 그곳의 상황을 잘 아는 사람을 통해 상황파악을 한다. 이것이 훨씬 효과적일 때가 많다. 그 지역에 거주하던 사람이 아니면 해당 사건의 맥락과 전후사정을 자세히 알기란 어렵기 때문이다. 그렇다고 현지인의 말대로 전달되는 것도 아니다. 기자 또한 각자의 이해와 역사적 인식에 따라 현장과 사건을 달리 해석할 수 있다. 기자의 취재와 해석이 담긴 리포트가 그대로 전달되는가 하면 그렇지도 않다. 편집 데스크는 항상 기사의 뉴스성, 화제성, 윤리성, 공공성 등을 따져 살피기 마련이다. 이렇게 많은 과정을 거쳐 정보가 전달된다고 하면 언론 보도의 객관성을 우려하게 된다.

2. 개인 미디어의 발전

언론의 완전한 중립성 혹은 객관성은 허구이다. 그럼에도 불구하고 전통적 언론체계를 비판할 때 가장 손쉬운 방법이 바로 사람의 개입이다. 정치적 편향성이나 개인/집단의 이익 등이 개입되어 언론의 신뢰도를 떨어뜨린다는 지적이다. 특별히 상업화된 구조 속에서 언론/미디어에 대한 가장 근본적인 비판은 뉴스의 공정성과 수익성 사이의 갈등에서 비롯한다. 언론사가 재정적으로 살아남으려면 광고주나 주요 독자들을 무시할 수 없기 때문이다. '세월호 참사'는 한국 사회에서 언론 신뢰도가 바닥으로 떨어진 가장 극적인 사례이다. 이로 인하여 기자와 쓰레기의 합성어인 '기레기'라는 용어가 생겨났다. 언론 매체에 대한 국민적 불신의 감정은 이른바 대안적 독립 언론으로 향했다. 뉴스타파와 같은 탐사보도 형식의 언론이나 고발뉴스와 같은 1인 미디어 등이 등장했다. 그뿐만 아니라 '자로'라는 이름의 온라인 유저는 세월호 참사의 원인이나 진상규명에 관한 컨텐츠를 상당한 수준의 정보와 분석으로 내어놓아 언론사 못지않은 관심을 받기도 했다.

이런 독립언론이나 1인 미디어가 사회적으로 영향력을 갖게 된 배경에는 전통적 언론에 대한 비판의식이 자리하고 있지만, 동시에 그런 미디어 제작 및 유통 환경이 조성되어 있었기에 가능해졌다. 과거 소수가 독점하던 정보의 접근성과 제작 및 유통 구조에서 누구나 쉽게 정보를 획득하고 컨텐츠를 제작/유통할 수 있는 시대로의 전환이 있었던 것이다. 전문가(엘리트)가 아니더라도 가능하다. 인터넷 및 스마트 미디어의 등장은 시민 누구라도 '사건'(그것이 뉴스거리인지 아닌지 판단하지 않은 채)을 목격하고 자신의 스마트 기기로 촬영 및 기록할 수 있고 또 그것을 공유할 수도 있게 했다. 따라서 정보의 생산 및 유통은 더 이상 전통적 언론 및 미디어에 종사하는 집단의 전유물이 아니라 시민 개개인이 생산자와 소비자의 두 가지 역할을 동시에 할 수 있게 된 것이다. 이러한 변화에 초점을 두어 스튜어트 알란(Stuart Allan)은 "시민언론"(citizen journalism) 혹은 "시민 목격자역할"(citizen witnessing)의 중요성을 강조하기도 하고, 아리엘라 아줄레이(Ariella Azoulay)는 이를 가리켜 "시민 상상력"(civil imagi-nation)이라고 표현하기도 한다.

3. 세계화된 연결망

마지막으로 뉴미디어의 특징은 세계화된 연결망을 들 수 있다. 지역적, 공간적 제약은 줄어든 반면 세계 다양한 사람들이 어디서든 동시다발적으로 소통이 가능하게 되었다. 이미 세계적인 스타가 된 BTS의 성공 원인 중 하나가 BTS 멤버들이 유튜브를 통해 세계의 팬들과 소통을 해왔기 때문이라는 점은 이제 널리 알려진 사실이다. 디지털 기술의 발달로 세상은 언제 어디서나 연결될 수 있는 사회가 된 것이다.

이상 간략하게나마 뉴미디어 사회로 접어들면서 나타난 세 가지 특징은 정보의 제작과 수용의 과정이 좀 더 민주화, 개인화, 세계화 된 것으로 정리를 살펴보았다. 이제 본론으로 들어가 소셜 미디어 인플루언서를 중심으로 논의를 이어가겠다.

IV. 뉴미디어 사회 속 '인플루언서'의 등장

1. 인플루언서의 등장과 영향력

최근 인플루언서에 대한 사회적 관심도가 높아짐에 따라 소위 'SNS 스타'들의 대중매체 등장이 늘어나고 있다. 예를 들어, 크리에 이터의 삶을 소재로 방송하는 〈랜선라이프〉나, 연예인이 크리에이 터가 되어 보는 형식의 〈마이 리틀 텔레비전〉, 〈덕화TV〉 등이 방영 되었거나 방영 중에 있다. 이들 중 일부는 유명 연예인 못지않은 인 기를 누리고 있는데, 대표적인 예가 MBC 예능 프로그램 〈무한도전〉 에서 유재석이 한 초등학생을 인터뷰하는 장면이다. 유재석이 "자신 이 누군지 아느냐"라고 묻자 이 어린이는 모른다고 대답한다. 이어 "그러면 누구를 아느냐? 누굴 만나고 싶으냐?"라고 묻자, 그 어린이는 망설임 없이 '도티'[1]라고 말해 유재석을 당황하게 만든 일화가 있다.

유재석은 몰라도 도티는 안다. 이는 대중매체가 다양화되고 세분화되면서 일어나는 현상 중 하나이다. 소수의 방송국에서 제작한 TV, 라디오 프로그램이 전부였던 시절, 온 가족은 마루에 모여 좋든 싫든 하나의 프로그램을 선택해서 시청해야 했던 (그래서 리모콘 쟁탈전이 이뤄지곤 했던) 과거와는 달리, 프로그램이 다양해지고 소비 방법이 다양해짐에 따라 특정 계층을 대상으로 하는 컨텐츠들이 늘어나고 있으며 호황을 누리고 있는 실정이다. 이를 달리 표현하면, 하나의 대중이 여러 세분화된 대중으로 나뉘고 있다는 뜻이다. 예를 들어, 세대 간의 차이는 집단 간 소비하는 미디어 컨텐츠의 차이와도 깊은 관련을 가진다. 즉 무엇을 보느냐가 한 집단의 정체성을 설명해주는 중요한 요소인 것이다.

미디어 컨텐츠의 다양화 현상은 매체의 다양화가 가능해짐에 따라 가속화되었다. 특별히 오늘 세미나의 주제인 유튜브, 페이스북, 인스타그램과 같은 소셜 미디어 플랫폼이 일상화되면서 사회 전반에 걸친 급진적 변화를 가져왔다. 『2018년 방송매체 이용행태 조사』에 따르면 매체 이용률은 TV가 95.3%로 가장 높고 스마트폰이 86.6%로 뒤를 잇는다. 그러나 이용 빈도를 보면 스마트폰(84.6%)이 TV(76.6%)보다 높은 것을 알 수 있다. 이는 라디오(10.1%)나 신문(4.2%)에 비하여 극적인 차이를 보인다. 특히 일상생활에서 얼마나 필수적인가를 묻는 질문에는 스마트폰이 57.2%로 TV(37.3%)보다 한참 앞서고 있다. 우리가 일상생활 및 위급상황에서 가장 많이 사용하는 매체가 스마트폰이라는 뜻이다.[2]

---

[1] 도티(본명 나희선)는 유튜브에서 활동 중이며 구독자가 약 250만 명이며 가장 많은 조회수는 22억뷰를 넘겼다. 〈샌드박스 네트워크〉의 창립자이자 소속 크리에이터이다.

[2] 한국방송통신위원회, 『2018 방송매체 이용행태 조사』참고.

이러한 변화 속에서 등장한 미디어 생산과 소비의 관계 중 두드러진 특징이 바로 소셜 미디어를 활용한 '인플루언서'(influencer)이다. 인플루언서란 무엇인가? 한경 경제용어사전에 따르면 인플루언서를 가리켜 "인스타그램, 유튜브 등 소셜네트워크서비스(SNS)에서 수십만 명의 구독자(팔로어)를 보유한 'SNS 유명인'을 말한다"고 설명하고 있다. 이와 비슷한 용어로는 '크리에이터'가 있는데 1인 미디어 컨텐츠를 제작하고 방송하는 직업을 뜻한다. 인플루언서는 주로 경제 분야, 특히 마케팅에서 사용하는 용어로 소셜 미디어 상에서 다수의 연결망을 가지고 있는 사람 중에서도 특별히 소비자들의 구매나 결정에 커다란 영향을 행사할 수 있는 개인을 일컫는다.[3]

2. 빠르게 증가하는 인플루언서 마케팅 시장

소셜 미디어 인플루언서를 활용한 마케팅 시장은 날로 증가하고 있다. 미국 내 조사에 따르면, 인플루언서 마케팅을 주로 사용하는 미디어 플랫폼 회사의 수는 2015년 190개에서 2017년 420개 그리고 2018년 740개로 가파르게 증가하고 있다.[4] 이 보고서는 인플루언서 마케팅 시장규모를 65억 US 달러로 추산하고 있다. 이는 2017년(30억)도에 두 배를 웃도는 수치이다. 이러한 폭발적 관심의 증가추세는 구글 검색기록에도 나타난다. 보고서는 구글에 "influencer marketing"이라는 검색어로 검색된 횟수를 보여주는데 2015년 3,900건에

---

[3] Cambridge Business English Dictionary에 따르면 인플루언서를 "the individual whose effect on the purchase is in some way significant or authoritative"라고 정의하고 있다.

[4] https://influencermarketinghub.com/influencer-marketing-2019-benchmark-report/.

서, 2017년 21,000건으로 증가한 후, 2018년 61,000건으로 급증하고 있음을 보여준다. 한국의 경우 2017년 2조원 규모에서 2020년 10조 원 규모로 성장할 것으로 전망하고 있다.[5]

인플루언서는 얼마나 많은 구독자수(followers)를 가지고 있느냐에 따라 크게 세 그룹으로 나눠진다. 마이크로 레벨(micro level)은 5천~10만 명, 매크로 레벨(macro level)은 10만~100만 명의 팔로워를 갖는다. 그리고 메가 레벨(mega level)은 100만 명 이상의 구독자를 거느리는 유명 인사들을 뜻한다.[6] 보통 크리에이터나 인플루언서가 안정적인 수익이 보장되기 위한 구독자수를 10만 명을 기준으로 본다. 2018년 11월 기준, 국내 인플루언스 마케팅 전문 플랫폼에서 활동하는 인플루언서들 가운데 연 수익 1천만 원 이상을 벌어들인 비율은 전체의 1.5%밖에 되지 않는다.[7] 그럼에도 불구하고 방송이나 여타 매체에서는 극소수의 성공스토리, 특히 '하고 싶은 일을 하면서도 고수익을 얻을 수 있는' 점을 부각시키는 형태의 자극적인 기사나 방송이 주류이다. 철저히 상업적인 현상이다. 이들이 방송에 나오는 것은 그들을 후원하는 회사에게 더없이 좋은 광고가 될테니 말이다. 현실에 기반한 위험성, 준비과정, 어려움 등을 알려야 할 필요가 있지만, 소셜 미디어상에서는 이런 사회적 안전망은 현재로서는 턱없이 부족하다.

---

[5] 아이뉴스24 (2019. 2. 4) "뜨는 인플루언서 마케팅 시장, 3년 만에 10조원대 전망," http://www.inews24.com/view/1155727

[6] Forbes Youtube chanel on What is A Social Media Influencer? (Ep. 1). https://www. youtube.com/watch?v=etQ36X37dXo.

[7] 오드엠, 「디지털 인사이트」 (2019. 6. 21.) "통계 수치로 알아보는 '인플루언서, 어떻게 활동했나요?'

3. 내 꿈은 인플루언서?

인플루언서에 대한 관심은 특별히 젊은 연령층에서 높게 나타난다. 2018년 개정된 통계청의 한국표준직업분류에는 '미디어 콘텐츠 창작자' 항목이 정식으로 추가되었다. 한 설문에서는 초등학생 장래 희망으로 '유튜브 크리에이터'가 상위권에 오르기도 했다.[8] 이런 현상은 해외에서도 마찬가지이다. 블룸버그 통신은 영국 청소년의 1/3은 장래 희망을 유튜버라고 답했으며 이는 의사나 간호사보다 3배가 높은 수치라고 보도했다.[9] 소셜 미디어 인플루언서는 하나의 직업을 넘어 청소년들이 가장 선호하는 직업이 되었다.

인플루언서의 삶이 선망의 대상이 된 이유에는 그들의 모습이 유명 연예인(celebrities)처럼 보이기 때문이다. 그들은 자신의 이름으로 인스타그램이나 유튜브 채널을 가지고 있고 자신을 좋아해주는 수십, 수백만의 팬(팔로워)도 있다. 인플루언서들이 화면 속에 보여지는 모습은 마치 유명 연예인 못지않다. 영국 가디언 신문은 "밀레니얼 세대 인플루언서, 온라인 광고의 새로운 스타"라는 제목의 기사를 냈다.[10] 이 기사는 영미권에서 활동하는 유명 인플루언서들의 모습을 소개했다. 대학교를 중퇴했지만 로스앤젤레스 부촌의 맨션

---

8) 중앙일보, "초등학생 희망직업 1위 '교사'… 10년 만에 밀렸다" (2018. 12. 14), https://news.joins.com/article/23210606.

9) Angela Hausman, *Marketing Insider Group* (2019. 1. 17), "The Rise and Fall of the Social Media Influencer." https://marketinginsidergroup.com/influencer-marketing/the-rise-and-fall-of-the-social-media-influencer/

10) Karen Kay, *The Gaurdain* (2017. 5. 28). "Millennial 'influencers' who are the new stars of web advertising." https://www.theguardian.com/fashion/2017/may/27/millenial-influencers-new-stars-web-advertising-marketing-luxury-brands.

에서 산다는 한 패션 블로거의 이야기, 명품 옷과 백을 메고 해외 유명 호텔 등을 배경으로 사진을 찍는 블로거, 유명 브랜드의 후원으로 깐느 영화제 레드 카펫에서 사진을 찍은 17살 패션 뷰티 블로거의 이야기들을 다룬다. 이들은 유명 가수도 헐리웃 스타도 아니지만 그들의 못지않은 인기를 누린다. 기사는 인플루언서가 영미권 10대들이 선망하는 성공한 삶의 모습으로 비춰진다고 말하고 있다. 한국에서도 비슷하다. 인플루언서가 되기를 희망하는 수가 급격히 늘고 있다. 그 배경 어딘가엔 어쩌면 누구라도 쉽게 저 '스타'처럼 돈과 명예를 쉽게 벌 수 있을 것 같은 유혹이 자리하고 있는 것은 아닌지 돌아볼 필요가 있다.

화려한 디자이너의 옷을 입고 명품백을 두르고 있는 모습이 재현하는 가치는 무엇인가? 미디어 속 인플루언서의 성공스토리는 자본주의적 가치를 그대로 따르고 있다. 기껏해야 얼마나 비싼 제품을 얼마나 멋있게 사용하고 있는가로 포장되는 모습이 성공한 인플루언서가 상징하는 가치라면 기독교인에게 인플루언서라는 직업은 합당한가 묻게 된다. 몇 가지 시급한 질문들이 떠오른다. 우리는 '인플루언서를 꿈꾸는 기독 청소년들에게 적극적으로 격려할 수 있을까' 물어야 한다. 만일 인플루언서의 최고 목표가 가장 비싼 명품의 스폰서십을 받게 되는 것이라면 우리는 축하해 줄 것인가? 아니면 그것을 위해서 포기해야 할 것들이 무엇인지 숙고하도록 도울 것인가? 우리는(교회는) 소셜 미디어에서 그리고 있는 화려한 삶을 꿈꾸는 다가오는 세대들에게 적절히 대답해줄 준비가 필요하다.

V. 인플루언서에 대한 기독교적 고찰

1. 외모와 중심 모두 보는 유튜버?

많은 이들이 스크린 속 멋진 인플루언서의 모습을 보며 꿈을 키운다. 꿈을 갖는다는 것은 단지 직업 선택보다 많은 부분에 영향을 끼친다. 청소년들은 자신의 '워너비 모델'이 보여주는 말투, 행동 등을 통해 무의식적으로 영향을 받고 이는 개인의 가치관 형성에 직간접적으로 영향을 미치게 된다. 디지털 매체를 매개로 소통하는 소셜 미디어의 특성상 화면에 비춘 모습만 볼 수 있을 뿐 화면 밖의 모습을 알 수 없다. 소셜 미디어의 특성상 일상적인 모습이나 친근한 모습들을 주로 보여주는 컨텐츠가 주를 이루지만 한 장의 사진을 건지기 위해서 수많은 시행착오를 거쳐 완성된 결과임을 일반 대중들이 알기까지는 시간이 필요했다. 인플루언서의 특성상 자신이 팔로잉하는 계정의 사진들에 반복적으로 노출이 되기 마련이다. 이런 과정이 지속되면 상당한 친밀감이 형성되면서 인플루언서의 연출된 모습임을 알면서도 상당한 영향을 받게 된다.

소셜 미디어를 활용하는 특성상 인플루언서들은 외모나 패션 등의 시각적인 영역에 상당한 비중을 두기 마련이다. 유명 인플루언서의 경우, 컨셉회의를 도와주고 전속 메이크업과 사진작가까지 대동하기도 한다. 그만큼 시각적 이미지는 다른 매체들(말, 언어, 소리 등)을 압도한다. 소셜 미디어 세상에서는 이미지가 제일의 언어가 되었다고 해도 과언이 아닐 것이다. 뉴미디어 속 '외모'의 중요성은 두드러진 특징 하나인데, 인플루언서의 경우 그 경향성은 더욱 뚜렷이 나타난다. (미에 대한 다양한 정의가 있음에도 불구하고) 멋지고 예쁜 '외모'를 가진 사람들에게 더 많은 구독자들이 몰리는 것을 종종 발견한다.

한 예를 들자면 '제이플라'(J.Fla)를 들 수 있겠다. 제이플라는 유튜브를 기반으로 국내외 가수의 곡을 재해석한 커버 영상을 올리고 있다. 쉽게 말해, 원곡 가수가 아니라 커버 가수이다. 잘 나가는 대중음악 가수들도 많고 K-Pop 한류 스타들도 많은데 왜 제이플라인가? 그녀의 유뷰브 채널은 현재 구독자수가 1,200만 명을 넘는다. 특별히 그녀를 지금의 자리에 오르게 한 곡인 에드 쉬런의 곡 〈Shape of You〉 커버영상은 현재 2억 3천만 뷰를 넘겼다.[11] 그녀의 인기비결을 대하여 음악평론가 배순탁은 그녀의 '재해석' 능력으로 평가한다.

> 적어도 유튜브라는 생태계에서 원곡이냐 아니냐는 그리 중요하지 않다. 이 플랫폼 위에서라면 창작력만큼이나 영리한 재해석도 스포트라이트를 받을 수 있다. 유튜브를 떠돌며 쾌락을 구하는 대중은 창작과 커버를 놓고 미리부터 가치 평가를 하지 않는다. 그보다는 원재료를 바탕으로 '얼마나 재미있게 잘 노느냐'에 주목한다.[12]

제이플라의 성공에는 그녀의 탄탄한 음악적 기본기와 남다른 곡해석능력이 뒷받침되었다는 것이다. 그러나 그녀가 처음부터 대중의 관심을 받은 것인 아니다. 2011년 비욘세의 〈Halo〉를 커버하는

---

11) 유튜브 채널 「JFlaMusic」. https://www.youtube.com/channel/UClkRzsdvg7_RKVh wDwiDZOA.

12) 배순탁, 「시사인」 565호 (인터넷 기사 2018. 7. 14.) "커버 전문 가수 제이플라, 구독해?" https://www.sisain.co.kr/?mod=news&act=articleView&idxno=32298.

첫 영상을 올렸고 2013년에는 데뷔 앨범을 내고 방송에도 진출했으나 그리 오래가지 못했다. 그러나 2016년 8월 그동안 커버영상을 올리던 방식을 바꾸기로 하고, 포니테일 머리 스타일에 헤드폰을 낀 채 옆모습만 보여주는 방식으로 커버 영상을 올리기 시작했다. 이때부터 대중들의 관심은 폭발적으로 늘어갔다.[13] '제이플라'라는 브랜드 상품이 완성된 것이다. 이 과정에서 그녀의 외모와 영상 속 이미지는 오늘의 제이플라를 만드는 데 결정적인 역할을 했다고 판단할 수 있다.

하나님은 우리의 외모가 아니라 중심을 보시는 분이시다(삼상 16:7). 그런데 소셜 미디어라는 공간에서는 '중심'(heart)이 존재하는가 혹은 기능하는가? 유명 유튜버, SNS 스타 등을 꿈꾸는 사람들에게 '외모'보다 중요한 것은 '중심'이라는 것을 어떻게 설득력 있게 말할 수 있을까? 대답하기 어려운 질문을 꺼내놓고 무책임하게 보이겠으나 필자의 생각은 좀 더 시간이 필요할 것이라고 본다. '외모'와 '중심'의 논의는 전혀 새로운 것이 아니지만, 소셜 미디어의 특성상 현재로서는 '외모'에 더 끌리는 단계라고 판단된다. 그러나 이미 소셜 미디어 이용자들 사이에서도 '외모'보다 더 중요한 가치들을 추구하는 개인들이 늘어나고 있다는 것이 나의 판단이다. 멋지고 화려하게 보이는 것보다 더 중요한 것을 찾기 위한 공간으로서의 소셜 미디어 또한 현재 진행형이다.

스탠리 하우어워스는 *Vision and Virtue*(1979)라는 책에서 히브리서 기자의 말을 인용하며 무엇을 보느냐가 우리가 무엇을 믿는 것을

---

13) 나무위키 "J.Fla" 참조. https://namu.wiki/w/J.Fla.

결정한다고 말한다. 믿음이란 '바라는 것들의 실상이고 보지 못한 것들의 증거'(히 11:1)라는 구절이 '외모' 중심의 뉴미디어 사회 속에서 어떤 의미로 적용될 수 있을까? 그리스도인은 소셜 미디어를 통하여 '외모'보다 '중심'을 추구하는 것이 가능할까? 필자는 소셜 미디어 인플루언서 현상 속에서 주목해야 할 기독교적 가치는 바로 '중심'의 세계관이라고 생각한다. 그리고 이 '중심'의 세계관을 오늘의 언어로 바꾸면 '진정성'이라고 생각한다.

기독교인이 인플루언서가 꿈이 될 수 있을까? 나는 그렇다고 본다. 인플루언서는 진정성으로 세상과 소통해야 하기 때문이다. 그러나 '기독교적 인플루언서'라는 단어의 조합이 낯설지 않으면서도, 그 내용을 구체적으로 채워간다는 것은 간단해 보이지는 않는다. 부족하나마 아래의 글에서는 뉴미디어 환경 속 '인플루언서'라는 새로운 현상(직업) 속에서 기독교적 의미를 찾아보고자 한다.

2. 인플루언서와 기독교적 직업윤리의 접점을 찾아서

유명 연예인과 인플루언서 사이에는 공통점도 있지만 차이점도 존재한다. 특히 배우나 가수, 스포츠 스타들은 자신의 분야에서 하는 일이 곧 상품이다. 반면 인플루언서는 누군가 만들어 놓은 상품을 많은 소비자들을 대신하여 그리고 멋지게 사용하는 일을 한다. 물론 완벽한 사진과 영상을 만들어내는 노력이 필요하고 이는 독립적인 컨텐츠임에는 분명하다. 그러나 이 현상을 조금만 세심하게 관찰한다면 인플루언서들은 기업과 상품이 필요하다는 것을 알 수 있다. 기업도 인플루언서를 필요로 한다. 하지만 인플러언서는 여러 마케팅 옵션 중 하나이다. 그러니 인플루언서는 '기업-의존적'일 수밖에 없다. 따라서 인플루언서의 본질은 상업적이다. 그럼에도 기독교적 인플루언서는 가능한가? 필자의 관심은 '기독교인이 인플루언서가 되는 것이 합당한가'라는 질문을 하려는 것이 아니다. 대신 '어떻게 하면 인플루언서라는 직업 현장에서 기독교적 가치를 실천할 수 있을까'를 고민해야 한다고 본다. 인플루언서는 이미 가장 중요한 마케팅의 일부로 부상하고 있다. 따라서 그에 따른 적절한 직업 윤리가 동반되어야 할 것인데 크게 개인적 측면과 구조적 측면으로 나눠서 생각해 볼 것이다.

먼저 우리가 생각해볼 것은 정직성, 성실성, 신뢰성 등과 같은 개인적 윤리의식이다. 시장 속 인플루언서의 역할이 단지 상품을 많이 팔기 위한 수단으로 전락해서는 안 된다. 그들의 진가는 어떤 제품에 대한 정보를 제공하고 타 제품들과 비교하며 자기 나름의 솔직한 의견들을 제공하는 데 있다. 이로써 소비자들은 합리적인 구매가 가능하다. 필자는 인플루언서의 등장이 뉴미디어 사회 속에서 공통적으로 나타나는 대중비평가의 역할 중 하나라고 생각한다.

서두에서 말한 바와 같이, 오늘의 사회는 정보가 소수 엘리트에게 독점되던 과거와는 달리 누구나 다양한 정보를 가질 수 있는 환경으로 변하였다. 따라서 과거 사회운동에서 엘리트만이 할 수 있었던 일종의 전문성이, 누구라도 관심과 노력을 기울이면 어느 정도의 전문성을 가질 수 있는 사회로 전환되었다. 대표적인 예가 소비자운동인데 과거에는 어떤 제품에 대한 세부적인 정보나 만들어지는 과정, 가격이나 성능 등에 대한 정보를 의무적으로 제공하지 않았었다. 따라서 국가 및 시민사회는 소비자운동을 통하여 그에 대한 정보를 제공하도록 요구하고 때로는 불매운동도 했다.

기업마다 정보공시가 비교적 투명하게 이뤄지며 다양한 정보들이 손쉽게 획득되는 가운데 더 이상 소비자운동과 같은 역할은 불필요할 것처럼 보이지만, 오늘날 사회는 또 다른 난관에 부딪히게 되었다. 바로 정보가 너무 많다는 것이다. 하루에도 수많은 뉴스와 상품과 정보들이 생산되고 그 유통 속도 또한 빠르고 지속시간을 매우 짧다. 이런 정보의 홍수 속에서 어떤 정보를 획득하고 버릴 것인지를 직접 처리하기란 불가능하다. 게다가 최근에는 가짜뉴스마저 횡행하니 무엇 하나 믿을 만한 것이 없는 지경에 이르렀다.

미국의 정치 분석가 월터 리프먼은 『자유와 신문』(*Liberty and the News*, 1920)이라는 책에서 "신문은 민주주의의 성경이며 사람들은 이를 근거로 행동을 결정한다"고 주장한 바 있다.[14] 민주사회 속에서 시민은 합리적인 결정권을 가진 주체로서 민주사회가 제대로 작동하려면 언론의 역할이 그만큼 중요하다는 뜻이다. 과거 언론/미디어에 관한 그리스도인의 관심은 정부가 언론을 독점적으로 오용한 것에 대한 투쟁이었고 모든 사람들이 자유롭게 정보를 획득할 수 있어야 한다고 주장했었다. 그런데 오늘 뉴미디어 시대를 사는 우리는 '정보의 자유'(free access to information)가 아니라 '정보과잉의 사회'(information overload society)로 인한 새로운 어려움에 당면한 형국이다.

미디어와 민주화의 관계는 아직 오리무중이다. 한쪽에서는 자유로운 통신기술의 발달로 직접민주주의 실현 가능성이 가까워지고 있다고 장밋빛 전망을 내놓는다. 다른 한쪽에서는 시민들이 신문을

---

14) 강만길, 『커뮤니케이션 사상가들』(서울: 인물과사상사, 2017), 25 재인용.

포함한 여러 매체를 통하여 정보에 노출될 확률이 높은 것이 반드시 합리적인 판단으로 이어지는 것은 아니라는 회의적인 입장을 보이기도 한다. 영국의 브렉시트 결정이나 미국 대선에서 트럼프의 당선은 소위 '지식사회'에게 커다란 충격을 주었음에 분명하다. 어찌 보면 당연한 일인데, 이는 정보가 많은 것이지 개인이 수용할 수 있는 정보의 양은 여전히 한정적이기 때문이다. 따라서 뉴미디어 사회 속에서 결정적 역할을 수행하는 집단이 등장하게 되었는데 바로 대중비평가인 것이다.

3. 대중비평가로서의 인플루언서

필자에게 대중비평가란 수많은 정보를 선별하여 보기 좋게 나열해주는 편집자, 원재료를 잘 요리해서 먹기 좋게 담아내는 요리사 그리고 정보의 홍수 속에 표류하는 정보들을 필요한 사람에게 소개하는 지식중개인과 같다고 생각한다. 예를 들어, 유시민과 같은 인물이 대표적이다. 전문적 지식과 대중적 지식의 사이에서 가교역할을 하는 것이다. 그는 대중(소비자)에게 필요한 정보를 적절하게 선별하고 의미를 부여하고 보기 좋은 상품으로 소개하는 역할을 하고 있다. 이러한 현상은 다른 분야에서도 공통적으로 일어나고 있다. 일반 소비자는 신중하다. 왜냐하면 모든 영화를 다 볼 시간도 없을 뿐더러 돈도 제한적이다. 책도 마찬가지고, 공연도 마찬가지고, 여행도 마찬가지이다. 그러니 누군가 나를 대신하여 직접 보고 알려주길 희망, 아니 필요로 한다.

인플루언서의 역할은 결국 합리적인 소비와 긴밀한 연관성을 가진다. 대중들은 자신의 돈과 시간과 결정이 허투로 돌아가지 않기를 바란다. 그렇지만 기업의 홍보는 단지 자신들의 물건을 파는 데만 목적이 있으므로 광고 자체를 믿지 않게 된다. 광고의 영향이 중요하지만 비슷비슷한 상품들 속에서 '결정 장애'를 경험하는 것은 지극히 당연한 일이다. 여기서 인플루언서의 필요(역할)가 발생한다. 누군가 (기업이 아닌) 나와 같은 사람이 나를 대신해서 신중하게 상품을 테스트하고 분석해서 설명해주길 기대하는 것이다. 그가 나와 같은 일반 소비자라서 더욱 믿을 만하게 느껴진다. 그리고 이 과정을 마치 내 일처럼 성실하고 지속적으로 반복한다면 금상첨화다. 이 과정에서 인플루언서와 팔로워는 일종의 신뢰가 형성되는 것이다. 이 신뢰도에 전문성이 더해지면 그 어떤 경로보다 상품 구매에 있어서 강력한 영향력을 갖게 된다. 그렇게 그들은 비로소 '인플루언서'가 되는 것이다.

기독교인은 인플루언서가 될 수 있는가? 기업은 인플루언서 마케팅을 사용하는 것이 옳은가? 이 질문보다 더 좋은 질문은 '어떻게'에 있다. 매체는 본질적으로 도구이므로 그 기능은 양가적일 수밖에 없다. 뉴미디어 사회 속 기독교의 역할을 논의하는 가운데 필자의 관심은 소셜 미디어의 발전으로 이 사회가 심각한 위기에 처했는가에 있지 않으며 어떻게 하면 소셜 미디어의 제 기능을 잘 살릴 수 있을 것인가에 있다. 이는 기업을 경영하는 관점에서도 마찬가지로 적용될 수 있다고 본다. '인플루언서의 제 기능은 무엇인가?' 그리고 '기업은 인플루언서를 어떻게 잘 활용할 수 있는가'를 고민해 볼 필요가 있다. 필자의 소견으로는 인플루언서의 역할은 자본주의 사회 속에서 합리적인 소비를 돕는 중요한 가교역할을 수행한다는 것이다.

4. 인플루언서의 명과 암

영국의 영향력 있는 소셜 미디어 기업인 〈Born Social〉의 전략디렉터를 맡고 있는 칼룸 맥카혼(Callum McCahon)은 가디언지와의 인터뷰에서 인플루언서의 성공전략이자 도전과제는 바로 '신뢰관계'(trusting relationship)의 형성이라고 지적한다.[15] 이 말은 곧 그것이 무너지면 결정적인 위협이 된다는 뜻이기도 하다. 만일 어떤 기업이 인플루언서의 인기만을 이용하여 수익을 창출하려고 한다면 문제가 발생한다. 인플루언서의 생명은 소비자와의 신뢰인데 상품에 대한 철저한 분석이나 정직한 평가가 수익이라는 이유로 제외되거나 우선순위에서 밀린다면 그 생명은 오래가지 못한다. 국내 유명 인플루언서 중 하나인 '임블리'(본명 임지현)는 인플루언서의 대표적인 부정적 사례로 손꼽힌다.

유명 피팅 모델이자 한 때 80만 명의 인스타그램 팔로워를 가졌던 임블리는 자신의 인기와 팔로워들을 토대로 남편과 함께 회사(부건 F&C)를 창업한다. 마케팅 전략은 당연히 '임블리'의 인스타그램을 활용한 인플루언서 마케팅이었다. 이 회사의 2018년 매출은 무려 1700억원에 이른다. 그러던 중 이 회사에서 판매하던 호박즙에서 곰팡이가 발견되는 제보들이 돌기 시작했는데 회사에서 전량회수와 환불을 결정한 건 한참이 지난 뒤에서였다. 이 과정에서 회사의 대응이 미성숙하고 부적절하다는 평가들이 돌기 시작했으며 여론은 걷잡을 수 없이 나빠지기 시작했다. 이에 임블리의 소비자와 팔로워

---

[15] Karen Kay, *The Gaurdain* (2017. 5. 28), "Millennial 'influencers' who are the new stars of web advertising."

들은 이 회사의 문제점들을 밝히기 시작하는데 명품 모조논란이나 가격 폭리, 품질불량 및 제조일자 조작 등의 논란 등이 걷잡을 수 없이 퍼져감에 따라 심각한 손해를 입게 되었다.[16]

이러한 과정 속에서 그녀를 믿고 따르던 팔로워들은 오히려 안티-구매자로 전향하기도 하는데 그녀의 회사 운영 속에서 거짓말이나 늑장 대응을 접한 소비자들은 애초에 가졌던 신뢰관계가 무너졌다고 느끼게 되는 것이다. 이와 관련한 인터뷰에서, 성열홍 홍익대학교 교수는 인플루언서들이 "진정성을 바탕으로 해서 마케팅을 전개해야 하는데, 단기적으로 상품이나 서비스를 팔겠다는 생각을 하게 되면 이게 문제가 야기될 수 있다"라고 지적한다.[17] 결국 정직성, 성실성, 진정성 등은 여타 직업윤리에서도 중요한 가치를 지니지만, 소셜 미디어를 기반으로 하는 인플루언서의 경우에는 더욱 그러하다.

5. 규제가 1인 미디어를 살린다?

마지막으로 논의할 것은 유튜브와 소셜 미디어를 기반으로 하는 인플루언서들을 보호하는 제도적 장치에 대하여 생각해 보고자 한다. 이들은 1인 미디어로 활동하는 경우가 다반사인데 이로 인하여 자기 검열 능력이나 위기 상황 대처능력 등에서 전문성이 떨어지기 마련이다. 필자는 글머리에서 1인 미디어와 독립언론들이 가진 장

---

16) '임블리 논란'이 붉어지자 KBS News에서도 이 사건을 보도했다. KBS News (2019. 5. 21), "'임블리'의 몰락… SNS의 명과 암", http://news.kbs.co.kr/news/view.do?ncd =4204867.

17) 위 기사.

점을 자본이나 권력으로부터의 자율성과 독립성이라고 언급했다. 언론의 역사 속에서 전통적 언론 미디어에 대한 가장 큰 비판은 의사결정 과정 속에서 끊임없이 발생하는 외부의 개입에 대한 고발이었다. 그리고 이러한 비판의식이 자리하는 저변에는 이런 개입이 주로 정치적 편향성이나 상업적 이익에 근거한 것이라는 편견 때문이다.

그러나 대안적 독립언론이 정치적으로 편향적이지 않거나 부패하지 않을 것이라는 믿음 또한 근거 없는 믿음이다. 이는 철저히 개인의 윤리의식에 의존하기에 가능성만큼이나 위험성 또한 크다. 인플루언서와 같은 1인 미디어, 특히 소셜 미디어를 매체로 활동하는 경우 문제의 여지는 더 크다. 유튜브, 카톡, 인스타그램, 페이스북과 같은 소셜 미디어는 그 역사가 짧은 이유로 이와 관련한 법적 제도가 충분하게 마련되어 있지 못한 실정이다. '임블리' 마케팅에 속아 잘못 제품을 구매했어도 법적으로 보상 받을 수 있는 상황이 아니다. 기업에게도 손해이다. 소비자가 두려움을 느껴 이런 방식의 제품 구매를 주저하게 된다면 장기적으로 매출은 줄어들게 된다. 따라서 기업과 소비자를 보호할 수 있는 적절한 제도적 장치가 필수적이다.

예를 들어, 유튜브와 관련한 폭력성, 선정성 등의 유해 영상에 대한 규제가 확립되지 않는다면 유튜브에 대한 이용자의 불안한 심리를 극복할 수 없을 것이다. 개인의 인권이나 특별히 아동·청소년들을 위한 보호장치 마련이 시급해 보인다. 누구라도 컨텐츠를 만들어서 올릴 수 있는 이 자율적 공간에서 청소년들은 어떻게든 구독자수를 늘리기 위하여 자극적인 컨텐츠들을 무비판적으로 모방할 확률이 높다. 그들은 스스로를 통제할 수 있는 능력이 아직 완성되지 않앞으므로, 국가가 이를 규제하고 보호할 수 있도록 도와야 한다. 이런 논의에 발맞추어 유튜브에서는 〈유튜브 키즈〉를 구상하고 있다고 들었는데, 온라인상에서도 '안전한 공간'(safe space)을 제공하는 것은 필요하다고 본다.

제도적 규제와 더불어, 시민사회의 공동체적 감시 또한 필요하다. '감시'라는 단어가 가진 부정적 뉘앙스를 십분 이해하면서도 그 중요성은 오히려 더 높아졌다고 말하고 싶다. 1인 미디어나 인플루언서들의 수는 날마다 폭발적으로 늘어가고 있는데 이에 대한 정부의 규제나 플랫폼 회사의 필터링 능력에는 한계가 있기 마련이다. 진부한 이야기지만 서로가 서로의 감시자가 되어주어야 한다. 성숙한 시민사회의식이 필요한 지점이며 기독교는 시민사회의 일원으로서 이 역할을 수행해줘야 한다. 그러기 위해서는 소셜 미디어를 죄악시 하거나 이분법적으로 구분하기보다 좀 더 많은 관심과 격려가 필요하다. 여기에서의 감시는 우리의 눈을 가리자는 것이 아니라 좋은 인플루언서, 좋은 유튜버, 좋은 컨텐츠를 찾아보고 추천할 수 있어야 한다는 뜻이다.

VI. 나가는 말: 한국교회에 바란다

한 단계 더 나아가, 교회는 감시자에서 해석자와 생산자의 역할을 수행할 수 있기를 바란다. 앞서 언급한 대중비평가로서의 역할이 곧 교회에게 맡겨진 소명이다. 바울은 로마의 그리스도인에게 이 세대를 본받지 말고 하나님의 뜻을 분별할 것을 당부(롬 12:2)하는데 오늘 한국교회에게도 유효한 이야기이다. 이 말은 소셜 미디어 컨텐츠가 기독교적인가 아닌가를 살피는 것도 있지만, 앞서 이 글에서 논의한대로 그 방식이 기독교적인가 아닌가를 고민할 필요가 있다. 마지막으로, 기독교는 더욱 적극적으로 소셜 미디어를 통하여 세상과 소통할 수 있기를 바란다. 기독교인이 하는 '소셜 미디어는 다르네. 믿을만하네!'라는 평가를 받을 수 있어야 한다. 인플루언서의 경우는 더욱 두드러진다. 그들의 영향력은 곧 정직성과 성실성과 같은 기독교적 가치에 의해 형성되는 신뢰관계의 증표이기 때문이다.

공교롭게도 인플루언서와 팔로워는 모두 기독교에서 많이 사용하는 단어이다. 교회는 세상의 빛과 소금으로서 선한 영향력을 끼치는 '인플루언서'이다. 또한 예수 그리스도가 우리의 주인이시기에 세상과는 다른 가치로 살아가는 예수의 '팔로워'이기도 하다. 많은 사람들이 뉴미디어 사회 속 소통의 핵심은 결국 진정성, '진실한 관계'(authentic relationship)로 사람과 소통하느냐에 달려있다고 입을 모은다. 교회도 기업도 마찬가지이다. 우리가 진실하면 그들도 우리를 '팔로잉'해 줄 것이다. 하나님의 기업이 하나님나라의 가치라는 상품을 판다고 할 때, 어떤 인플루언서를 선택하실까? 교회가 진정성으로 세상과 소통하고 신뢰관계를 형성할 때 그 영향력은 비로소 빛이 날 것이다. 한국교회가 진정성으로 소통하는 진짜 '인플루언서'가 되길 바란다.

가상세계와 증강현실에 상주하는 디지털 세대에 대한 전도 가능성

남성혁*

I. 들어가는 말

한국콘텐츠진흥원은 『2018 e스포츠 실태조사 보고서』를 발표했다. 이 보고서에 따르면 세계 e스포츠 시장 매출 규모는 10억 달러에 육박하여 전년 대비 40%에 가까운 증가를 이루었고 앞으로는 그 속도가 더욱 거세어질 것이라 내다보았다. 소위, 'e스포츠 종주국'이라 불리는 한국 시장도 1,000억 규모의 시장을 이루고 있다. 2017년 닐슨코리아의 조사에 따르면 15세에서 29세 설문응답자의 관심 종목은 축구와 야구의 뒤를 이어 e스포츠였다.

e스포츠는 여타 프로스포츠에 비해 상대적으로 적은 돈을 들여 팀을 꾸릴 수 있는데다, 쏠쏠한 마케팅 효과도 올릴 수 있다는 기대

명지대학교 객원교수

가상세계와 증강현실에 상주하는 디지털 세대에 대한 전도 가능성 _ 남성혁 ｜ 101

감이 반영되면서 기업들의 마케팅 영역으로 주목을 받고 있다. 게다가 밀레니얼 세대에게 확실한 브랜드 각인 효과와 세계 대회가 많은 e스포츠 특성상 자연스레 글로벌 마케팅을 할 수 있어 매력적이다. 이와 함께 프로리그 등 e스포츠 대회도 꾸준히 열릴 뿐 아니라 케이블방송인 OGN, SPOTV 게임즈에서 중계방송도 이뤄진다. 특히 넥슨 아레나, 서울 OGN e스타디움 등 전용 경기장도 여덟 군데가 만들어지는 등 e스포츠는 국내 손꼽을 수 있는 프로스포츠 종목으로 발돋움했다는 평가다. 확실한 팬 층을 기반으로 적지 않은 홍보효과를 누리지만 천문학적 운영비용이 필요 없는 e스포츠에 기업들이 눈독을 들이는 배경이다. 이처럼 짧은 기간 내에 기본적인 기반이 만들어진 국내 e스포츠 산업은 세계 시장도 호령하며 '한국은 e스포츠 종주국'이라는 명예를 얻고 있다. 2018년 아시안 게임 e스포츠 종목은 2018년 자카르타-팔렘방 아시안 게임에서 e스포츠들은 시범 종목으로 시행되었다. 다음 대회인 2022년 아시안 게임부터 정식 종목으로 포함될 예정이다.

2004년 스타 프로리그 결승전이 열린 부산 광안리 해수욕장엔 단일 경기 10만 관중이 운집하며, 여타 프로스포츠를 뛰어넘는 관중 동원력도 확인시켰다. 이는 e스포츠의 인기나 영향력, 홍보효과에 대한 긍정적 시선이 확산되는 계기가 됐다. 기존에 부정적 측면이 강했던 '게임'이라는 이미지가 양성화되며 대중적 놀이문화로 인식되기 시작한 시기도 이쯤으로 볼 수 있다. 2007년부터 2014년까지는 공군ACE 게임단이 창설되어 프로게이머들이 군복무문제를 해결기도 하였다. 이들은 공군중앙전산소 소속으로 활동하였으며, 육군과 달리 지원병제도인 공군의 입장에서도 군복무 대상자인 젊은 층의 문화 중 하나인 e스포츠에 관심을 가지고 제도를 마련한 것이다. 이러한 시도는 효과를 보아 2008년에 해군에서도 게임단 창설을 고려하였다고 한다.

2019년 게임시장에 대한 정보통신정책연구원의 조사에 따르면, 디지털게임시장의 규모는 점점 확대되고 있다. 세계적으로 스마트폰의 앱게임은 게임시장의 55.1%를 차지하면서 시장을 주도하고 있다. 국내시장은 PC방의 보급으로 인하여 PC 게임이 전체 시장의 60~80%를 차지하는 구조였으나, 최근 스마트폰의 보급으로 스마트폰 게임의 비중이 지난 5년 사이에 18%에서 32% 급성장하였다. 대중교통을 이용하거나 공공시설을 방문해 보면 많은 사람들이 스마트폰으로 게임을 하는 장면을 쉽게 목격할 수 있다. 추가적으로 눈여겨볼 것은 5G 네트워크와 ICT 기술의 확대로 VR(가상현실)과 AR(증강현실) 게임이나 클라우드 게임과 같은 새로운 플랫폼을 활용한 게임이 급성장할 것으로 예측된다. 콘솔이나 PC게임은 개인의 영역이고 특정 그룹이라 하겠지만, 스마트폰을 중심으로 한 소셜-캐주얼 게임은 전 연령으로 퍼져나가고, 시간과 장소의 제약을 받지 않는다는 점에서 사회전반적인 문화현상으로 볼 수 있다.

국제전자제품박람회(CES)에서도 e스포츠의 대유행에 대하여 해마다 지속적으로 강조하고 있다.[1] e스포츠와 게임은 젊은 스포츠팬

---

1) "More Than a Game: Esports at CES 2020," https://ces.tech/Articles/2020/More-Than-a-Game-esports-at-CES-2020.aspx. (2020년 7월 28일 접속). "첫째, e스포츠 커뮤니티는 전통적인 스포츠와 비슷하지만, 둘째, 성공을 위해 마케터들의 접근법을 맞춤화할 필요가 있다. 셋째, 각각 브랜드는 e스포츠에서 발생하는 기회를 충분히 수용하고 투자를 해야 한다. 넷째, e스포츠는 합법적이고 전문적인 직업 선택이며, 산업은 유일하게 성장하고 있다. 다섯째, e스포츠 주요인사와 브랜드는 산업에 동력을 가져오기

들에게 빠르게 지나칠 유행 이상의 것이 되었다. CES 2020에서 게임과 e스포츠 컨퍼런스 영역은 이 성장하는 산업에서 새로운 트렌드를 주요 사안으로 다루었다. 업계 전문가들은 게임과 e스포츠 장르가 확장되면서, 그들이 발견한 몇 가지 사실에 대하여 주목해볼 필요가 있다. 이러한 사실은 e스포츠를 즐기는 세대가 매우 급성장하여 세계적 기업들이 관심을 가지고 투자하고 있으며, 개별적 소비자들에게 맞춤형으로 접근해야 한다고 가르쳐준다.

이러한 세계적인 산업의 흐름 속에서 과연 기독교는 어떤 입장을 취하고 있는지 활발한 선행연구들을 통하여 어느 정도 파악이 가능하다. 디지털세대, 제4차 산업혁명, 가상공간의 활용과 같은 과학기술의 발달에 대하여 종교와 신학들은 적잖게 당황한 듯하다. 게임산업계와 체육철학회의 관점에서는 e스포츠에 대한 논의들이 다루어졌으나, 신학계와 선교학 분야에서 연구는 전무하다. 하지만, 다음세대가 디지털 세대이므로, e스포츠와 게임들은 더 이상 취미생활의 영역으로 제한되지 않고, 그들의 문화 환경이며 기성 교회들이 마주하는 선교지가 될 수밖에 없다.

컴퓨터 마우스를 클릭하는 사람은 그저 소파에 앉아 텔레비전을 보기만 하는 사람과는 다르다. 그들은 가라오케 마이크를 쥔 —또는 스쿠버 다이빙을 하는, 인라인 스케이트를 타는, 산악자전거를 타는, 윈드서핑을 하는— 사람이 된다. 이 때 매체가 전달하는 진짜 내용은 정보가 아니라 상호 작용이다. 이것이 바로 교회가 아직 이해하지 못하고 있는 미디어의 '가치'다. 멀티미디어

위해 협력하는 방법에 대해 함께 배우며 손을 내밀어야 한다. 여섯째, 산업은 데이터 및 분석의 힘을 활용하여 팀, 팬 및 브랜드에 대한 동력을 움직일 수 있다."

가 전달하는 진짜 내용은 상호 작용이다. 컴퓨터 게임의 핵심은 모두가 상호 작용하며 참여하는 데 있다.[2]

e스포츠는 하나의 새로운 미디어 출현에 불과한 것이 아닌, 그 미디어 자체가 완전히 새로운 환경을 창조한다는 점에서,[3] 한국교회가 현재 경험하는 e스포츠에 대한 생소함에도 불구하고 선교신학적 관심을 가져야할 이유가 된다. 디지털의 발전 속도는 매우 빠르기 때문에, 이러한 연구는 더욱 시급하다. e스포츠와 게임을 즐기는 세대의 특성을 살펴보고, 가상현실 영역을 선교지로 인식할 필요성에 대하여 알아보고자 한다. 제4차 산업혁명의 새로운 시대의 도래를 세분화하여 젊은이들이 상주하는 e스포츠와 게임의 영역에 대한 선교와 전도의 가능성을 고찰하여, 실제적인 성육신적 선교실천의 물꼬를 트고자 한다.

---

[2] Leonard Sweet, *Postmodern Pilgrims*, 김영래 역,『영성과 감성을 하나로 묶는 미래교회』, (서울: 좋은씨앗, 2002), 95.

[3] Marshall McLuhan, *Understanding Media*, 이한우 역,『미디어의 이해: 인간의 확장』, (서울: 민음사, 2002), 32. "모든 미디어나 기술의 '메시지'는 결국 미디어나 기술이 인간의 삶에 가져다줄 규모나 속도 혹은 패턴의 변화이기 때문이다. 예를 들어, 철도가 이동, 수송, 바퀴, 길 등을 인간 사회에 처음 도입하지는 않았다. 그러나 철도는 완전히 새로운 종류의 도시들과 새로운 종류의 노동과 여가를 창조해냄으로써, 그것이 등장하기 전까지 존재해 왔던 인간 활동들의 규모를 확대하고 속도를 가속화했다.… 철도라는 미디어가 운반하는 화물 혹은 내용이 무엇인가와도 별 관계가 없는 일이었다. 한편 비행기는 그것이 어디에 사용되는가에 관계없이, 수송을 가속화함으로써 철도에 바탕에 둔 도시, 정치, 인간관계의 근본을 흔들고 있다."

II. 아날로그세대와 디지털세대

e스포츠와 게임을 즐기며 문화를 만들어내고 향유하는 대상들이 누구인지 알기 위해서는 디지털 세대를 이해해야 한다. 세대에 따라 세계관이 다르기 때문에 소통을 위하여 세대의 특성을 먼저 파악해야 한다. 세대를 구분하는 명칭은 다양하고, 생성과 소멸을 반복하고 있다. 인구증감에 따라, 베이비부머와 베이비버스트 세대가 존재하고, 문화적 차이에 따라 x세대, y세대, z세대라 불렀다. 1997년에 돈 탭스콧이 N세대(The Net Generation)라는 표현을 처음 사용한다. 이들은 이전 세대와 달리 디지털 매체를 적극적으로 활용하면서 일상생활을 영위하고 가치관을 형성한다. 디지털 기술을 기준으로 디지털세대, 디지털 이주자 세대, 아날로그 세대로 나뉘기도 한다. 아날로그 세대는 디지털문화 부적응자 계층이며, 디지털 이주자 세대는 비록 아날로그 시대에 태어났으나 의식적으로 디지털문화를 습득한 이들이다. 디지털 세대는 태어나면서부터 자연스럽게 디지털에 적응한 이들이다. 본 글에서는 디지털세대와 아날로그세대로 표현한다. 디지털 세대의 등장은 단순한 기술 숙련의 격차만을 의미하지 않으며, 가치관, 세계관, 인생관에서 이전세대와 차이를 초래한다.

첫째, 인터넷은 누구나 정보에 접근할 수 있는 지식의 평준화를 가져오며, 평평하고 더욱 가까워진 세상을 제공한다. 디지털 세상의 손쉬운 접근성과 개방성으로 인하여, 이 세대는 적극적인 호기심을 가지고 새로운 문화를 빨리 수용한다. 농경사회는 지식 곧 노하우의 독점으로 인하여 연장자가 권위를 가지는 수직적 세계관이 당연한 아날로그 방식이었으나, 디지털세계에서는 감성을 더욱 중요시하며, 수평적 관계로 인한 탈권위적 관계를 선호한다. 이들은 개인에게 더욱 집중하는 물질관과 경제관을 소유하고 있다. 둘째, 이러한 디지털환경은 물리적 한계로부터의 자유를 주었을 뿐 아니라, 자기표현과 개인의 경험을 중요하게 여기는 문화이다. 개인적 호기심과 자기주장이 강한 문화이며, 대기업의 권위적인 구조에 수용되기보다는 벤처기업이나 스타트업과 같은 창업으로 경제활동에서도 개성을 발휘한다. 이러한 개인주의 성향은 급변하는 환경에 쉽게 적응하고, 타문화에 대하여 호의적이며, 능동적이고 적극적인 자세를 취한다. 셋째, 개인 권리에 관심이 많아지면, 사회공동체의 문제에는 관심이 적을 것이라는 우려와는 달리, 온라인에서 여러 모습으로 사회문제에 관심을 가진다. 소위 집단지성으로서 세상에서 일어나는 일에 대하여 감시자의 역할을 한다. 도리어, 아날로그 방식의 물리적 한계를 넘어서 지역, 국가, 이념을 초월하여 국제문제와 지역문제를 진지하게 논의하며 활동한다. 특히, 디지털세대의 상징으로 스마트폰을 꼽는다. 디지털세상으로 연결해주는 스마트폰은 그들의 문화인 동시에 그들의 몸의 일부가 되었다라고 표현한다. 아날로그 세대에게는 디지털활동은 필수품이 아닌 선택적이기 때문에, 자신들의 정체성을 디지털 세상에 두지 않는다. 아날로그세대의 디지털지체 현상과 탈디지털화는 단순히 취사선택이 아니라, 디지털세대의 정체성을 거부하는 모습으로 비추어져 세대갈등의 단초가 된다.

III. 디지털 패러다임의 도래

토마스 쿤에 의하면 과학기술의 발달은 점진적인 것이 아니라, 새로운 국면으로의 전환(paradigm shift)이다. e스포츠와 디지털 세대의 환경과 특성을 아날로그 패러다임에서 연속성을 가지고 이해하려는 시도는 상이한 두 세계관 사이의 단절을 불러온다. 한국교회의 감소 현상의 원인은 다양하지만, 선교인류학적 관점에서 볼 때, 한국교회의 사회문화적 괴리현상이 원인 중 하나임은 명확하다. 교회의 이천 년 역사는 물리적 공간에 모이는 습관을 가지고 있었다. 제4차 산업 혁명 시대가 열리면서 모임의 공간이 가상현실/증강현실로 확장되고 있는 대변혁에서 교회는 어떻게 반응해야 하는 것일까?

> 뉴미디어에 대한 막연한 불안 혹은 불신이 올드미디어 집단의 불안통제감을 저하시키고, 역기능적 신념을 공고하게 만듦으로써 불안통제감을 더욱 저하시키는 악순환을 보인다. 뉴미디어와 IT의 산업적 발전에도 불구하고, 보수적 세계관에서 게임은 절대적으로 금기시된다. 이러한 절대적 금기는 절대적 공포를 유발한다.[4]

디지털세대와 e스포츠의 특성을 살펴보면, 다음 세대의 패러다임이 아날로그세대와 확연히 다르다. 복음전파에 있어서도 e스포츠 영역에 대한 기존의 관점의 전환이 발생한다면, e스포츠가 전도의 도구가 되거나, e스포츠의 역기능의 성향에서는 복음이 빛과 소금

---

4) 조은하, "게임포비아, 호모루덴스에서 사이버스페이스까지", 「한국콘텐츠학회논문지」 13/2 (2013), 138.

의 역할을 감당할 수 있는 기회가 될 수도 있다는 선교적 관심이 필요하다.

 교회와 e스포츠 디지털 세계와의 연결점을 모색하기 이전에, e스포츠와 게임에 대한 교회의 관점들을 살펴볼 필요가 있다. 전자오락으로 불리던 시절부터, 게임이나 놀이는 기성세대 관점에서 유치하고 부정적이었으며 성숙하지 못한 어린 세대들의 전유물로 이해되었다. 게임과 오락은 성인이 되면서 전자오락이 아닌 다른 유흥을 즐기는 모습으로 변화되었다. 또한 교회의 엄숙하고 경건한 정서는 놀이라는 개념이 긍정적으로 받아들이는 데 시간이 걸리게 했다. 게임에 대한 사회적 가치는 인정받지 못하던 환경이나, 경제적 문화적 가치는 다음 세대에게 유효하게 영향을 미쳐서 게임 산업이 법제도적으로 준비되는 상황까지 발생하였다. 한국교회의 성장은 근대 산업과 경제발전과 함께 발맞추어 왔다. 폭발적인 교회성장시기에 교회의 안팎에서 노동형 인간(Homo Faber)이 이상적인 모습이었으며, 놀이와 게임은 부정적이었다. 반면, 교회 밖에서는 요한 하위징아가 '놀이하는 인간'(Homo Ludens)을 주창하면서, 놀이에 대한 가치와 인간의 모습을 재조명하게 되었다. 그에 따르면, 놀이는 문화보다 오래되었고, 항상 인간 생활 속에 충만했다. 그러므로 놀이가 문화로 발전하게 되고 그 문화가 인간에게 영향을 끼치게 된다. 인간이 놀이적 세계에 매료되는 것은 크게 두 가지로 요약될 수 있다. 첫째, '자유'이다. 사람들은 즐거움을 느끼기 위하여 스스로 자유롭게 선택한다. 둘째는 '비일상성'이다. 현재의 삶에서 벗어나 놀이의 세계에서 또 다른 존재로서 자신을 표현하게 된다. 이러한 측면은 e스포츠에서도 동일하게 재현된다. 게임 세계 속에서 자유롭게 자신이 원하는 세계와 자신의 정체성을 선택하고, 일상이 아닌 가상의 세계에서 즐긴다는 점은 놀이의 특성이 반복된다. 노동하는 인간의 정체성이 지배적이었던 우리 사회가 점차 놀이하는 인간의 이해를 받아들이고 있다. 호모 루덴스로서 인간은 놀이의 가치를 인간의 본연의 모습의 일부로 존중한다면, e스포츠라는 디지털 세대의 놀이의 영역에서 문화선교적 고찰이 요구된다.

IV. e스포츠의 특성

e스포츠와 게임을 통한 가상세계의 경험은 로그아웃을 하는 동시에 단절되지 않고, 현실세계와 상호작용을 통하여 영향을 주므로 그 경험의 특성들을 파악하는 것은 매우 중요하다. 더 나아가 가상세계 안에서 아바타를 통한 체험이 타자의 체험으로 머물지 않고, 현실세계의 자신과 동일시함으로써 진짜 경험으로 자리 잡게 된다. 그러므로 디지털세대에게 e스포츠와 게임을 통한 경험은 자아의 정체성과 행동 양식에 중요한 영향을 주며, 현실세계의 자신이 주체적으로 선택한 체험이 된다. 이러한 디지털활동을 적극적으로 참여하게 되는 동기들은 다양하다.

e스포츠와 게임이 디지털세대에게 주는 영향들의 특성은 첫째로 쉬운 접근성이다. TV, PC, 스마트폰, 태블릿PC와 같은 다양한 기기를 통하여 시간과 공간의 제약을 받지 않고 접속할 수 있다. 한국의 스마트폰 보유율은 95%로 연령을 불문하고 사용하는 가장 지배적인 디지털기기이다. 기술 발달로 가정에서도 스마트TV 보급이 증가하

여, 더욱 다양한 방식으로 디지털세계에 접근할 수 있게 되었다. 둘째로 다양한 선택권이다. 전통적인 스포츠는 축구, 야구 같은 주류 종목이 압도적인 인기를 끌었으나, e스포츠와 게임은 개인의 취향에 따라 다채롭다. 게임방송사에서도 다양한 게임을 중계방송하여 시청자들에게 여러 가지 채널선택권을 제공한다. 셋째로 디지털의 현장성이다. 아날로그 세대는 온라인을 비현실로만 인식하는 경향이 있으나, 가상세계는 원격현실(tele-presence)과 같은 방식으로 디지털 사용자들에게 물리적 참여 이상의 경험을 제공한다. 닌텐도사의 '위'(Wii)라는 게임 플랫폼은 사용자가 움직이면 화면 속의 아바타가 동일하게 반응하는 방식으로 오락과 운동을 체험하도록 한 장치로 2017년까지 1억 163만대가 판매되었다. 넷째로 쌍방향성을 통하여 직간접적인 참여를 허용한다. 전통적인 스포츠는 생산자와 소비자가 엄격히 구분된다. e스포츠는 쌍방향 소통이 여러 가지 형태로 가능하게 한다. e스포츠 게이머들 사이도 실제 스포츠처럼 실시간 소통을 하면서 시합을 한다. 이러한 디지털세대는 가정에서도 인공지능스피커를 통하여 기계와 대화하며, 게임을 통하여 학습을 하는 아동교육 콘텐츠들이 각 케이블 방송사별로 제공되고 있다. 이러한 게임 학습도 일방적 교육이 아니라, 학습자가 직접 참여하고 따라할 수 있도록 설계되었다. 다섯째로 e스포츠와 게임의 콘텐츠는 오프라인과의 연계성을 제공한다. 실제 e스포츠는 온라인 중계만이 아니라, 상설 경기장과 특설경기장(올림픽체조경기장, 킨텍스, 광안리해수욕장, 잠실야구장 등)을 통하여 관중들이 오프라인 참여를 가능하게 한다. 또한 온라인 콘텐츠를 상품화하며, 상품구입으로 이어진다. 여섯째로 e스포츠와 게임은 실제적인 팬덤(동호회, 팬클럽)을 형성한다. 전통 스포츠에서도 스타선수들의 팬클럽처럼, 프로게이머들의 팬클럽이 존재하며, 그들을 위한 많은 이벤트가 제공된다. 또한 각 종목별 동호회나 게시판모임을 통하여 게임의 내용을 공유하고 실제적으로 친목모임으로 발전하는 사례가 많다.

이에 반하여, e스포츠와 게임이 디지털 세대에게 주는 부정적 영향들을 간과해서는 안 된다. 첫째로 과경쟁과 몰입으로 인한 중독이다. 디지털 세상에 빠져서, 현실생활에 지장을 준다. 게임내용이 경쟁을 기반으로 한 것이기에, 물질적 이익과 계급상승, 그리고 승리에만 관심을 갖도록 만든다. 기계적인 반복 행동은 사용자로 하여금 숙고의 과정을 생략하도록 만든다. 둘째로 중독현상은 현실회피를 유발한다. 디지털 게임에서 승산이 없다고 판단되면, 게임을 포기하게 된다. 온라인으로 진행되는 다수접속의 게임의 경우는 다른 사용자에게 피해를 끼치게 된다는 사실에 무뎌지면서 리셋증후군을 야기한다. 쉬운 포기로 인하여, 공동체성이 결여된 개인이기주의로 빠져들게 된다. 셋째로 게임내용으로 인하여 폭력성과 선정성에 노출된다. 게임의 등급분류제도에도 불구하고, 여전히 그 수위 노출과 내용에 있어서 논란이 되고 있다. 여전히, 여러 가지 사회금기의 내용이 노출되는 우려는 존재한다. 넷째로 사행성을 비롯한 경제적 문제가 있다. 게임 아이템의 현금거래와 경제적 이득을 취하기 위하여 소위 작업장이라고 불리는 곳에서 많은 사람들이 직업적으로 돈벌이를 한다. 효과적으로 게임 아이템을 구하기 위하여 오토프로그램 혹은 매크로를 통하여 단순한 놀이와 여가 차원을 넘어서 도박과 부정한 방식의 게임을 하게 된다. 프로게이머들의 승부조작 문제로 e스포츠 산업이 신뢰를 잃고 타격을 받기도 하였다. 또한 도박성향의 게임에서 현금거래가 불법적으로 이루어지기도 한다. 다섯째로 승리를 위하여 부정한 방식을 사용하게 된다. 게임 아이템을 불법적으로 구입하는 행위, 강한 레벨의 플레이어가 함께 약한 플레이어의 등급을 올리기 위하여 도움을 주는 행위, 해킹을 통하여 규정된 방식 이외의 도움으로 플레이를 하는 경우처럼 속임수를 쓰게 된다. 프리서버(free server)와 같이 지적재산권을 도둑질하여 게임을 운영하는 사례도 문제가 된다.

V. e스포츠, 웹1.0/웹2.0 그리고 교회2.0/교회3.0

한국교회가 다음 세대와 그들의 활동영역을 선교 대상으로 삼고 선교지로 이해하고자 한다면, 교회의 현주소를 바르게 파악하고, 교회와 디지털 환경 사이의 연결 가능한 성육신적 선교와 전도 가능성을 모색할 필요가 있다. 한국교회는 아날로그 방식을 유지하며, 교회도 디지털 미디어를 차용하지만 웹1.0의 세계관을 소유한다.[5] 아날로그 환경은 자극과 반응의 단순구조로 문제 해결 패턴이 반복되기 때문에 원활한 구동을 위하여 정확한 순서가 강조된다. 정보를 선점하거나 독점한 소수의 전문가가 정보제공처로서 대상을 지배한다. 상대적으로 일반이용자는 정보소비자로서 주어진 선택 안에서만 선택이 가능하도록 제한받는다. 그러므로 팔레토 법칙을 따라 소수가 상당 부분을 소유한다. 결국 지위를 강조함으로써 상부구조가

---

[5] 이대헌, "디지털세대의 사회문화적 성격이해와 선교적 접근에 대한 제안", 45.

하부구조를 통제한다. 웹1.0은 디지털 기술을 활용하지만 여전히 아날로그의 운영방식이기 때문에 아날로그의 성향은 변하지 않는다.

　선교대상인 e스포츠를 소비하는 디지털 세대 특성은 웹2.0 정신세계를 소유한다. 소비자는 단순한 정보를 수집하여 선택 소비를 하는 이용자의 한계를 벗어나 공급자에게 의견을 개진하며 생산에 영향을 주는 프로슈머(prosumer)의 형태를 취하게 된다. 게임 경험은 "생산자(작가/제작자)와 소비자(독자/게이머)의 경계가 약하다." 유튜브와 같은 매체를 통하여 UCC(User Created Contents)나 UGC(User Generated Contents) 방식으로, 소비자였던 개인이 생산자의 지위를 가지게 된다. 또한 집단지성원리를 통하여 개인들의 생산을 모아 형성한 위키피디아(Wikipedia)는 이용자의 역할이 변화되었음을 보여준다. 이처럼 다양한 이용자가 생산자의 역할까지 하게 됨으로 소수 전문가들로부터 독립적이고, 무시할 수 없는 수준의 영향력을 끼치

	웹1.0	웹2.0
기본기능	정보제공처로서의 웹	플랫폼으로서의 웹 - 적극적인 참여에 기반한 네트워크
소 비 자 (일반 이용자)	정보의 취사 선택자로서의 정보 소비자	공급자와의 의견교환과 참여를 통해 자신의 견해를 반영시키는 프로슈머
지 식 의 산출	대기업에 고용된 일부 전문가 집단에 의해 통제	집단지성(Collective Intelligence)의 원리 통용
경제원리	80/20 법칙 (팔레토 법칙)	롱테일 법칙
권력관계	중앙집권적이고 권위적 질서 체계	네트워크를 통한 권력의 민주적 분산
사례들	하이퍼링크를 이용하는 기존 웹사이트	위키피디아, 유튜브 등
의사소통 모델	상명하복의 일방적 의사소통	네트워크로 연결된 호혜적 소통(다중 채널 이용)

게 되므로 권력이 통제 불가능하다. 오프라인과 온라인에 롱테일 법칙이 적용되어 콘텐츠가 소수에 의하여 선별되어 진열되지 아니하고, 무한대로 소개된다. 그러므로 팔레토 법칙에서 선택받지 못했던 제품, 인물, 작품들이 무한대로 노출되고 소비된다. 통제 불가능한 정보의 흐름으로 인한 권력의 민주적 분산은 의사소통방식에 있어서도 상명하복이 아닌 수평적 관계를 형성한다.

아날로그와 웹1.0은 교회2.0의 패러다임과, 웹2.0은 교회3.0의 패러다임과 유사점을 가진다. 교회2.0은 좌석배치를 일렬로 함으로써 종교적 정보의 공급자와 소비자를 확연히 구분한다. 소수의 공급자가 다수의 소비자를 대하기 때문에 각 소비자는 개별적으로 공급자에게서 신앙의 소비를 한다. 신학교 교육과 안수를 받은 성직자가 소수의 엘리트가 되어 사역을 독점하게 된다(팔레토 법칙). 한 명의 엘리트를 만들기 위하여 고비용이 요구된다. 그러나 소수가 다수를 관리할 수 없기 때문에 개별적 관계보다는 지식 위주의 공교육 형식을 취한다. 대부분 사역 장소는 교회건물이며, 물리적 공간 안에 확장성이 제한된다. 이러한 제한된 규모가 교회사역 성공의 기준이 된다. 계속하여 외부의 자원을 교회에 더하는 방식을 취한다. 의사소통 방식도 일방적인 강연과 설교가 중심이 된다. 이러한 교회2.0의 특성은 아날로그 방식에 더 가깝기 때문에 디지털 패러다임과 복음의 소통에 어려움을 겪게 된다. 비록 교회들이 약간의 미디어와 디지털 방식을 도입한다고 해도 여전히 아날로그 운영방식을 기반으로 삼기 때문에 그 효과를 기대하기 어렵다. 그러한 시도는 교회2.1, 2.2로의 작은 변화일 뿐이다.

그렇다면, 아날로그 방식 혹은 웹1.0의 정신세계에 머물고 있는 교회2.0은 어떻게 하면 복음을 전파할 수 있을 것인가? 이는 패러다임의 전환을 통하여 가능하며, 닐콜은 이를 교회3.0이라 소개한다. 교회3.0은 디지털 세대의 특성인 웹2.0과 맥을 같이한다. 기본적인 모임의 구조는 원모양을 취하므로 소수에 의한 수직적 질서 구조를 의도적으로 피한다. 그러므로 구성원들 사이에 훨씬 친화적인 관계 형성을 가능하게 한다. 이는 종교 공급자와 소비자를 명확히 구분하지 않고 모두가 공급자이며 소비자가 되기 때문에 무한한 확장성을 가지게 된다. 이는 수평적 의견교환과 참여를 통하여 신앙의 프로슈머를 만든다. 다양성을 가능하게 함으로, 교회2.0에 비하여 소수 지도자의 한계를 넘어서 교회 구성원만큼 다양한 신앙의 열매가 기대된다. 상황에 따라 여러 채널을 통하여 현장중심의 만나므로 규모의 경쟁보다는 확장성의 게임을 하고 있으므로, 사람들이 오는 것보다 교회 구성원들이 삶의 터전으로 침투하여 삶의 변화를 가능하게 한다. 확장성과 다양성으로 대표되는 교회3.0 패러다임은 e스포츠의 공간에서 디지털 세대와 접점 찾기를 가능하게 한다.

VI. 선교와 디지털 그리고 e스포츠

1. 시대의 이기를 활용하는 선교

복음의 전파는 항상 그 시대의 이기를 활용하였다. 로마시대 전도자들은 공용어 헬라어, 군사도로, 흩어진 유대인 회당 시스템을 적극 활용하였다. 종교개혁가 마틴 루터는 성경 보급을 위하여, 구텐

베르크의 인쇄술을 적극 활용하였다. 윌리엄 캐리는 제1차 산업 혁명 때, 증기기관이 원거리 해양운송이 가능해지자 당시 선교의 이해를 넘어서 해외선교를 떠난다. 제2차 산업 혁명 때, 전기의 발전이 원거리 통신을 가능하게 하자 허드슨 테일러는 해안을 떠나 중국 내륙으로 들어간다. 제3차 산업혁명 때, 컴퓨터 발명으로 정보화 사회로 진입하여 방대한 선교데이터의 전산화가 되어 교회들이 미전도종족 개념을 공유하게 된다. 이처럼 선교는 당시 기술개발을 주목하고 적극 활용함으로써 하나님의 선교가 확장되게 했다. 이제 제4차 산업혁명 시대를 맞이하여 선교는 디지털 기술 활용에 대하여 관심을 가져야 한다. 과학기술 발전은 선교전략에 있어서 상황화를 이룰 수 있는 중요한 매개이다. 문제는 아날로그 교회의 미온적인 태도와 다음 세대 선교에 대한 시급성이다.

공중파와 주요일간지가 점유하던 영역이, 개별 미디어에게 자리를 내주기 시작하면서, 한국교회도 유튜브 페이스북과 같은 영상매체에 대하여 관심이 증가하고 있다. '줌'(Zoom)과 같은 쌍방향 소통이 가능한 화상회의 도구도 꾸준히 교회 미디어 선교에서 언급되고 있다. 그러나 성직자나 리더에 의하여 강의방식으로 전달되는 예배와 훈련이 대다수를 차지한다. 이는 교인들을 미디어 소비자로 더욱 확고히 하며, 미디어 유랑자가 되어 여러 교회의 설교영상을 소비하게 된다. 이런 미디어의 차용은 기존의 교인들을 대상으로 하며, 불신자들에게 디지털 방식이 선교와 전도의 도구로 활용되는 사례가 매우 적다. 현재 한국교회들의 디지털 활용의 수준은 아날로그 신앙생활을 보조하거나, 아날로그 방식을 모방하는 수준에서 벗어나지 못하고 있다. 한국교회가 고령화되면서, 아날로그를 고수하며 디지털 지체 혹은 탈디지털 문화가 남아있다. 디지털 미디어를 사용하지만, 운영방식은 여전히 아날로그 방식이다. 디지털 세상으로 교회들이 보냄을 받아 디지털 세상에서도 신앙공동체를 형성하기보다는 선교대상자들이 디지털 세상에서 빠져나와 아날로그 교회로 오기를 바라는 웹1.0과 교회2.0의 철학이 발견된다. 디지털 미디어에 접근하는 한국교회의 현주소는 웹1.0의 방식으로 교회2.0을 약간의 변화를 도모하는 단계이다.

2. 디지털 세계의 교회론과 선교론의 재고찰

단순한 도구의 변화가 아닌 교회론의 근본적인 변화를 추구해야 한다. 디지털 세대와 e스포츠 영역은 다른 언어를 사용하기 때문이다. 타언어권 선교를 준비하면서, 그 지역의 언어를 배우지 않으면 효과적인 복음전파를 기대할 수 없는 것과 같다. e스포츠라는 영역은 교회에게 매우 생소하다. e스포츠의 세계로 상징되는 아바타, 가상세계(VR), 증강현실(AR)은 교회가 아직 익히지 못한 언어이다. 교회가 디지털 세상과 그 언어에 관심을 가져야 하는 것은 디지털 세상에서도 얼마든지 선교와 전도의 가능성이 발견되기 때문이다. 첫째로 익명의 사용자들을 전도할 기회가 제공된다. 가상세계와 아바타는 익명성이 오히려 문제가 된다고 볼 수도 있다. 그러나 과거 교회가 열린예배 혹은 구도자 예배를 통하여 불신자들에게 교회의 문턱을 낮추어 교회공동체로 유입될 수 있는 통로를 제공한 것처럼, 가상세계 안에서의 문턱을 낮추어 익명의 사용자들(사이버 구도자)이 복음을 듣고 경험하도록 도와준다. 여러 디지털 기기들을 통하여 쉬운 접근을 제공하는 것은 기독교에 대하여 무지하거나 왜곡된 정보를 가진 익명의 대상들에게 올바른 기독교 신앙을 소개하는 기회가 된다. 둘째로 예배가 멈춰있는 이들을 위한 교회가 될 수 있다. 사회적 선입견으로 인하여 지역 교회에 출석하기 어려운 계층들, 그리고 이동권에 제약이 있는 자들에게 신앙의 기회를 제공한다. 가상세계에서는 참여자들의 가시적인 요소들로 인하여 생기는 선입견을 제거하고 복음을 접할 기회를 열어준다. 교회를 이탈한 가나안성도들에게 디지털방식을 통하여 다양한 기독교 신앙의 선택을 줌으로써, 신앙 회복의 기회를 제공한다. 셋째로 선교가 어려운 지역에 복음을 전파할 수 있다. 멀리 떨어져 있는 선교지에 선교사를 파송하고 교회를 세워나가는 것은 많은 비용과 시간을 요구한다. 특히, 선교를 금지하고 있는 지역은 제한적인 선교가 이루어지기도 한다. 선교지에 직접 갈 수 없더라도, 디지털 영역은 물리적 장벽이 없기 때문에 선교대상자들에게 접근할 수 있고 양육할 수 있다. 쌍방향으로 소통하며, 실시간으로 제자화할 수 있다. 이는 물리적인 거리와 문화적 장벽을 극복할 수 있도록 할 뿐 아니라, 선교의 비용과 시간을 절약할 수 있도록 도와준다. 넷째로 아날로그 신앙과 상호 보완한다. 아날로그 패러다임의 교회가 가지는 디지털 문화에 대한 두려움은 아날로그가 삭제되고 교회가 디지털 기술에 지배당하는 모습이다. 이는 물리적인 신앙의 영역이 부정되고, 〈매트릭스〉 영화처럼 디지털 세상만 존재할 것 같은 막연한 두려움이 있다. 엄밀히 말하면 오프라인 매장이 망하는 게 아니라 옛날 방식의 조직이 망하고 있는 것이며, 신기술을 입히거나 융합을 시도하고 오감을 만족시키는 등 체험할 수 있는 공간으로 변모한다면 얼마든지 설 자리는 있다. 가상의 게임이 디지털 세상에 머물지 않고 현실과 연계되어 상호 영향을 준다. '즈위프트'(Zwift)나 닌텐도 위와 같이 e스포츠 게임은 모니터 속 가상세계에만 머물지 않고, 물리적인 세상과 연동한다. 이처럼 디지털 기술을 활용하여 영성훈련을 포함한 물리적인 신앙 활동을 보완할 수 있다. 홀로그램 기술의 발달로 원격가상수업(tele-presence)이 가능해졌듯이, 선교지·위성교회 같은 현장에 갈 수 없는 상황에서 홀로그램을 사용하여 실제의 신앙행위들을 이어갈 수 있다. 다섯째로 신앙 상상력의 확장을 가능하게 한다. 인류의 역사는 상상의 도구인 신화·민담·글·영화·음악들을 통하여 현실세계를 풍성하게 했고, 종교 영역과 역사도 예외는 아니다. 디지털기술로 구현되는 가상세계와 증강현실은 이러한 인류의 상상력 이어가고 있다. e스포츠와 게임 세계에는 이러한 상상력의 문화적 산물을 가장 적극적으로 수용하는 영역이다. 수많은 게임 콘텐츠들은 성경에서도 그 소재를 차용해 간다. 물론, 이러한 기능은 창조적인 동시에 파괴적일수도 있다. 교회 역사 혹은 선교지를 가상 체험할 수 있는 콘텐츠도 개발이 가능하다. 증강현실(AR)을 활용하는 '히즈쇼'(Hisshow)는 기독교 디지털 개척자의 모습을 보여준다. 단순히 사용자가 소비만 하지 않고, 실제로 신앙교육 내용에 증강현실 캐릭터로 참가할 수 있다는 점이 획기적이다.

3. 남겨진 과제

e스포츠와 게임을 통하여 디지털 세계를 이해하고 선교전략으로 활용하는 일에 과제도 남겨져 있다. 첫째로 가상교회와 현실교회 사

이의 연결과 동기화 문제가 있다. 성찬과 세례의 성례전이 디지털에서 가능한지 신학적 논의가 요구된다. 물리적 성례전이 행해지는 자리로 참여하게 하는 것도 고민거리이다. 구도자를 위하여 교회의 문턱을 낮추는 주제는 항상 기존 교회의 경건함과 진리를 훼손하지 않는지 주의해야 한다. 둘째로 신앙편의주의 위험이 존재한다. 현실교회의 예배에 참석 가능한 상황에서도 개인의 편의를 위하여 가상교회를 선택하게 된다. 익명성으로 인하여 구체적인 공동체의 인격적 관계를 조성하지 않고 개인의 신앙만 관심을 갖게 된다. 셋째로 가짜 신분으로 접속하여 잘못된 가르침에 노출될 수 있다. 이단과 사이비가 기독교의 이름으로 디지털 포교활동을 할 수 있다. 이 외에도 e스포츠와 게임의 과경쟁, 폭력성, 선정성, 사행성과 같은 부작용에 대하여 기독교적 대안을 제시할 수 있어야 한다.

VII. 나가는 말

십자군전쟁 이후로 유럽에 소개된 커피를 교회는 '악마의 음료'라고 비난했지만, 종교개혁 이후로는 맥주를 대신하는 음료로서 커피는 '구원의 음료'로 그 평가가 교회에 의하여 뒤바뀌었다. 이와 마찬가지로, e스포츠와 게임을 편견으로 바라볼 것이 아니라, 디지털 세대 패러다임에 발을 들여놓고 선교전략을 탐색해야 한다. 교회가 오래된 편견을 버리고 그것이 무엇인지를 고려하여 e스포츠와 게임을 볼 때가 왔다. 가상현실은 디지털 세대들이 결과의 두려움 없이 어떻게 다르게 살 것인가를 배울 수 있는 흔치 않은 환경과 안식처를 제공한다.

　e스포츠와 게임을 사용하는 디지털 세대에게 복음을 전하는 것은 타문화권 선교와 마찬가지이다. 현재 한국교회는 아날로그 세대 혹은 디지털지체자로서, 여전히 디지털 세계를 두려워하며, 아날로그와 디지털 세계를 이분법으로 이해함으로 양자택일의 선교전략과 교회의 정체성을 규명한다. 그러나 현실은 다르다. 제4차 산업혁명 시대를 맞이하여 세계적 기업들은 온라인과 오프라인 경험을 연결 혹은 동기화를 추구하는 비즈니스 모델(Bricks and Clicks Model)을 추구한다.[6] 디지털 세계에서 출발하여 오프라인 세상에 영향을 끼치기도 한다. 한국 교회는 미디어 활용이 웹1.0의 수준에서 아날로그 운영방식으로 활용하는 것이 한계점이다. 스마트폰, 인터넷, SNS, 가상현실, 증강현실과 같은 수많은 디지털 기술이 우리에게 활용 가능한 도구로 주어진다 할지라도, 패러다임의 전환을 시도하지 않은 한 다음세대와 선교적 단절을 피할 수 없다. 디지털 시대 e스포츠의 영역은 타문화선교를 처음 떠났던 선교사들의 마음처럼 우리에게는 매우 낯선 영역이다. 그럼에도 그곳에는 디지털 상주인들이 있고, 교회는 그들에게 복음을 전하고 교회를 세우기 위하여 그들의 문화와 언어를 학습해야 한다. 그들을 디지털 세상 밖으로 불러내기 전에, 교회가 그들의 삶의 현장으로 들어가 선교적 접촉점을 찾는 것은 디지털 시대의 윌리엄 캐리와 허드슨 테일러를 부르시는 하나님의 선교이다.

---

[6] 기업이 오프라인(bricks)과 온라인(clicks)의 경험을 모두 통합하는 비즈니스 모델의 전문 용어이다.

한국 혼령 판타지 드라마의 종교적 조명

김구*

I. 들머리

우리에게 '사랑과 영혼'이라는 이름으로 번역되어 소개되었던 영화 〈Ghost〉는 많은 이들에게 사랑의 아름다움을 마음 깊이 간직할 수 있게 해주었던 작품으로 기억될 것이다. 그만큼 이 영화는 죽은 자의 영혼에 관한 기존의 관념을 바꿀 수 있게 했던 작품으로 평가될 수 있을 것이다. 그 이전에 영혼, 혼령 또는 귀신에 관해서 일반적으로 가지고 있던 관념은 원귀(冤鬼)였다고 말할 수 있을 것인데, 원귀는 사람들에게 해코지하거나 앙갚음하는 까닭에 두려운 존재로 여겨져 왔기 때문이다. 그러나 1990년에 소개된 영화 〈Ghost〉는 아름다움을 담고 있었던 까닭에, 기존의 인식을 뒤엎고 오래 기억되고 회자될 수 있었을 것이다.

---

* 전 한신대학교 외래교수

영화 〈사랑과 영혼〉이 1996년 2월 한국 텔레비전에서 방영되고, 그해 연말에는 모성애의 주제로 뭇사람들의 마음을 사로잡은 영화 〈고스트 맘마〉가 개봉되면서 국내에서 혼령에 관해 많은 이들의 관심을 불러일으키는 계기를 이루었음이 분명하다. 또 2000년대에 들어서면서, 전세계의 이목을 모았던 〈반지의 제왕〉과 〈해리 포터〉 시리즈는 판타지를 대중문화의 주류로 몰고 갔고, 이후 20년이라는 기간 동안 국내에서도 판타지물을 양산하는 계기를 이루었던 것으로 헤아려진다. 특히 국내 텔레비전 드라마 부문에서 판타지물은 혼령 또는 신령 판타지가 주류를 형성해온 것으로 파악된다. 이런 유형의 판타지 드라마로는 〈고스트〉(SBS, 1999), 〈누구세요?〉(MBC, 2008), 〈49일〉(SBS, 2011), 〈주군의 태양〉(SBS, 2013), 〈오 나의 귀신님〉(tvN, 2015), 〈싸우자 귀신아〉(tvN, 2016), 〈도깨비〉(tvN, 2016), 〈시카고 타자기〉(tvN, 2017), 〈투깝스〉(MBC, 2017), 〈빙의〉(OCN, 2019), 〈킹덤〉(Netflix, 2019), 〈호텔 델 루나〉(tvN, 2019), 〈하이바이! 마마〉(tvN, 2020), 〈쌍갑포차〉(jtbc, 2020), 〈미씽: 그들이 있었다〉(OCN, 2020), 〈경이로운 소문〉(OCN, 2020)을 꼽을 수 있을 것이다. 그리고 망자 아닌 산 사람의 영혼이 다루어지는 〈돌아와요 순애씨!〉(SBS, 2006), 〈시크릿가든〉(SBS, 2010), 〈울랄라부부〉(KBS, 2012), 〈빅〉(KBS, 2012), 〈철인왕후〉(tvN, 2020)를 포함시킬 수 있을 것이다.

그동안 국내 TV를 통해서 방영된 이러한 드라마들[1]은 무엇보다

---

1) 죽은 자를 가리키는 우리말에는 귀신(鬼神), 영혼(靈魂), 혼령(魂靈), 망령(亡靈), 유령 (幽靈), 망자(亡者) 등 여러 단어를 열거할 수 있을 것이다. 이 단어들은 거의 비슷한 의미를 지니고 있어서 별로 구별되지 않고 쓰이고 있는 것이 현실이며, 굳이 따지자면 어감에서나 차이를 느낄 수 있을 정도로 명확한 구별 없이 혼용된다. 영화나 드라마 같은 영상 계통의 문화 부문에서나 그것을 다루는 학술 분야에서, 죽은 자의 영이 출몰하는

한풀이(解恨), 환생 같은 삶과 죽음의 중간상태에서 일어나는 여러 현상들 그리고 빙의(憑依) 또는 입류(入流)라는 용어로 적용되는 신들림과 악령퇴치가 모티프의 주류를 이루는 것으로 파악된다. 이 글은 이 드라마들의 모티프를 종교적 신학적 입장에서 비평적으로 살펴보려고 한다.

II. 한풀이

한국 혼령 판타지 드라마에서 한(恨)의 문제를 본격적으로 다루기 시작한 것은 〈주군의 태양〉으로 파악된다. 드라마에서 혼령들은 주인공 태공실을 찾아오는데, 이유는 혼령들이 산 사람들에게 메시지를 전하기 위한 것이다. 여기서 메시지란 말할 것도 없이 혼령들이 지닌 한이다. 바꾸어 말하면 그들은 한을 풀기 위해서 태공실을 찾는다. 전통적으로, 또는 민간신앙에서, 억울하게 죽거나 억울함을 품고 죽은 이들을 원귀(冤鬼), 원령(冤靈) 또는 원혼(冤魂)이라고 한다. 이들이 원한(怨恨, 冤恨)을 푸는 방법은 세 가지로 알려져 있다. 첫째는 복수하는 것인데, 원한을 품게 만든 원인제공자에게 앙갚음을 하는 것이다. 둘째는 긍정적인 방법인데, 그가 원수든지 아니면 관계가 없는 사람이든지, 일종의 화해를 통해서 한을 푸는 것이다. 셋째는 부정적인 것인데, 그 대상이 누가 되었든지 간에, 자신이 입은 상처와 아픔을 무분별하게 아무에게나 뒤집어씌워 해코지함으로

작품을 지칭하는 정착된 용어가 아직 없기 때문에, 이 글에서는 잠정적으로 유사한 단어들 가운데 '혼령'을 채택하여 제목에 붙였다.

써 원한을 해소하는 것이다.[2] 그런 까닭에, 무속 또는 민간신앙에서는 죽은 이의 원한을 풀어주어 저승으로 보내는 일을 중요하게 여겼던 것이다. 이것은 주로 무인(巫人)들이 나서서 고풀이와 씻김굿을 행함으로써 또는 천도제를 통해서 수행하였다.[3]

그러나 〈주군의 태양〉에 등장하는 원령들의 한풀이는 민간에서 이해되어 온 방식과는 차이가 있다. 그들은 전혀 해코지하거나 앙갚음을 하지 않는다. 그들은 단지 억울함의 소재를 파헤치고 진실을 밝히려 할 뿐이다. 이 드라마의 두 주인공 가운데 하나인 주중원의 옛 애인 차주희의 경우가 특히 그러하다. 그녀의 혼령은 이 드라마가 시작되는 이야기 처음부터 나타나서 드라마가 끝날 무렵까지 수시로 출몰하지만, 결코 복수를 하지 않는다. 곁에서 지켜보고 있을 뿐이다. 에피소드마다 나타나는 혼령들은 언어적인 위무(慰撫)보다는 화해와 용서를 통해서 한을 해소한다. 이러한 한풀이 방식은 〈주군의 태양〉만이 아니라 국내에서 방영되는 거의 모든 혼령 드라마에서 채용되는 공통적인 방식이다. 말하자면 천도나 씻김이 현대화되었다.

이승의 삶에서 원한이 맺혀 죽어도 저승으로 떠나지 못하는 혼령들을 위한 장치는 드라마에서 여러 모습으로 나타난다. 〈하이바이! 마마〉에서 차유리는 환생 49일을 약속받고, 〈미씽〉의 혼령들은 미제사건이 해결될 때마다 하나씩 이승을 떠난다. 〈쌍갑포차〉에서 월주 일단은 꿈속 같은 심층을 통해 과거와 현재를 넘나들며 맺힌 한

---

2) "한", 한국민족문화대백과(한국학중앙연구원), https://terms.naver.com/entry.nhn?docId=532214&cid=46655&categoryId=46655 (2020.5.27. 접속).

3) 이경엽, 『씻김굿』(광주: 한얼미디어, 2004), 24-25.

을 풀어나간다. 그러나 한풀이의 백미는 〈호텔 델 루나〉로 보인다. 무엇보다 '델 루나' 호텔 자체가 사람들의 눈에는 드러나지 않는, 오로지 망령들만이 숙박부를 기록할 수 있는 거대한 하나의 한풀이 기관으로 그려지기 때문이다. 혼령들은 호텔의 극진한 서비스를 받으며 한을 풀고, 그러면 저승사자는 리무진으로 그들을 정중하게 모시며 삼도천을 건너도록 저승으로 배웅한다.

이 드라마에서 눈에 띄는 것은 장면들을 이끌어가는 호텔 종업원들이다. 델 루나 호텔은 한 맺힌 망령을 귀빈으로 극진히 모시지만, 사실 호텔 업무에 종사하는 주요 캐릭터는 하나같이 한에 사무친 이들이다. 가까이, 한국전쟁 당시 학생 신분으로 여동생을 기다리다 불시에 친구의 총에 맞은 호텔 프론트맨 지현중, 조선 중기에 종가집 맏며느리로 대를 이을 아들 대신 딸을 낳고 문중에서 쫓겨나 억울하게 죽은 객실장 최서희, 장원급제를 했으나 '사람 사는 진솔한 이야기를 써서 유포'한 것 때문에 음란물 작가라는 모함을 받아 급제는 취소되고 타향을 전전하다 500년 전부터 이 일에 종사하기 시작했다는 호텔 내 주점 '취생몽'의 바텐더 김시익, 마지막으로 원수를 죽이고 자기는 소멸되겠다고 다짐하고 또 다짐하며 천년을 넘게 고청명을 기다리던 고구려 유민 출신 호텔 사장 장만월(張滿月). 원한으로 가득 찬 보름달을 무엇으로 비워야 한이 풀릴까?

천년 세월의 해한은 델 루나 호텔에서 유일한 '사람' 호텔리어 구찬성의 손에 들려진다. 구찬성의 호텔 출현으로 다 죽은 듯하던 호텔 정원의 원령수(怨靈樹)에 생기가 돌기 시작하는 것이 그 신호다. 얼음장 같던 장만월의 마음은 구찬성 때문에 의식하지 못할 정도로 아주 조금씩 녹아간다. 달라지는 것은 사장 장만월만이 아니다. 어쩔 수 없이 호텔의 지배인을 맡을 수밖에 없었던 구찬성 역시 못마땅하기만 했던 장만월을 점차 이해하기 시작하면서 원령수는 잎이 돋고 꽃이 핀다. 사랑이다. 〈호텔 델 루나〉에서 한풀이는 위무가 아니라 화해와 용서를 넘어 사랑으로 드러난다. 그것도 어느 일방에 의한 것이 아닌 상호애다(요한복음 13:34). 서로 사랑!

해한이 위무를 뛰어넘어 화해와 용서와 사랑으로 이루어지는 일은 분명히 종교성과 깊이 관련된 것이다. 그러나 여기에는 과제가 하나 두드러진다. 원한이라는 한자어에서 원(怨, 寃)을 사회적 관계에서 형성되는 분함과 억울함으로 파악한다면, 개인적이고 내면적인 성향을 지닐 수밖에 없게 되는 한(恨)의 해소 경향에 대해[4] 종교 또는 신학은 대답을 내어놓지 않으면 안 될 것이다. 바꾸어 말하면 망자에게도 사회적 한풀이가 가능하냐는 문제를 깊이 고민해 보지 않을 수 없다는 것이다.

---

[4] 문순태는 원과 한을 다음과 같이 풀이했다. "의미상으로는 한(恨)보다는 원(怨)이, 그리고 원(怨)보다는 원(寃)이 더 강하다. 그렇지만 한이 정과 결합되었을 때는 눈물이나 슬픔에 가까운 정서가 되고 한탄이 되었을 때는 체념과 한숨으로 약화된다. 가장 강한 뉘앙스로는 원한(怨恨)과 원한(寃恨)일 수밖에 없다.

한은 자학적이며, 원(怨)이나 원(寃)은 가학적인 의미를 갖고 있다. '원(怨)은 곧 주로 타자에 대한 것 또는 자기 밖에 있는 무엇인가에 대한 감정이며, 한은 자기 자신에게 향한 마음이며, 자기 내부에 쌓여가는 감정이다.' 따라서 한은 자기 자신을 향한 마음일 때는 뉘우침→한탄→한숨→체념으로, 일단 끝나게 되지만, 그것이 자기 밖에 있는 무엇인가에 대한 감정, 곧 타력에 의해 생겼을 때는 결코 체념에 머무르지 않으며, 억울함에서 비롯되어→원통함→원망→원한→증오→저주→복수의 단계에까지 이르게 된다." 문순태, "恨이란 무엇인가", 서광선 엮음, 『恨의 이야기』 (서울: 보리 · 청노루, 1988), 145.

III. 중간상태

한을 풀지 못한 영혼이 구천을 떠돈다는 표현이나 사고는 오래전부터 전해져 온다. 그러한 표현처럼, 드라마 〈도깨비〉에서 김신은 한때 정처 없이 떠도는 모습으로 묘사된다. 망자의 혼령이 떠돈다는 말은 그가 중간상태에 처해 있음을 가리킨다. 그것은 삶과 죽음의 중간상태이고, 동시에 현세와 내세의 중간상태이다. 다시 말하면, 산 것도 아니고 죽은 것도 아니며, 이승에 속한 것도 아니고 그렇다고 저승의 소속도 아니라는 것이다. 그런 까닭에 망령이 출몰하는 것 자체가 중간상태를 상정하는 것이다. 한국 혼령 드라마에서는 그런 중간상태가 다양하게 그려지는데, 몇 가지 유형으로 구별할 수 있다.

드라마 〈경이로운 소문〉에서는 '융'이라는 중간 영역이 설정된다. 융인들은 코마상태에 빠진 사람들 가운데 엄선하여 회복시키고 카운터의 능력을 부여한다. 세상에 떠도는 악령을 제압해 융의 세계로 잡아가기 위한 것이다. 융인들은 영적 존재이고, 수호천사 같은 이미지로 그려진다. 그들은 현세에 대해 직접적인 영향력을 행사하지 못한다. 오직 사람인 카운터들을 통해서만 힘을 발휘할 뿐이다. 그러나 카운터는 융인들이 작동시키는 단순한 기계가 아니다. 그들은 자율적으로 움직인다. 다만 융의 세계에서 설정한 규칙 속에서 그들에게 부여된 능력을 발휘해야 한다. 그렇기 때문에 카운터는 규칙을 위반할 때 자격이 박탈되며 그들이 가졌던 능력도 회수된다. 그들의 능력은 치유력, 예지력, 무력 따위로 나타난다. 이 드라마는 여러 중간상태가 구상된다. 융이라는 영역 자체가 중간상태이고, 따라서 융인들도 중간적 존재이며, 코마도 말하자면 삶과 죽음의 중간상태로 헤아릴 수 있다. 카운터들 역시 그렇다. 그들은 신도 융인도 아니지만 융의 세계로 올라가 융인들을 대면할 뿐만 아니라 일반인들을 훨씬 뛰어넘는 능력을 지닌 중간적 존재로 묘사된다. 중간상태에 대한 이 드라마의 상상력이 탁월하다. 다만 영적 존재인 융인들이 사람과 소통하면서 그들에게 영향을 끼친다는 점은 아래에서 살펴보게 될 입류 현상과 관련시킬 수 있을 것이다.

앞에서 망자의 혼령이 출몰하는 것 자체가 중간상태를 상정하는 것이라고 말했듯이, 그들이 집단화하는 것 또한 중간상태의 설정으로 보아야 할 것이다. 그 집단화를 가장 잘 엿볼 수 있는 혼령 드라마는 〈호텔 델 루나〉임이 분명하다. 호텔은 사람들이 들어가 묵고 활동할 수 있는 수많은 개별적인 공간을 가진 건물을 가리키기 때문일 뿐만 아니라 드라마에서 이 호텔의 이미지는 그 규모를 헤아리기 어려울 만큼 거대한 모습으로 그려지는 까닭이다. 그런데 이 호텔은 이미 살펴본 바와 같이 죽은 자의 영혼을 귀빈으로 모시는 영빈관(靈賓館)으로 설정되었다. 그곳은 온갖 서비스를 받아 이승에서 못다 한 일들을 마음껏 해볼 수 있다. 또 그것을 위해서 영혼을 즐겁게 하는 맞춤형 특별한 공간들도 마련된다. 객실을 나서면 아름다운 해변이 펼쳐지고 멋진 노을과 함께 휴식을 즐길 수도 있다. 델 루나 호텔은 파라다이스를 연상시킨다.

파라다이스라는 말은 페르시아어에서 유래한 것으로 알려져 있는데, 울타리가 쳐진 숲이나 정원 같은 공간을 가리켰던 말로 여겨지고, 거기서 '기쁘고 즐거운 정원'이라는 의미로 발전된 것 같다. 그 말은 히브리어로 pardēs, 또 희랍어로는 paradeisos로 전해져 성경 몇

곳에 나타난다. 나아가 기독교 서구에서는 성경 첫 부분에 나오는 에덴동산도 '파라다이스'라는 단어로 파악되고 낙원(樂園)이라는 개념으로 인식되어 왔다.[5] 공동번역 개정판의 〈아가〉는 그런 분위기를 잘 전해주고 있다: "이 낙원에서는 석류 같은 맛있는 열매가 나고"(아가 4:13).

　드라마 〈미씽〉에 등장하는 두온마을은 성경적인 낙원을 형상화한 것으로 보인다. 두온마을은 세상에 있지만, 세상에 속하지 않은 곳이다. 그래서 중간적인 공간이다. 그곳 주민은 실종된 이들의 영혼들이다. 그곳의 생활은 세상에서 지내던 것과 별로 다를 것이 없다. 아침이 되며 일어나 낮에 이일 저일을 하다가 저녁이 되면 모여 주민들과 담소도 나누며 쉰다. 그곳 주민들은 그렇게 걱정거리 하나 없는 듯이 마을 사람들과 어울리며 즐거운 나날을 보낸다. 그러다가 날이 지나면서 하나씩 하나씩 사라진다. 그들의 실종이 확인되었기 때문이다. 사람들에게 그들은 생사조차 알 수 없이 사라져버린 존재들이었다. 하지만, 실종자 가족과 실종전담반 형사들의 노력으로 시신이 발견됨으로써 죽었다는 사실이 밝혀지는 것이다. 이렇게 드라마에서는 혼령들의 마을인 '두온'이 낙원의 모습을 띤 중간상태로 설정된다. 이 드라마에서 죽은 자와 낙원을 연결시킬 수 있는 배경은 십자가에서 곁에 달린 이에게 "너는 오늘 나와 함께 낙원에 있을 것이라"[6]고 하신 예수의 말씀과 관련이 있을 것으로 여겨진다.

---

5) Alfred Plummer, *A Critical and Exegetical Commentary on the Gospel according to S. Luke* (Edinburgh: T. & T. Clark, ⁵1981), 536. 우리말 성경에서 두 원어는 "정원"이나 "낙원"으로 번역되었다(전도서 2:5; 아가 4:13; 누가복음 23:43; 요한계시록 2:7).

6) 누가복음 23:43, 공동번역 개정판.

중간상태를 그린 셋째 유형은 이른바 '환생' 모티프를 담고 있는 드라마들로, 〈49일〉이나 〈하이바이! 마마!〉 같은 작품이 그것이다. 환생은 불교나 힌두교 같은 인도 종교들의 중심적인 교의로 꼽히고 있는데, 그것은 사실 중유(中有)라는 용어로 표현되는 중간상태의 결과로 파악될 수 있는 사안이다. 중유란 사람이 죽어서 다음 생에 태어날 때까지 준비하는 중간상태를 가리키기 때문이다. '티베트 사자의 서'로 알려진 〈바르도퇴돌〉에 따르면, 그 상태의 최장기간은 49일이다.[7] 불교에서나 민간신앙에서 망자를 위한 천도제를 49일째에 지내면서 '49재'라고 부르기도 하는 것은 아마도 그러한 교의에 근거를 둔 것으로 여겨진다. 아무튼 환생 모티프를 지니는 드라마에서 "49일"을 언급하며 그에 따라 환생 이야기를 전개하는 것은 종교적 배경을 가진 것이 분명하다. 불의의 사고를 당한 신지현이 49일 안에 사랑을 증명해줄 세 사람이 흘리는 눈물 세 방울을 얻으면 회생

---

[7] 빠드마쌈바와 지음, *Bardo Thodol*, 중암 역주, 『티베트 사자의 서』(서울: 불광출판사, 2020 개정), 392 본문과 각주 19. 또 재생의 바르도에서 겪는 고통도 일반적으로 일반적으로 22일이라고 하지만, 그 기간은 업(karma)으로 인해 결정되는 것이기 때문에, 기간이 일정하게 고정되어 있는 것은 아니라고 한다. W.Y. Evans-Wents, ed., *The Tibetan Book of the Dead* (Oxford: Oxford University Press, 2000), 161. 한편 중간상태와 그 기간에 대한 다른 견해도 있다. 에마누엘 스베덴보리는 사람이 죽은 다음에 천계 또는 하계로 일컬어지는 영원한 삶의 세계로 가기 전에 '영들의 세계'라고 일컬어지는 내세의 중간지역에서 세 상태를 거치게 된다고 한다. 그 첫째 상태는 외성(外性)의 상태이고, 둘째 상태는 내성(內性)의 상태이며, 셋째 상태는 천계를 준비하는 상태라고 한다. 영의 외성이란 사람이 세상에서 다른 사람들과 관련을 맺고 살아갈 적에 드러내는 얼굴 표정이나 말이나 태도 같은 몸에 적용되는 영의 성향이고, 영의 내성이란 그런 것으로는 드러나지 않는 성향으로 의지와 사고에 속하는 것을 가리킨다. 죽은 다음에 처음으로 이르게 되는 이 상태는 사람에 따라 다른데, 며칠이 가기도 하고 몇 달이 가기도 하지만, 일 년을 넘기는 사람은 드물다고 한다. Emanuel Swedenborg, *De Coelo et ejus Mirabilibus, et de Inferno, ex auditis et visis* (London, 1758), §498(p.218). [초판 스캔 PDF: https://www.baysidechurch.org/writings/default.asp?book=hh]

할 수 있다고 설정한 드라마 〈49일〉은 중유가 지시하는 종교적인 테 두리에서 벗어나지 않는 것으로 보인다. 그러나 〈하이바이! 마마!〉 는 그 범주에서 확실히 벗어나는데, 죽은 엄마 차유리의 영혼이 5년 동안이나 딸의 주변을 맴돌다 49일 동안 환생을 허락받아 사람들 앞 에 나타난다는 설정은 보는 이를 어리둥절하게 만든다. 말하자면 드 라마들은 종교적인 교의와 관계없이 49일이라는 시간이나 환생이라 는 틀만 빌리는 것이다.

여기서 우리는 과거와 현재를 넘나들며 '시간여행'을 하거나 죽었 던 이가 환생을 하거나 또 다른 생애를 상정하는 대중적인 작품들의 사회적 배경을 고려할 필요가 있다. 왜 작가들은 '다음 생'이나 '다른 삶'을 그리는가? 왜 그런 류의 드라마들이 유행하는가? 그것은 '삼포 세대'나 '이생망' 같은 신조어들의 유행에서 관련성을 찾을 수 있을 것이다. 말하자면 그것은 현실에서 더 이상 희망을 가질 수 없을 때 또 다른 삶이나 생애를 꿈꾸게 되는 인간성정을 반영하는 것임이 분 명하다. 그것은 종교에서도 다르지 않을 것인데, 신분의 굴레를 벗 어날 수 없는 카스트 제도가 뿌리 깊은 인도의 종교들에서 윤회나 환생 같은 교의가 발달했다는 점이 그 하나일 것이다. 성경의 전통 에서는 희년 제도가 그러한 면모를 내포한다. 〈바르도퇴돌〉이 중유 를 7주(7주×7=49일)로 한정하듯이, 〈레위기〉는 주기적으로 7년마다 돌아오는 안식년을 일곱 번 채운(7년×7=49년) 다음 새로 시작하는 오십 년째에 희년을 선포하도록 규정하고 있다(25장). 그 선포는 종 살이에서 놓여나고 집이나 토지가 원소유자에게 돌아가도록 하여 처음으로 돌아가 새로 시작할 수 있는 상태를 마련하도록 하는 회복 의 명령(restitutio in integrum)이다. 종교적인 윤회나 환생, 희년은 이렇게 현세에서 사회적인 희망을 부여한다.

IV. 입류 또는 빙의

환생을 모티프로 삼은 드라마가 종교적 교의를 밝히기보다 그 형식을 빌려 사회적인 문제들을 반영하려 했던 것과 마찬가지로, 두 사람의 영혼이 서로 바뀌면서 일어나는 일들을 그린 드라마도 그렇게 자주 사람들의 이목을 집중시킨다. 영혼이 바뀌는 현상을 국내에서는 흔히 '빙의'라는 단어로 나타낸다. 〈시크릿 가든〉의 길라임과 김주원은 서로 영혼이 바뀐다. 〈울랄라부부〉의 고수남과 나여옥도 영혼이 교환된다. 이런 류의 드라마들은 극 중 주인공들을 당황하게 만들면서 보는 이들에게 재미를 주기도 하지만 역지사지를 통한 상호이해라는 현실 속의 사회적 관계를 제시하는데, 종교적인 색채는 찾아보기 어렵다. 국내에서 방영된 혼령 판타지를 또 다르게 분류할 수 있는 항목은 이렇게 "영혼이 옮겨붙는" 현상을 그린 것이다. 그러나 예로 든 〈시크릿 가든〉이나 〈울랄라부부〉처럼 산 사람의 영혼이 교환되는 일은 소위 심령과학적 상상에서나 가능한 일로 여겨지고, 그것을 영적인 현상으로 파악하기는 쉽지 않다.

영적 현상이라면 빙의보다는 '신들림' 또는 '신내림' 같이 전통적으로 사용하던 말이 더 적절할 것 같다. 한자어로 적는다면 그것은 신탁(神託)에 해당하는데, 신들림과 신탁을 군이 구별하자면 신탁은 신이 들려서 전해진 예언이나 지시 또는 명령이나 훈계 같은 신의 말씀을 가리킬 것이다. 이렇게 신이 들리는 현상은 영이 옮겨붙는다는 빙의(憑依)라는 단어보다 천상의 교통으로 이루어지는 입류(入流, influxus)라는 용어를 사용하는 것이 더 알맞을 것 같다. 그리고 그것은 인류 문화사에서 사제나 무인(巫人)으로 일컬어지는 종교적 중개인을 통해 이루어져 왔던 오랜 역사적 배경을 가진 종교적 현상으로 파악될 수 있을 것이다. 성경의 상당한 부분을 차지하는 예언서들은 말하자면 신탁의 결과들인데, 그것은 입류라는 과정을 거친 것임이 분명하다.[8]

국내에서 방영된 드라마들은 이미 언급한 것처럼 종교적인 현상은 아니지만, '빙의'와 '입류'라는 용어로 표현할 수 있는 모티프들이 혼재한다. 드라마 〈오, 나의 귀신님〉은 빙의 현상을 잘 묘사하고 있다. 신순애의 혼령이 나봉선에게 빙의되면, 일순간 나봉선의 인격은 정지되고 신순애의 뜻대로 행동하게 된다. 그러다 혼령이 나가게 되면 나봉순은 빙의되었던 기간 동안에 일어났던 일들을 기억하지 못한다. 이것이 시청자의 흥미를 불러 일으키지만, 사실 빙의 현상을 정확히 묘사한 것이다. 드라마 〈킹덤〉은 빙의의 또 다른 면모를 보여준다. '생사초'가 죽은 사람을 살린다는 가상을 소재로 설정한 이 드라마는 사람이 죽지 않는 것이 사실상 더 큰 문제로 떠오른다. 죽으면 현실에서 사라져야 하지만, 다시 살아나서 뭇사람들을 괴롭히

---

8) 20세기 구약성서학자 린드블롬은 고대 이스라엘의 예언자들을 통해 전해진 신탁을 다음과 같이 규정했다: "이렇게 참 예언자들은 다른 것이 아니라 바로 야훼의 대변자임을 의식했다. 그들은 계시가 통과하는 통로일 뿐이었다. 그들이 발해야 했던 것은 (무가치한) 그들 자신의 말이 아니라 그들의 입에 넣어주신 귀중한 신의 말씀이었다." J. Lindblom, *Prophecy in Ancient Israel* (Philadelphia: Fortress Press, 1962, ⁹1980), 114. 검스런 말씀의 수용과 전달에 관해서는 이 책 108~112쪽을, 예언으로 전달된 신탁의 수집과 그 결집에 관해서는 239~291쪽을 보라.

고 그들을 또다시 죽음으로 몰아넣는 악순환의 반복이 이른바 '좀비'들에 의해서 자행된다. 드라마는 죽은 자들의 영혼이 아귀가 되어 시신에 몰려 들어가는 장면을 묘사하는데, 그것은 집단적 입류로 헤아릴 수 있을 것이다. 빙의된 시신들 또는 좀비들은 떼를 이루며 맹수처럼 사람들을 공격한다. 그들은 이미 사람이 아니다. 오로지 퇴치되어야 할 대상이 될 뿐이다.

이 드라마의 입류 현상은 예수의 역사를 연상시킨다. 그가 갈릴리 호수를 건너갔을 때 무덤가에서 악령이 들린 자를 만났는데, 매우 난폭해서 사람들은 제어할 수가 없었고 가까이 가지도 못했다. 이 악령이 예수를 만나자 아비소스(abyssos)로 매몰되지 않으려고 돼지 떼를 선택했는데, 그들이 돼지 속으로 들어가자 놀랍게도 돼지 수천 마리가 호수로 내달아 모두 물속으로 빠지는 사건이 일어나고 말았다.[9] 그 악령의 이름은 레기온(legion, legio)이었다. 레기온은 로마 군단을 가리키는 명사인데, 적어도 4천 명 이상 되는 인원으로 구성된다. 말하자면 이 악령은 개체가 아니라 집단이었다. 이러한 영의 집단성은 홍수처럼 휩쓸고 몰려가는, 정신적 대혼란을 일으키는 사건들을 볼 때 그 현상을 짐작할 수 있게 한다. 마치 드라마 〈킹덤〉의 좀비들이 시신들 속으로 몰려들어가고, 갈릴리 호숫가의 레기온 악령들이 떼거지로 돼지들에게 달려들었던 물속으로 빠져들었던 것처럼 말이다.[10]

---

[9] 누가복음 8:26-33. 이 사건이 벌어진 곳은 복음서마다 다르게 나타나는데(가다라, 거라사), 돼지떼가 호수에 빠진 것을 감안하면 기록된 지명들보다는 갈릴리 호수에 인접한 데카폴리스 지역의 어느 고지대일 것이다. 또 지핀 영의 성격도 다르게 표현되었는데, 마태복음에서는 '더러운 영'으로, 누가복음에서는 '악령'으로 규정했다.

[10] 스베덴보리는 노아 홍수 본문의 일부인 창세기 6:14를 풀이한 『천계비의』 641항에서

악령이라는 존재는 성경의 레기온이 알려 주듯이 제어하기 어려운 폭력과 사악한 공격성을 상정한다. 따라서 그들은 마땅히 퇴치되어야 하는데, 악령퇴치의 방법은 전통적으로 주문이나 부적 같은 언어적인 방식이 적용된다. 가톨릭의 구마(驅魔) 의식에서도 언어적 성격은 매우 중요하다. 구마예식은 상당히 긴 까닭에 '장엄구마예식'이라고 일컬어지는데, 성경 낭독과 안티폰(交誦) 그리고 기도가 여러 차례 반복된다. 그리고 그 중간에 악령을 향해 "나가라"(Exorcizo te)고 발령하는 직접적인 구마 명령이 포함된다.[11] 주문 역시 비슷한 성격을 지니는 것으로 헤아릴 수 있는데, 단순한 언어적 반복은 짧아서 확실하고 그래서 실천으로 옮기기 쉬운 십계명 같은 가르침이 힘을 발휘한다는 사실을 일깨운다.

그러나 드라마에서 그려지는 악령퇴치는 언어적인 방식과는 거리가 멀다. 〈경이로운 소문〉에서 어린 나이에 청부살인까지 서슴지 않게 된 지청신에게 악령이 스며들게 되자 그는 악행에 더욱더 무디어지며 더 센 힘을 발휘하게 된다. 그를 잡으려는 카운터 소문과 가

입류에 관해 다음과 같이 소개한다. "천사다운 영들이 흘러들 때는 마치 아주 미세한 바람이 부는 것처럼 부드럽게 입류한다. 그러나 악령들이 흘러들 때는 홍수가 범람하듯이 좌뇌로는 두려운 환상들과 신념들이, 우뇌로는 탐욕들이 넘치는 것 같다. 그들의 입류는 환상들과 탐욕들의 범람과 유사하다(influxus eorum est quasi inundatio phantasiarum et cupiditatum)"(Emanuel Swedenborg, *Arcana Coelestia* (London, 1749), Pars Prima, § 641(p.218). [초판 스캔 PDF: https://www.baysidechurch.org/writings/default.asp?book=ac%5Fi&page=0182.jpg&startrow=101]).

11) *Rituale Romanum* (Bassan: Typus Remondini, 1834), 285-308 [PDF]. exorcizo te의 문자적 의미는 "너를 쫓아낸다"이지만, 우리말로는 "너는 나가라"는 명령으로 새기는 것이 더 적절할 것이다. 이 예식문구는 예수께서 귀신 들린 아이를 치유하시면서 발하신 말씀을 반영하는 듯하다: "내가 너에게 명령한다. 너는 나오라"(ἐγὼ ἐπιτάσσω σοι, ἔξελθε, 마가복음 9:25).

모탁은 끊임없이 체력을 단련하며 힘을 기르고, 마주치면 치고받고 무기를 사용하며 상대를 굴복시키려고 한다. 드라마에서는 현실 속에서 일어나는 직접적인 물리적 전투를 전개하는 것이다. 이와 같이 판타지 드라마의 직접적인 싸움은 성경에 나오는 다윗의 싸움에 대비된다.

구약성경 사무엘기에 따르면, 다윗은 엘라 골짜기에서 골리앗을 물리치기 이전에 사울 왕의 궁전에 불려오는데, 그 까닭은 사울에게 지핀 악령을 물리치기 위한 것이었다. 그의 방법은 물리적인 싸움을 벌이는 것이 아니라 '키노르'라는 현악기를 타는 것이었는데, 시인으로 알려진 그가 만일 현악기 연주와 함께 싯구를 읊조렸다면 그것은 주문을 외우는 것과 매우 흡사했을 것이다. 아무튼 그때 다윗은 연주를 매우 잘하는 이요 동시에 힘센 용사와 전쟁의 영웅으로 소개된다. 이후에 다윗은 왕위에 오를 때까지 주변의 대적들을 물리치며 승전고를 올린다. 그러나 다윗이 보여준 전쟁이 영적인 것이었다는 사실은 그의 아들 솔로몬의 입을 통해서 증거된다.

솔로몬은 성전을 짓기 위한 목재 구입을 위해 두로 왕 히람에게 사람을 보내 전갈을 보내면서 자기 아버지 다윗은 하느님의 원수를 굴복시키기 위해 전쟁을 수행해야 했으므로 성전을 지을 수 없었다고 하면서 이렇게 말을 잇는다: "이제 주님이신 내 하느님께서 나를 둘러싼 대적들한테서 나를 쉬게 하셨으므로, 사탄도 없고 악령의 도발도 없다"(열왕기상 5:4, 필자 개인역). 말하자면 다윗의 싸움은 사탄이나 악령을 굴복시키려는 싸움이었다는 것이다. 현실적이고 물리적인 전쟁으로 보이던 싸움을 영적 전쟁으로 이해할 수 있게 하는 대목이다.[12] 구마 또는 악령퇴치는 드라마에서 실제적이고 물리적인 것으로 그려질 수밖에 없겠지만, 판타지라는 시야에서 그것은 성경의 다윗 전쟁처럼 영적인 것으로 이해하고 받아들일 여지를 마련한다.

V. 맺는말

지금까지 한국에서 TV를 통해 방영된 혼령 판타지 드라마는 큰 틀에서 혼령에게 맺힌 한을 푸는 이야기나 삶과 죽음의 중간상태에 얽힌 주제들을 담거나 또는 신들림 모티프로 전개되는 모습을 드러낸다. 지난 20여 년 동안 혼령 드라마는 하나의 발전상을 나타내는 것으로 보인다. 이 드라마들은 혼령을 보는 시령(視靈)을 바탕에 깔고 있는데, 혼령 드라마의 시초만 해도 영을 보는 태공실 같은 주인공이 그런 사실이 알려지는 것조차 꺼리는 모습으로 그려졌지만, 오늘에 이르러 시령은 있을 수 있는 당연한 일처럼 여겨진다. 또 같은 내용의 다른 측면인데, 예전에 '귀신'이라면 어둡고 침침한 구석에 나타나는 기분 나쁘고 두려운 존재요 공포의 대상으로만 여겨졌지만, 오늘날 '영혼'은 매우 일상적이고 어느 곳에서나 나타나는 익숙한 존재로 그려진다. 이러한 대중적 인식의 전환에는 물론 TV라는 매체가 지니는 힘도 있겠지만, 그와 함께 영혼의 세계를 묘사하려는

---

12) 여기서 소개한 다윗과 솔로몬 이야기는 성경 사무엘상 16장에서 열왕기상 5장까지 이어지는 대단히 긴 내용인데, 필자는 생명평화기독연대가 주최한 83차 생명평화포럼 (2012.6.7.)에서 "전쟁과 평화의 한 인식 −성경에서 보는 전쟁과 평화상"이라는 제목으로 읽은 논문을 통해서 성경의 전쟁을 영적인 내용으로 해석해야 한다는 주장을 펼친 바 있다.

작가와 제작진들의 이해 폭이 넓고 깊어졌다는 요소들도 헤아려야 할 것이다. 여기에 종교와 신학 담당자들의 과제가 남겨진다. 종교적으로 민속신앙과 불교에서는 망자의 혼령과 관련해서 타계신앙의 관점에서 다루어져 왔다. 그러나 그리스도교에서, 특히 개신교에서는 죽은 자의 문제에는 관여하지 않는 전통이 지속되어 왔기 때문에, 사실 소홀했던 점이 없지 않다. 그러나 영혼의 판타지가 대중화하는 이 시대에 영혼 또는 혼령의 문제는 피할 수 없는 연구과제가 되었다. 영 또는 영혼에 관해서는 앞으로 종교학과 신학을 넘어 철학과 심리학, 나아가 신화학과 민속학 같은 관련 학문까지 아우르는 정신과학적인 접근이 모색되어야 할 것이다. 그것을 통해서 영적 종교적 현상과 상상으로 그리는 판타지의 구별이 이루어져야 함은 물론이다. 이 글은 그것을 위한 작은 디딤돌이 되기를 기대한다.

|참고문헌|

이병성 | 세속 시대의 대중문화와 영성

임영빈. "한국 종교 인구 변화에 관한 코호트 분석." 「현상과인식」 43.4 (2019): 123-150.

전명수. "종교인구 감소의 시대 종교의 스포츠 활용현황과 과제." 「문화와 융합」 42.4 (2020), 205-231.

존스톤, 로버트/전우의 옮김. 『영화와 영성』. 서울: IVP, 2003.

테일러, 찰스/송영배 옮김. 『불안한 현대 사회』. 서울: 이학사, 2001.

Blizek, William L. ed. *The Continuum Companion to Religion and Film.* New York, NY: Continuum, 2009.

McCarroll, Pam, Thomas St. James O'Connor, and Elizabeth Meakes. "Assessing plurality in Spirituality Definitions." Ed. by Augustine Meier, Thomas St. James O'Connor, and Peter VanKatwyk. *Spirituality and Health: Multidisciplinary Explorations.* , 111-130. Wilfrid Laurier Univ. Press, 2005.

Partridge, Christopher. *The Re-Enchantment of the West: Alternative Spiritualities, Sacralization, Popular Culture, and Occulture.* 2 Vols. London: Continuum, 2005.

Reynolds, George. "The re-enchantment of the world: McDowell, Scruton and Heidegger." Diss. University of Southampton, 2014.

Sherry, Patrick. "Disenchantment, re-enchantment, and enchantment." *Modern Theology* 25.3 (2009): 369-386.

Taylor, Charles. "Disenchantment-reenchantment." *The Joy of Secularism* 11 (2011): 57-73.

Taylor, Charles. *A Secular Age.* Cambridge, MA: Harvard University Press, 2007.

Troeltsch, Ernst. *The Social Teaching of the Christian Churches*, 2 Volumes, Translated by Olive Wyon. Louisville, Kentucky: Westminster/John Knox Press, 1992.

전철 | 휴머니즘의 빛과 그림자: 포스트휴머니즘의 문화적 양상

라투르, 부르노/장하원·홍성욱 옮김.『판도라의 희망』. 서울: 휴머니스트, 2018.

브라이도티, 로지/이경란 옮김.『포스트휴먼』. 서울: 아카넷, 2015.

전철. "신의 지능과 사물의 지능: 지능의 본성에 대한 신학적 연구."「신학사상」
    183 (2018): 79-109.

한신대학교 종교와과학센터(CRS).『트랜스휴머니즘과 종교적 상상력: 인간존재
    론의 재구성: 종교와과학 2016 국제콘퍼런스』. 서울: 한신대학교 종교와
    과학센터, 2016.

헤어브레히터, 슈테판/김연순·김응준 옮김.『포스트휴머니즘: 인간 이후의 인간
    에 관한 문화철학적 담론』. 서울: 성균관대학교 출판부, 2012.

홍성욱.『포스트휴먼 오디세이』. 서울: 휴머니스트, 2019.

_____ · 전철. "과학기술학(STS)의 관점에서 본 종교와 과학: 과학적 사실과 종
    교적 가치의 만남에 관한 연구."「신학연구」73 (2018): 29-53.

Bateson, Gregory. *Mind and Nature: A Necessary Unity.* New York: Dutton, 1979.

_____. *Steps to an Ecology of Mind.* New York: Ballantine, 1972.

Braidotti, Rosi. *The Posthuman.* Cambridge: Polity Press, 2013.

Hayles, Katherine. *How We Became Posthuman: Virtual Bodies in Cybernetics,
    Literature, and Informatics.* Chicago: The University of Chicago Press,
    1999.

Heidegger, Martin. "Brief über den Humanismus." *Gesamtausgabe Band 9.*
    Frankfurt am Main: Vittorio Klostermann, 1976.

Spitz, Lewis W. "Humanismus/Humanismusforschung." *Theologische Realenzy-
    klopädie,* Band 15. Berlin: Walter de Gruyter, 1986.

이민형 | 뉴트로 문화로 드러난 이미지 지배의 사회

김욱동.『포스트모더니즘의 이해』. 서울: 문학과 지성사, 1992.

배영달. "보드리야르: 시뮬라크르라는 악마."「한국프랑스학논집」80 (2012):
    267-290.

_____. "보드리야르: 현대사회와 이미지." 「프랑스예술문화연구」 16 (2006): 91-108.

서울대학교 소비트렌드분석센터. 『트렌드 코리아 2019』. 서울: 미래의창, 2018.

임홍택. 『90년생이 온다』. 서울: 웨일북, 2018.

최병근. "써니를 통해 본 복고 이미지와 환각적 기호로서의 향수에 관한 연구." 「영화연구」 50 (2011): 545-564.

태지호. "문화적 기억으로서 향수 영화가 제시하는 재현 방식에 관한 연구: 영화 써니(2011), 건축학개론(2012)의 기억하기 방식을 중심으로." 「한국언론학보」 57 (2013): 417-440.

Baudrillard, Jean. *Simulacres et Simulation*. 하태완 역. 『시뮬라시옹』. 서울: 민음사, 2001.

_____. *La societe de consommation*. 이혁률 역. 『소비의 사회』. 서울: 문예출판사, 1991.

Berardi, Franco. *Heroes: Mass Murder and Suicide*. 송섬별 역. 『죽음의 스펙터클: 금융자본주의 시대의 범죄, 자살, 광기』. 서울: 반비, 2016.

_____. *Precarious Rhapsody: Semiocapitalism and the Pathologies of the Post-Alpha Generation*. 정유리 옮김. 『프레카리아트를 위한 랩소디: 기호자본주의와 불안정성과 정보노동의 정신병리』. 서울: 난장, 2013.

_____. *The Soul at Work*. 서창현 역. 『노동하는 영혼: 소외에서 자율로』. 서울: 갈무리, 2012.

Ellens, Harold. *Sex in the BIble: A New Consideration*. CT: Praeger, 2006.

Erner, Guillaume. *Socialogie Des Tendances*. 권지현 역. 『파리를 떠난 마카롱』. 서울: 리더스북, 2010.

Foucault, Michel. "Film and Popular Memory." *Radical Philosophy* 5/11 (1975): 24-29.

Jameson, Fredric. *The Cultural Turn: Selected Writings on the Postmodernism 1983-1998*. Brooklyn: Verso, 2009.

_____. *Postmodernism or the Cultural Logic of the Late Capitalism*. Durham: Duke

University Press, 1992.

Taylor, Charles. *The Malaise of Modernity*. 송영배 역.『불안한 현대사회: 자기중심적인 현대 문화의 곤경과 이상』. 서울: 이학사, 2001.

Tillich, P. *Theology of Culture*. London, Oxford, New York: Oxford University Press, 1959.

김상덕 | 뉴미디어 사회 속 '인플루언서' 현상에 대한 기독교적 고찰

강만길.『커뮤니케이션 사상가들』. 서울: 인물과사상사, 2017.

배순탁.「시사인」565호. (인터넷 기사 2018. 7. 14.) "커버 전문 가수 제이플라, 구독해?" https://www.sisain.co.kr/?mod=news&act=articleView&idxno=32298.

「아이뉴스24」(2019. 2. 4.) "뜨는 인플루언서 마케팅 시장, 3년 만에 10조원대 전망." http://www.inews24.com/view/1155727.

오드엠.「디지털 인사이트」(2019. 6. 21.) "통계 수치로 알아보는 '인플루언서, 어떻게 활동했나요?" http://magazine.ditoday.com/.

중앙일보. "초등학생 희망직업 1위 '교사'… 10년 만에 밀렸다." (2018. 12. 14.) https://news.joins.com/article/23210606.

한국방송통신위원회.『2018 방송매체 이용행태 조사』.

Cambridge Business English Dictionary on "Influencer."

Forbes Youtube chanel on What is A Social Media Influencer? (Ep. 1) https://www.youtube.com/watch?v=etQ36X37dXo.

Hausman, Angela. *Marketing Insider Group* (2019. 1. 17). "The Rise and Fall of the Social Media Influencer." https://marketinginsidergroup.com/influencer-marketing/the-rise-and-fall-of-the-social-media-influencer/.

Influencer Marketing Hub. *Influencer Marketing Benchmark Report 2019* (last updated on 28 May 2019). https://influencermarketinghub.com/influencer-marketing-2019-benchmark-report/.

Kay, Karen. *The Gaurdain* (2017. 5. 28) "Millennial 'influencers' who are the new stars of web advertising" https://www.theguardian.com/fash-

ion/2017/may/27/millenial-influencers-new-stars-web-advertis-
ing-marketing-luxury-brands

KBS News. (2019. 5. 21.) "'임블리'의 몰락… SNS의 명과 암." http://news.kbs.
co.kr/news/view.do?ncd=4204867.

나무위키 "J.Fla" 참조. https://namu.wiki/w/J.Fla.

나무위키 "도티" 참조. https://namu.wiki/w/%EB%8F%84%ED%8B%B0.

유튜브 채널 「JFlaMusic」. https://www.youtube.com/channel/UClkRzsdvg7_
RKVhwDwiDZOA.

남성혁 | 가상세계와 증강현실에 상주하는 디지털 세대에 대한 전도 가능성

조은하. "게임포비아, 호모루덴스에서 사이버스페이스까지." 「한국콘텐츠학회논
문지」 13/2 (2013): 137-146.

Cole, Neil. *Church 3.0: Upgrades for the Future of the Church*. 안정임 역.『교회3.0:
본질과 사명을 되찾는 교회의 재탄생』. 일산: 스텝스톤, 2012.

Huizinga, Johan. *Homo Ludens: a study of the play element in culture*. 이종인 역.『호
모 루덴스: 놀이하는 인간』. 일산: 연암서가, 2010.

Kuhn, Thomas S. *The Structure of Scientific Revolution*. 김명자·홍성욱 역.『과학혁
명의 구조』. 서울: 까치글방, 2013.

McLuhan, Marshall. *Understanding Media*. 이한우 역.『미디어의 이해: 인간의 확
장』. 서울: 민음사, 2002.

Sweet, Leonard. *Postmodern Pilgrims*. 김영래 역.『영성과 감성을 하나로 묶는 미
래교회』. 서울: 좋은씨앗, 2002.

"More Than a Game: Esports at CES 2020." https://ces.tech/Articles/2020/
More-Than-a-Game-esports-at-CES-2020.aspx. (2020년 7월 28일 접속)

김구. "전쟁과 평화의 한 인식 -성경에서 보는 전쟁과 평화상." 생명평화기독연
대 83차 생명평화포럼(2012. 6. 7.) 미출판 발제논문.

문순태. "恨이라 무엇인가." 135-196. 서광선 엮음. 『恨의 이야기』. 서울: 보리 ·
청노루, 1988.

빠드마쌈바와 지음/중암 선혜 역주. 『티베트 사자의 서』. 서울: 불광출판사,
2020.

서광선 엮음. 『恨의 이야기』. 서울: 청노루·보리, 1988.

이경업. 『씻김굿』. 광주: 한얼미디어, 2004.

Evans-Wents, W.Y. ed. *The Tibetan Book of the Dead*. Oxford: Oxford University
Press, 2000.

Lindblom, J. *Prophecy in Ancient Israel*. Philadelphia: Fortress Press, 1962,
⁹1980.

Plummer, Alfred. *A Critical and Exegetical Commentary on the Gospel according to S.*
Luke. Edinburgh: T. & T. Clark, 51981.

Swedenborg, Emanuel. *De Coelo et ejus Mirabilibus, et de Inferno, ex auditis et visis*.
London, 1758. [초판 스캔 PDF: https://www.baysidechurch.org/writ-
ings/default.asp?book=hh]

_____. *Arcana Coelestia*, Pars Prima. London, 1749. [초판 스캔 PDF: https://
www.baysidechurch.org/writings/default.asp?book=ac%5Fi&page=01
82.jpg&startrow=101]

"한." 한국민족문화대백과(한국학중앙연구원). https://terms.naver.com/entry.n
hn?docId=532214&cid=46655&categoryId=46655. (2020.5.27. 접속)

2부

텍스트와 삶

팬데믹 시대의 가족 서사
: 고레에다의 <그렇게 아버지가 된다>를 읽는 두 개의 관점

강웅섭·백승희*

I. 글을 시작하며

가족(家族)은 부부를 중심으로 한, 친족 관계에 있는 사람들의 집단 또는 그 구성원으로 혼인, 혈연, 입양 등으로 이루어진 무리를 의미한다고 『한국민족문화대백과사전』은 적고 있다.

전통적인 1·2차 산업혁명 시대에는 노동력이 생산을 가능하게 하는 근원이자 부(富)를 창출하는 주요한 자원이었기에 대가족은 곧 노동력의 증가와 연결된다. 따라서 집성촌과 같은 혈연 중심의 지역이 모여 사회가 이루어졌고, 그에 따라 가족 구조에서 혈연을 이어지게 한다는 의미에서 남자의 역할이 중시되어왔다.

---

* 예명대학원대학교 리더십학전공 교수/ 예명대학원대학교 리더십학전공 교수

그러나 경제 발전을 위한 생산 체계가 변화하고 여성의 사회참여가 활발해지는 등 사회를 변화시키는 다양한 요인이 변화한 3차 산업혁명 시대에서 가족의 모습은 다른 형태로 변화하였다. 이것에 덧붙여 4차 산업혁명이라 일컫는 최근에는 기술이 인간의 노동력을 대체하는 인공지능 시대가 도래하면서, 창의적인 것을 개발하기 위해 서로 다른 영역들간의 융합이 진행되며, 가족의 형태가 급격하게 변하고 있다. 이제는 다양한 가치관이 존중되고 있으며, 과거에는 경시되던 생각들이 현재에는 존중받는 등 많은 변화가 나타나고 있다.

일본 사회에서 가족 형태도 큰 변화를 보인다. 베이비 붐 세대라 불리는 '단카이 세대'(団塊の世代, 團塊世代, 1947~1949년생)와 이 세대의 자녀들인 '단카이주니어 세대'(團塊ジュニア世代)를 예로 들 수 있다. 이러한 변화는 일본의 버블경제로 불리는 고도성장이 끝나고 경제성장률이 크게 하락하면서 나타나기 시작했는데, 경기 붕괴로 인해 단카이 세대가 취업난에 부딪히면서 발생한 현상이다.

우리가 이 글에서 다룰 고레에다의 영화 〈그렇게 아버지가 된다〉 속에는 이러한 일본 사회의 변화와 그에 따른 두 세대가 거론된다. '단카이주니어 세대'인 주인공 노노미야 료타 씨(氏) 가족과 사이키 유다이 씨(氏) 가족은 한 시대에 공존하고 있지만 그들의 부모와의 관계에서 변화하는 가족의 모습을 보여준다. 주인공들이 구성한 가족 형태가 각각 부모 세대인 '단카이 세대'와 그들의 자녀 세대인 '단카이주니어 세대'를 보여준다. 이 두 가족 형태는 두 부부가 가족을 구성함에 있어 무엇을 중시하는지를 나타내는 가족의 가치관을 반영한다.

우리의 글은 두 가족을 대비한다기보다 어머니의 관점과 아버지의 관점을 대비하면서 이 영화가 보여주는 가족을 들여다본다. 두 명의 저자는 각각 어머니의 관점과 아버지의 관점에서 이 영화를 분석하고, 팬데믹 시대를 살고 있는 우리 시대의 가족 개념을 돌아본다.

II. 일본의 가족 서사와 영화 〈그렇게 아버지가 된다〉

〈그렇게 아버지가 된다〉는 뒤바뀐 아들을 되찾는 두 가족의 통속적인 내용을 담고 있다. 산부인과에서 자식이 바뀌고, 6년 동안 그 사실을 모르고, 핏줄 자식을 강조하는 등에서 그러하다. 하지만 이 영화의 모티브가 실화에 바탕을 둔 오쿠노 슈지의 소설 〈뒤틀린 인연-아기가 뒤바뀐 사건의 17년〉(1995)에 있다는 점을 고려해 본다면, 이 영화는 통속적이지 않다. 감독이 보편적이지 않은 소재를 어떻게 보편적인 이야기로 끌어가는지 관객은 주목하게 된다.

고레에다 감독의 〈그렇게 아버지가 된다〉가 보편적인 '가족' 서사가 되려면, 우선 일본의 가족 제도를 이해하는 것이 필요하다.

일본의 근대 가족 제도인 '이에'(家)는 일본의 봉건제도라고 말하지만 메이지 민법 가족법(1898년)에 근거한 근대의 산물로 보기도 한다. 1947년 제정된 민법에 의해 호주제가 폐지되었음에도 '이에'는 이어지고 있다고 본다.[1] 호주제를 기반으로 하는 가족 제도는 국가주의 틀에서 가족을 규정하는 것을 의미한다. 즉 "부모에게 효도하고 군주에게 충성하라"는 말이 보여주듯, 가족은 '공적' 영역을 체현

---

[1] 우에노 치즈코/이미지문화연구소 옮김, 『근대 가족의 성립과 종언』 (서울: 당대, 2009), 91.

하는 사적 영역으로 기능한다. 이 관점은 야마모토 시치헤이의『공기(空氣)의 연구』(2018)가 보여주듯 가족과 국가 사이에 어떤 것(여기서는 '공기')이 존재함을 말한다. '보이지 않는 원칙'으로서 '공기'는 '사회'(社會)와는 구분되는 '세켄'(世間)으로 이해되고 표상된다. 즉 '형태가 있는 세켄'과 '형태가 없는 세켄'은 가족과 국가 사이에서 '상상된 공동체'[2]로 이해된다.

일본에서 호주제를 기반으로 하는 가족 제도는 혈연이 아니라 호주와의 관계를 통해 구성되는 것을 의미한다. 호주와의 관계를 통해 구성되는 가족은 비혈연(의사혈연) 가족 인정 및 부계상속을 통한 가부장제 강화에 기여하고 있기에, 전통적 가부장제 강화 수단으로 여겨진다. 그래서 '이에'는 여성의 역할을 보장하고 있지 않는 부부가족제도로 평가된다.[3] 급속도로 고도의 경제 발전이 일어나는 중에, 소설가 오쿠노 슈지는 아이의 뒤바뀜 실화를 통해 혼란해진 '가족 서사' 문제를 제기하였고, 이 소설을 모티브로 고레에다 감독은 영화를 만들었다. 영화의 내용을 간략하게 살펴보자.

등장인물 구도는 주인공이 2인 이상인 다중 주인공물로 노노미야 씨 가족과 사이키 씨 가족이다. 전자는 남편 료타(후쿠야마 마사하루 분)와 아내 미도리(오노 마치코 분) 그리고 아들 케이타(니노미야 케이타 분)이고, 후자는 남편 유다이(릴리 프랭키 분)와 아내 유카리(마키 요코 분) 그리고 류세이(황쇼겐 분)이다.

두 가족에게 저주를 내린 건 산부인과에 근무하던 간호사 '스즈

---

2) '상상된 가족'의 표현은 베네딕트 앤더슨의 연구에서 가져왔다(참고문헌 참조).

3) 임경택, "일본식 근대 호적 기술의 전개 과정과 이에(家) 및 이에제도", 「일본사상」 18 (2010, 한국일본사상사학회), 167-170.

모트'다. 법정에서 아이가 바뀐 것에 관해 질문받은 간호사는 단지 그 부부가 행복해 보여서 "일부러 그랬습니다"라고 말한다. 간호사에게는 이제야 6년 전에 계획했던 일이 시작되고 있다. 왜냐하면 행복해 보이는 부부가 지금 괴로워하고 있기 때문이다.

III. 어머니의 돌봄 — 콘텍트로 〈그렇게 아버지가 된다〉 읽기

6년 동안 노력해 보았지만 아들 케이타는 아버지의 마음에 들지 않는다. 6년의 노력은 문서에 새긴 혈액형에 미치지 못한다. 혈액형만 같았어도 금방 해낼 수 있는 일을, 6년 동안 해내지 못한 것은 피 때문이라고 료타는 생각한다. 아내 미도리는 료타에게 묻는다. 아이가 바뀌었다는 말을 듣고 당신이 처음 한 말이 무엇인지 기억하느냐고.

"왜 그걸 몰랐을까?" 료타의 답변에 미도리는 아니라고 말한다. "역시 그랬던 거군!" 아이가 바뀌었다는 말을 듣고 남편 료타가 아내 미도리에게 했던 말이다. 이렇게 기억은 다르게 저장되어 있다. "왜 그걸 몰랐을까?"는 오히려 아내의 말이었다. 엄마로서 바뀐 아들을 몰랐던 자신을 자책하면서. 병원에 가서 아이가 바뀌었다는 이야기를 듣고, 남편 료타는 말한다. "역시 그랬던 거군!" 그리고 얼마 후 친자 확인을 하고 나서 케이타의 아버지 료타가 아내에게 묻는다. "왜 그걸 몰랐을까?" 아내가 답한다. "역시 그랬었군!"

남편이 내뱉은 '역시'(やっぱり, 矢っ張り, 얏바리)는 아버지 료타가 6년간 아들 케이타에게 품은 의혹에 대한 반응이고, 아내가 말한 '역시'는 어머니 미도리가 6년간 남편 료타에게 품은 의혹에 대한 반응

이다. 같은 말이지만 그 쓰임은 완전히 다르다. '역시'의 이중적 의미는 이 영화를 열어 놓는 키워드가 된다. '역시'라는 부사는 '예상했듯이'라는 의미다. 어쩌면 '역시'는 간호사가 6년 전에 던진 화두이다. 과연 아이가 바뀌어도 노노미야 씨 가족은 '역시' 행복할까? 구약성서 욥기에서 마귀가 하나님에게 욥을 시험하는 것을 제안한, 괴테가 쓴 〈파우스트〉에서 악마 메피스토펠레스가 신에게 파우스트 박사를 시험하는 것을 제안한, 상황에서의 이중적 '역시'이다. 신이 말하게 될 '역시'와 악마가 말하게 될 '역시'가 다른 의미로 쓰이듯, 이 영화에서도 '역시'는 이중적인 의미로 사용된다.

간호사는 법정에서 그것을 확인한다. '역시' 괴로워하는 구나! 역시 가족은 '피'로 구성되는 구나! 이것은 아버지 중심의 가족에 대한 확인이다. 이 영화에서 간호사는 욥기의 마귀, 〈파우스트〉의 메피스토펠레스 역할을 담당한다. 핏줄과 돌봄이라는 것의 가치 중 어느 것이 더 인간에게 우세한가를 시험하는 자이다.

이 영화에 나오는 네 명의 아버지가 '핏줄'에 묶여 있다면, 네 명의 어머니는 '돌봄-키움'의 가치를 말한다. 어머니가 말하는 '가족의 가치'가 이야기된다. 노노미야 미도리는 자신과 10개월 동안 함께 했던 아이를 왜 몰라보았을까 자책하기는 하면서, 몇 번 함께 했을 뿐인데 핏줄이 좋아져서 6년간 함께 했던 아이를 배신하는 것 같아 미안해하면서, 아이와 묶여 있는 끈을 자를 수 있는지 괴로워하면서, '핏줄'이 아닌 '돌봄-키움'에 관해 말한다. 료타의 새어머니가 말했듯이, 아이와 '접촉'(con-tact)되었다면 피는 일부분일 뿐이라는 말에 네 명의 어머니는 전적으로 동감한다. 아버지들도 영화가 진행될수록 이런 의견을 거부하지 않고 점차 받아들인다.

이런 견해는 정수완의 주장처럼 "전통적으로 내려온 일본의 [비혈연-필자] 가족제도를 계승"⁴⁾하는 것으로 읽어야 할까? 즉, '이에' 제도에 길들여진 여성의 관점과 마지못해 이를 수용하는 남성의 관점으로 이해해야 할까? 이런 맥락에서 얼핏 보면, 이 영화는 '핏줄'보다 '시간' 또는 '돌봄-키움'을 강조하는 '이에' 제도를 정당화하려는 것으로 보일 수 있다. 하지만 이 영화는 장남을 통한 부계상속을 주장하지 않고, 국가의 틀에 묶인 가족을 강요하지 않고, 야마모토 시치헤이가 정리한 '공기'(空氣)나 '세켄'(世間)을 부각시키지 않는다. 이 영화는 '사연있는 비혈연'을 통해 상상적 가족 서사를 뛰어넘는 새로운 담론을 시도한다.

필자가 이 영화를 보면서 강조하고자 하는 것은 '부'(父)가 어떻게 '부'(父)가 되는지에 있다. 부계상속(父系相續)을 추구하는 '이에' 제도가 여성의 위치를 둘 자리를 갖지 않는 것과는 달리, 이 영화는 '모'(母)의 자리를 마련하고 있고, '부'(父)를 '부'(父)되게 하는 위치에 '모'(母)를 둔다. 이것이 이 영화의 차별성이다. 필자가 이해하는 관점에서 보면, 고레에다 감독의 설정은 일본 가족 제도에서는 매우 급진적인 제시라고 볼 수 있다. '이에' 제도와 호주제 폐지 이후 가족에서 '여성의 위치'를 논한 점은 '새로운' 가족 서사에 해당한다고 볼 수 있다.

4⁾ 정수완, "고레에다 히로카즈(是枝裕和)영화에 나타난 가족의 의미 연구", 「씨네포럼」 19 (2014), 152. "일본의 근대 가족은 호주제를 근간으로 하고 있어 피를 나누지 않은 비혈연가족을 가족으로 인정하며 발전해왔다. 이는 비혈연가족이 기존 혈연가족의 대안 개념이 되는 다른 나라의 가족과 다른 점이다. 그러므로 고레에다 히로카즈 영화에 반복적으로 등장하는 비혈연가족은 대안적인 새로운 가족이 아니라 전통적으로 내려온 일본의 가족제도를 계승하고 있다고 할 수 있다."

이렇게 〈그렇게 아버지가 된다〉는 혈액형과 습관을 엮으면서 가족의 의미를 보여준다. 하나의 층위가 동일유전자, 동일혈액형, 친자확인으로 형성된 가족의 정체화(Identification, 停滯化, 同一化)라면, 다른 층위는 빨대를 씹는 습관으로 형성된 가족의 정체화이다. 어떤 면에서는 아버지-어머니의 피가 가족의 정체성(Identity)을 만들지만, 다른 면에서 보면 아버지-어머니의 습관이 가족의 정체성을 만든다. 여기에 더하여 아버지들-어머니들의 피와 아버지들-어머니들의 습관이 가족의 정체성을 만든다.

프로이트가 제시한 오이디푸스 콤플렉스 구조에서의 가족은 아버지, 어머니 그리고 아이로 구성된다. 혈액형의 같음, 유전자에 정체화되는 관점은 케이타-료타 부자지간을 통해 강조된다. 아버지가 한 것을 아들도 해야 된다는 제일차적 정체화에 근거한 관계이다. 프로이트와 라깡이 보는 정체화의 첫 번째 방식은 A와 B의 닮음이다. 이 닮음은 '되기'(be)이다. 친자를 찾게 된 료타는 류세이를 통해 이런 정체화를 얻고자 다시 희망을 품는다. 혈육을 통한 제일차적 정체화(동일화)이다.[5]

아들 류세이의 가출을 통해 아버지 료타는 자신의 유년시절을 되돌아본다. (새)어머니와의 관계에서 자신이 가출했던 것을 기억한다. 자신이 새어머니를 인정하지 않았다는 것을 사과한다. 그런 뒤 케이타가 살고 있는 집에 갔다가 자신을 피해 달아나는 케이타를 따라 나서면서 허심탄회하게 이야기하며 포옹한다. 료타가 케이타를

---

5) 프로이트와 라깡의 정체화(동일화)에 관해서는, S. Freud, "Massenpsychologie und Ich-analyse," *Gesammelte Werke*, vol. 13; J. Lacan, *L'identification* (IX, 1961-1962); 강응섭, 『첫사랑은 다시 돌아온다』 (서울: 세창, 2016) 참조.

포옹하는 장면은 겉돌았던 관계에 구두점을 찍는 것으로 보인다. 이제 포옹한 둘은 더 이상 제일차적 정체화의 관계에 있지 않다. 포옹을 통해 서로가 다르다는 것을 인정한다. 서로는 다른 심장소리를 듣는다. 이 다름에서 제일차적 정체화는 부서지고, 또 다른 정체화가 생성된다. 제일차적 정체화(동일화)를 '지양'하면서 제이차적 정체화(동일화)로 진행한다. 헤겔 변증법에서 '지양'(Aufhebung, 止揚)[6]은 머물면서도 진행되는 것을 의미한다. 제일차적 정체화에 머물면서도 제이차적 정체화로 진행하는 것이다. 이렇게 제일차와 제이차는 이어져 고리가 된다. 이 고리는 계속해서 반복과정을 거치면서 무수한 고리를 만든다.

습관의 정체화 관점은 유다이-류세이 부자지간을 통해 강조된다. 6년간 함께 산 류세이-유다이의 닮음은 빨대를 깨문 압력처럼 단단해 보인다. 료타는 류세이-유다이 부자가 마신 음료수에 꽂힌 빨대를 본다. 끝 부분이 씹힌 빨대는 료타에게 유전자의 정체화보다 더 강력해 보인다. 씹힌 빨대를 원상복구 시킬 수 없을 만큼 류세이-유다이 사이에 형성된 정체화를 깰 수 없음을 본다. 가출한 쪽이 케이타가 아니라 류세이 쪽이었음을 봐도 알 수 있다. 이런 제이차적 정체화는 제일차적 정체화에 집착하는 료타에게 일종의 '거세'로 작용한다. 거세 작용은 정체화의 둘째 방식을 작동시킨다. 제이차적 정체화 또한 A와 B의 닮음을 추구하는데, 이 닮음은 '가짐'(have)이다. 유다이 가족의 삶의 방식을 보면, 함께 노는 것, 함께 먹는 것, 함께 사는 것이다. 료타 가족의 삶의 방식을 보면, 아버지가 하던 것을

---

6) G.W.F. Hegel, *La phénoménologie de l'esprit*, vol. 1 (Paris, Aubier; éditions Montaigne, 1941), 160.

아들이 하고, 아버지가 걸어온 길을 아들이 걸어가는 것이다. 명문 사립 유치원에서 명문 사립 초등학교로 이어지는 명문 코스로 가는 길이다. 명문을 공유하는 가족이다.

프로이트가 제시하는 정체화의 셋째 방식은 '집단'에 관한 것이다. 전혀 다른 두 가족에 관한 것이다. 제삼차적 정체화는 두 가족의 연대에서 발견된다. 두 가족은 '숙박'이라는 형식을 거치면서 서로를 알아간다. 경제적인 면에서나 문화적인 면에서 두 가족은 차이를 보인다. 그럼에도 두 가족은 서로를 잘라내기보다 조금씩 포용하는 과정으로 나아간다. 두 어머니는 전화번호를 교환하고, 통화한다. 남편은 그렇게 하지 않는다. 상대에게 쉽게 보이지 않으려고 소통을 절제한다.

영화는 11월부터 8월 사이의 열 달 동안 지속되는 두 가족의 관계를 보여준다. 이 영화의 마지막은 두 가족이 'Toshiba, TSUTAYA'라는 간판이 적힌 유다이의 집으로 들어가는 장면이다. 지금 이 집은 유전자의 정체화와 습관의 정체화가 공존하는 공간이다. 료타의 아버지는 아들을 되찾은 뒤에는 두 가족이 더 이상 만나서는 안 된다고 조언했다. 료타는 아버지의 의견을 따르지 않는다. 료타는 아버지가 새어머니를 맞이하는 것과 자신이 키우던 아들을 보내고 바뀐 아들을 맞이하는 것을 다르게 이해된다. 새어머니를 맞은 아버지가 이전의 어머니를 만나는 것과 키우던 아이를 아버지가 계속해서 만나는 것을 다르게 이해된다. 료타의 아버지는 남편이 되었지만 료타는 아버지가 되고 있다.

료타가 케이타를 류세이 집으로 보내면서 준 미션 중에 호칭에 관한 것이 있다. 그 집에 가서 '아버지 어머니'로 부르라고 하니 아이가 이의를 제기한다. 그러자 '파파 마마'로 부르라고 한다. 료타 집에 온 류세이에게도 자신들을 '아버지 어머니'로 부르라고 미션을 주자 또한 반문을 받는다.

정체화는 언어로 획득된다. 류세이에게 아버지로 불리는 순간, 류세이-료타 부자에게 제일차적 정체화가 발생한다. 그러나 이 정체화는 잠시일 뿐 지속될 수 없다. 실제로 이 관계는 언어 속에서만 이뤄지는 관계이다. 그래서 계속해서 호명이 이뤄져야 한다. 호명은 제일차적 정체화를 추구한다. '되기'의 정체화, 일치의 관계를 추구한다. 계속될 수 없는 정체화이다. 획득된 기표 '아버지'는 발화자에게서는 다른 의미일 수 있다. 여기서 제일차적 정체성(동일성)은 깨어진다. 제이차적 정체화는 '몸'에 확산되어 나타난다. 언어가 육화(肉化)된 정체화이다. '말'이 '몸'과 엮이면서 나타난다. 이 '몸'은 '말'의 연장이다. '몸'은 습관으로 말한다. 유전자로 구성된 '몸'은 '말'로 다시 구성된다. 유전과 습관은 엮여 '몸'으로 드러난다. 그 모습은 류세이(료타의 친자)가 유다이의 행동(빨대 뭉개기)을 따라하는 것에서 나타난다. 그 흔적을 직접 본 료타는 유전에서 습관으로 이어진 가족이 있음을 본다. 실재를 접한 료타는 제일차적 정체성에 혼란을 겪으면서 제이차적 정체성에 서 있는 자신과 케이타의 흔적을 발견한다.

〈그렇게 아버지가 된다〉는 유전과 습관의 긴밀한 관계를 보여준다. 씨족사회가 부족사회가 되고, 가족이 시민이 되고, 시민이 민족이 되고, 민족이 국가가 되고, 국가가 세계가 되는 과정으로 확대되는 과정을 상상하게 한다. 세계는 어떻게 구성되는가 하는 문제는 아버지는 어떻게 되는가 하는 것과 닿아 있다. '역시'라는 말은 유전과 습관의 연결 고리에서 발화된 것으로 볼 수 있다. 이 '말'은 완성되지 않고 남아있는 퍼즐의 빈 곳에 넣어 퍼즐을 완성시키는 퍼즐 조각인 셈이다. '뭉개진 빨대'라는 대상은 '말'로 재구성된 '몸'의 재현, 무의식의 주체가 대상에 새긴 기표이다.

이렇게 무의식의 주체는 '혈액형 검사', '역시', '빨대' 등의 기표를 통해 자신을 드러낸다. 주체는 끊임없이 정체화를 바라지만 미끄러진다. 제일차적 정체화에서 제이차적 정체화로 미끄러진다. 성취되지 않는 정체화로 인해 의심이 일어난다. 정체화를 이루기 위해 여러 가지 과업이 제시되고 주체는 수행한다. 이때 주체의 수행을 돕는 이는 어머니다. 어머니로 인해 아버지의 의도는 진행되고 진전된다. '어머니에 의해' 그렇게 아버지는 되어 간다. 아버지 중심의 가족관은 어머니 중심의 가족관으로 인해 부족관이 되고, 시민관이 되고, 민족관이 되고, 국가관이 되고, 세계관이 된다. 등장하는 네 명의 어머니, 또는 다섯 명의 어머니에 의해 아버지는 아버지가 된다.

IV. 아버지의 핏줄 — 콘텍트로 〈그렇게 아버지가 된다〉 읽기

료타는 성공한 건축가로 일적인 성공을 위해 늘 바쁘다. 그는 도심에 위치한 고층 아파트에 거주하며, 가족과 함께 하는 시간보다 업무에 집중하는 시간이 더 많은 전형적인 21세기의 바쁜 현대인의 모습으로 등장한다. 료타 부부에게 하나뿐인 자녀 케이타는 매우 소중한 아들이지만 료타는 아이에게 자신의 꿈을 투영하여 교육적 성과를 강조한다. 영화 시작 장면에 케이타를 명문 학교에 입학시키기 위해 학원 선생님께 조언을 받아 면접관의 질문에 아버지와 경험하지 않은 일을 대답하는 장면과 료타가 공립학교보다는 사립학교를 선호한다는 장면이 그것이다. 한편, 또 다른 주인공인 유다이와 그의 가족은 지방 소도시에서 작은 전파상을 운영하며 연로하신 아버지와 네 자녀를 둔 대가족을 구성하고 있다. 두 가족의 상반된 삶을 보여주기 위해 영화 속 영상에서는 료타 부부와 유다이 부부의 삶이 대비되도록 주인공의 직업, 병원 건물에 주차되어 있는 자동차의 크기, 거주하는 집과 도시, 가족 구성원 등을 다르게 연출하였다. 이를 통해 관객은 두 부부의 삶의 가치관이 다를 수 있음을 추측하게 된다.

유다이 부부는 특별한 교육보다는 가족과 허물없이 지내며 잘 먹고 잘 노는 관계 안에서 아이를 키우는 것을 중시하고 있다. 3대가 모여 살며 함께 자고 함께 씻는 것을 통해서도 충분히 행복할 수 있다고 생각하는 삶, 이는 과거 우리나라의 모습과도 유사하며 일본의 단카이 세대의 단편적인 모습이기도 하다. 단카이 세대는 전후 베이비 붐 세대의 본격적인 문화를 형성하며 강한 공동체 의식을 가지고 있는 것이 특징이다[7]. 일본은 단카이 세대의 조직 사회에 순응하고 결집하는 원동력을 통해 경제성장을 이루어냈다. 이 영화는 어쩌면 결합과 화합을 통해 많은 것을 이루어낸 일본의 과거를 그리워하는 향수가 들어있을지도 모르겠다.

영화 속의 두 가족은 예측하지 못한 제삼자의 개입으로 반전의 상황을 맞게 된다. 6년 전 두 가족이 아이를 낳았던 산부인과의 간호사는 자신의 현실과는 다른 료타 부부의 행복한 모습이 부러워 료타

---

[7] 이현주, "이문화 수용과 수용층의 세대연구: 한국의 '386'세대와 일본의 "단카이 세대"를 중심으로", 「일본언어문화」, 40 (2017), 277-293.

와 유다이 부부의 아이를 바꾸어버린다. 이에 두 부부가 당연하게 키웠던 '내 아이'가 사실은 '타인의 아이'임을 뒤늦게 알게 되고 아이의 부모인 네 사람은 상황을 해결하기 위해 '가족'의 본질적인 정의부터 다시 생각하게 된다.

아이가 바뀌는 중대한 실수가 간호사의 개인적인 질투심에서 발생된 일이라는 전개는 다소 허술해 보인다. 그러나 주변에서 나타나는 커다란 사건들이 대부분 개인의 이기심 또는 소외감 등에서 발생된다는 사실을 생각하면 이 영화가 사회를 향한 개인의 분노 표출과 같은 평범한 사연일 수 있다는 공감이 형성된다. 인간은 누구나 타인과의 관계 속에서 살아간다. 태어나면서부터 부모와의 관계에 놓이게 되고, 자라면서는 다양한 사회적 관계 속에서 성장을 하기도 하고, 성장을 멈추기도 한다. 이러한 관계가 올바르게 정립되지 않을 때 인간은 다양한 트라우마를 드러낸다.[8] 기형도 시인이 〈질투는 나의 힘〉[9]에서 "구름 밑을 천천히 쏘다니는 개처럼, 지칠 줄 모르고 공중에서 머뭇거렸구나"라고 말했던 것처럼, 인간은 낯선 타인을 바라보며 습관적으로 나와 다른 것, 내가 갖지 못한 것을 찾는 것에 익숙하다. 최근 다양한 소셜미디어가 발달하면서 나타나게 된 SNS 문화는 사진으로 인한 개인의 단편적인 모습이 부각되면서 이러한 현상을 더욱 촉진시킨다. 기형도는 시를 매듭지으면서 "내 희망의 내용은 질투뿐이었구나/ 그리하여 나는 우선 여기에 짧은 글을 남겨둔다/ 나의 생은 미친 듯이 사랑을 찾아 헤매었으나/ 단 한번도 스스

---

8) 이수연·이동훈·이덕희·이민영, "트라우마 사건을 경험한 성인의 낙관성, 대처방식, 외상 후 성장, PTSD 증상, 음주문제", 「한국심리학회지」 31/2 (2019), 571-600.

9) 기형도, 『입 속의 검은 잎』 (서울: 문학과지성사, 1989), 53.

로를 사랑하지 않았노라"고 말한다.

아이를 바꿔버린 산부인과 간호사의 행동은 일그러진 소외감과 열등감에서 비롯된 행동으로 계층화된, '스스로를 사랑하는 과업'을 실현해 보지 못해 탄식하는 우리 사회의 한 단면을 보여준다. 주인공 료타 역시 어릴 적 아버지로부터 인정받지 못하는 소외감을 케이타에게 투영하여 아이에게 완벽함을 요구한다. 또한 료타의 아내가 '엄마인 내가 왜 그걸 몰랐을까'라며 자책하는 반응도 진실 속에 소외된 자신을 탓하는 푸념이다. 결국 인간은 홀로 자립하며 살아가야 하는 존재임과 동시에 수많은 관계 속에서 소외되지 않음을 추구하는 사회적 동물이기에 끊임없이 세상에 소속되고자 한다.

두 부부는 아이들이 뒤바뀐 문제를 해결하기 위해 아이를 바꿔서 지내기로 한다. 그러나 아내들, 즉 엄마들은 자신이 키워온 아이를 그대로 키우기를 원한다. 료타의 아내 미도리가 케이타를 데려오는 길에 케이타에게 둘이서 아무도 모르는 곳으로 떠나자고 한 독백과도 같은 말은 혈연관계를 중시하는 사회를 떠나 마음으로 키운 아이를 지키고 싶은 엄마의 마음이다. 그러나 료타는 시간이 지날수록 아이들이 점점 본래 유전자를 닮은 아버지를 닮아갈 텐데 피가 연결되어 있지 않은 아이를 사랑할 수 있겠냐는 질문을 하며 아이를 바꾸기를 제안한다.

여자는 임신을 하면서 본능적으로 몸 안에 있는 아이를 안전하게 지키고자 하는 모성애가 나타난다. 그러나 남자의 부성애는 아이가 태어난 후에야 자신의 아이임을 확인할 수 있으며, 아이와 함께하는 시간을 통해 자라난다. 료타가 아내들과 달리 아이를 바꿈에 있어 냉정한 태도를 보이는 것과 혈연을 중시하는 것은 이러한 차이에서 오는 반응이기도 하다. 더욱이 낳아준 어머니가 부재하고 엄격한 아버지 아래서 사랑받기 위해 성취한 결과를 보여줘야 했던 료타의 내면에는 내리사랑이 부재하다. 아버지란 어떤 존재인지 알지 못한 료타는 결국 케이타에게 류세이의 부부를 아빠·엄마로 부르라는 미션을 주고 아이를 떠나보낸다.

이 영화는 '가족이란 무엇인가?'라는 질문을 지속적으로 전개한다. 혈연으로 낳은 아이와 태어나면서부터 기른 아이, 둘 중의 하나를 선택하는 문제는 누구에게도 쉽지 않다. 이를 두고 료타의 아버지와 미도리의 어머니, 아이들의 두 아버지와 어머니 모두가 다른 의견을 내는 것도 가족에 대한 계속적인 질문이다.

가족에 관한 정의는 1인 가구가 증가하고, 반려동물을 가족 구성원으로 대체하는 현재의 사회에서 더 중요한 질문이다. '가족으로 어떤 아이를 선택해야 하는가?'에 대해 정답은 없다. 료타 역시 혈연을 찾아 아이를 바꾸어도 명쾌히 답을 얻지 못한다. 케이타가 자신의 아들이라고 생각했을 때에도 자신과는 다르게 승부욕이 없는 모습과 혈연관계인 류세이를 데려와 키우면서도 자신의 의도를 이해하지 못하는 모습을 보며 또 다시 내 아이, 내 가족이 무엇인가에 대한 질문을 하게 된다. 그러나 료타가 아이들을 보며 의문을 가졌던 것은 스스로를 향한 "왜 나와 다를까?" 이다. 어릴 적 구체화하지 못한 정체성을 정체(停滯)한 채 아버지가 된 료타는 아이를 보며 끊임없이 자신의 모습을 탐색했던 것이다.

함께 지내던 혈연관계의 아들인 류세이는 원래 집으로 돌아가고 싶다는 소원을 말한다. 유전자로 형성된 가족보다 마음을 나누는 관계가 가족임을 알려준 것이다.

결국 이 영화를 통해 추측할 수 있는 가족의 정의는 과거든 현재든, 가치관이 어떠하든 함께 함에 있다. 과거는 변해가는 삶의 기준이다. 영화 속에 등장한 상반된 형태의 두 가족은 과거와 현재의 가족 형태를 묘사하고 있다. 그리고 과거와 현재의 공존에서 발생하는 갈등 구도를 통해 미래의 가족 모습을 그리고 있다.

　아이가 바뀌는 갑작스러운 사고로 등장인물들이 겪는 갈등과 현실을 받아들이는 모습은 변화하는 환경에서 살아남기 위해 관념에서 벗어나는 인간의 내면을 반영한다. 공유해온 삶과 정서적 나눔이 핏줄보다 더 강한 가족임을 받아들이는 모습은, 기술의 발달 등으로 인해 가치관이 다양해지고 급변하는 사회에서도, 인간에게 변하지 않는 진리가 존재함을 보여주는 상징적인 메시지이다.

V. 글을 맺으며

　코로나 바이러스의 확산으로 언텍트(un-tact, un-contact) 상황에 놓인 현재 시점에서, 과학 기술을 통한 콘텍트 관계를 유지하는 우리 또한, 료타가 가족의 의미, 아버지의 의미를 찾는 것처럼, 진정한 인간관계란 무엇인가를 질문하고 답을 찾는 중이다. 영화의 마지막 장면이 보여주듯, 혈연관계 여부를 떠나 정서적 교감이 되는 대상과 가족이 될 수 있다는 결론에는 인간의 간절한 유대 욕구가 포함되어 있다.

　가족은 사회를 구성하는 가장 기본 단위이다.[10) 변해가는 사회의 이면을 들여다볼수록 과거부터 인간이 추구해 온 기본적 욕구가 계속해서 지금 여기로 회귀되고 있다. 우리의 영원한 첫사랑이 가족에서 시작되었기에 그 형태가 어떠하든 가족은 어제도 오늘도 그리고 내일도 계속해서 있을 것이다.

우리가 현재 이후 가족이라고 부르게 될 새로운 형태는 무엇일까? 사회가 복잡해지고 기술적 요소가 인간의 삶에 영향을 미칠수록 사람은 그 안에서 더욱 인간다움을 찾게 된다. 1인 가구가 지속적으로 늘어나고, 반려동물을 가족으로 맞이하는 사회의 모습도, '교감'과 '소통'에 기반한 관계가 형성된다면, 새로운 개념의 가족이 될 수 있다는 것을 보여준다. 현재와 같이 쉽게 통제되지 않는 팬더믹 상황 속에서 우리가 계속 고민해야 할 문제의 해결방안 역시도 이 영화 속에서 말하는 어머니의 돌봄-콘텍트와 아버지의 핏줄-콘텍트를 통한 접촉과 소통이다.

---

10) 은석·안승재·함선유·홍백의, "세대 차이인가, 계층 차이인가? : 한국과 일본의 가족 가치관 차이를 중심으로", 「아시아리뷰」 8/1 (2018), 47-74.

가족의 탄생
: 한국 영화/드라마 속 가족 풍경을 통해 재고하는 기독교 가족의 의미

윤영훈*

I. 서론: 가족 같은 공동체?

흔히 '가족 같은 공동체'라는 말을 하곤 한다. 가족은 모든 공동체의 가장 이상적 모습을 반영한다고 여기기 때문이다. 교회에서도 가족은 공동체의 이상으로 간주되었다. 서로를 형제와 자매로 부르는 것은 그런 전제를 드러내는 대표적인 예이다. 하지만 현대 사회에서 가족은 상당 부분 붕괴되었다. 가족 같은 공동체라는 말이 이젠 무색할 지경이다. 가족 구성원끼리도 서로 짐이 되지 말라고 강요하기에 이르렀으니 말이다. 각자도생의 개인주의 속에서 가족 구성원도 각자의 성과에 따라서 인정을 받는다.

---

* 성결대학교 문화선교학과 교수

가족을 지키고 성실하게 일하는 가부장적 아버지, 가족을 돌보며 살림하는 어머니 그리고 부모님께 순종하며 자라나는 아이들, 지난 세월 우리 사회를 지탱해 온 이런 이상적 가족 역할론이 점차 붕괴되고 있다. 하지만 살벌한 이 사회에서 조건 없이 나를 수용해줄 가족은 어떤 형태로든 반드시 존재할 것이다. 그러나 그 모습은 이전과 다른 새로운 형식과 구성과 관계로 만들어지고 있다. 가족은 그렇게 역사 속에서 늘 진화해 왔다.

기독교 가족의 이상적 모습은 사실 성경적이라기보다는 근대적 성역할론과 사적 공간화에 근거한 합리적이며 낭만적 가족관에서 크게 벗어나지 않는다. 새로운 시대에 변화하는 가족의 재구성을 환영하는 사람들도 있지만 우리는 여전히 이런 변화가 낯설고 두렵다. 기독교인들에게 그 변화는 복음의 본질이 훼손되는 충격으로 두려움을 넘어 혐오감을 자극한다.

가족애는 한국 영화와 드라마의 가장 중요한 키워드이다. 하지만 2000년대 이후 한국 영화계는 가족에 대한 새로운 시각을 담아낸 여러 작품들이 개봉하며 많은 화제와 담론의 중심이 되었다. 이 영화들이 보여주는 가족의 풍속도는 보편적 가족의 해체를 넘어 새로운 가족의 가능성을 보여준다는 차원에서 주목할 필요가 있다. 본 논문은 한국 사회의 변화를 반영하는 여러 영화와 드라마 속 가족의 다양한 모습을 분석하며 시대적 변화에 요청되는 기독교 가족관을 본질적으로 또한 현실적으로 토의해 보고자 한다. 영화와 드라마가 보여주는 가족 서사는 우리 시대의 변화하는 가족관을 들여다볼 수 있는 유용한 통로이기 때문이다. 이어지는 각 단원에서는 현대 한국 사회의 가족에 대한 다양한 담론을 대표하는 세 유형의 작품들을 분석의 도구로 삼을 것이다.

여기에서 주안점은 기존 가족의 근본적 한계와 문제점을 지적하며 새로운 가족의 형식이 근본적 대안이라는 것은 아니다. 새로운 가족의 가능성을 모색하는 것은 우리 사회의 극단적 일촌주의를 넘어 보편적인 가족의 회복과 더 깊은 관계 확장을 위한 지혜가 될 수 있음을 강조하고자 함이다. 본 논문은 기독교 가족관의 정립을 위한 분석의 틀로 영화와 드라마를 들여다보면서 인문학적 고찰과 성경적 가치관을 통해 더 나은 대안을 제안하고자 한다.

II. 가족 레트로토피아[1]: 〈응답하라 1988〉(2015)을 중심으로

2010년대에 들어 한국 대중문화사 안에서 과거를 회고하려는 움직임은 매우 두드러지게 나타났다. 특히 사이버 문화는 콘텐츠의 동시대성을 넘어 비동시적 접속을 가능하게 하면서 지나간 과거 문화 콘텐츠가 새롭게 부각되도록 하는 촉진제가 되었다. 좋았던 한때를 기억한다는 것은 자본주의 체제의 누적된 피로감에서 일시적으로나마 벗어나도록 도와준다. 또한 미래 전망이 불안하거나 흔들릴 때면 이전 기억에서 현재를 위한 정체성의 자원을 불러온다.

그동안의 한국 문화 콘텐츠에서 1980년대에 대한 회고는 대체로 엘리트 남성들이나 민주화 항쟁에 초점을 맞추어 왔다면, 드라마 〈응답하라 1988〉은 평범한 여고생의 시선으로 1980년대 끝자락의

---

[1] 본 장의 제목은 다음 논문 제목에서 인용함. 백소연, "가족이라는 레트로토피아", 「한국극예술연구」 65집 (2019).

시대 경험을 재현하는 것에 특별함이 있다. 이 드라마는 전반적으로 지난 산업화 시대의 보편적 가족관을 지지하는 정서가 지배한다. 즉 "가족은 현존하는 사회관계의 어떤 조직에서도 얻기 힘든 정서적이며 경험적 만족을 제공"할 수 있으며 "자연적으로 주어졌다고 간주" 되는 동시에 "사회적, 도덕적으로도 바람직한 것"임을 강조한다.[2]

드라마 〈응답하라 1988〉에서 쌍문동 어느 골목에 거주하는 주민들은 자신들의 사생활을 드러내고 공유하며 서로가 서로에게 정서적 지지자로 일종의 유사 가족을 이루고 있다. 이를 가능하게 하는 근간은 어머니들의 연대에서 비롯된다. 이 여성들은 경제 사정에 분명한 차이가 있지만 동년배 아이들을 기르며 서로의 삶을 공유하고 정서적인 교감이 강하다. 어머니들은 다른 가족의 상황을 불편해하거나 견제하지 않는다. 오히려 자신의 부끄러움도 내보이고 서로의 부족함을 헤아려 채워주는 인정 많은 모습을 보인다.

골목 평상은 그들이 일상의 이야기를 나누며 찬거리를 다듬는 공동공간으로 매회 반복적으로 등장한다. 원경에서 조망되는 골목 풍경은 어김없이 엄마라는 존재로 시작된다. "덕선아 밥 먹어"라고 부르는 어머니의 모습은 지속적으로 클로즈업된다. 각 가정은 준비한 음식을 서로 나누기에 분주해진다. 이 과정이 재미있게 연쇄적으로 이어지며 "이럴 거면 다 같이 먹어"라는 정환의 짜증 섞인 말은 이들 관계가 정서적인 '식구'(食口)임을 단적으로 보여준다.[3]

〈응답하라 1988〉에서 가족연대는 냉정한 신자유주의 시대 개인

---

2) 미쉘 바렛 · 메리 맥킨토시/김혜경 · 배은경 역, 『반사회적 가족』 (서울: 나름북스, 2019), 50-64.
3) 백소연, "가족이라는 레트로토피아", 27, 29.

윤리로 부각된다. 30년 넘게 일한 은행에서 가차 없이 밀려난 아버지는 가족들이 준비한 퇴임 파티에서 감사패를 건네받는다. 직장이 몰아낸 한 중년 남성의 상처는 가족의 감사와 위로로 치유되고 자신의 가치가 증명될 수 있었다. 무자비한 세상에서 "당신은 최선을 다했다"라는 위로는 결국 가족만이 해 줄 수 있음을 보여준다.

드라마 속 아버지들은 모두 '착한 가부장'의 모델이다. 가족을 위해 성실히 일하는 아버지의 이상을 담아내며 많은 공감을 얻었다. 동아시아 문화에서 아버지는 존경의 상으로서 가족의 구심 역할을 해야 하고, 보편적으로 자식과는 정서적으로 거리감이 있는 위계를 유지한다. 하지만 〈응답하라 1988〉의 아버지들은 과거의 옷을 입고 있지만, 지금 우리가 원하는 좋은 아버지의 모습을 보여준다. 자녀들은 아버지 앞에서 거침없고 자유롭게 행동한다. 아버지들은 집에서 가장으로 군림하며 권위를 내세우지 않는다. 친구처럼 자식들에게 다가가고자 코미디를 따라하고 망가지는 것도 주저하지 않는다. 어머니와 자식들에게 분노하고 폭력을 행사하지도 않는다. 더 나아가 자식들에게 자신의 권위와 수고를 인정받으려 하지도 자신의 가치를 주입하지도 않는다. 극중 성동일이 "자식이 다 자라면 손님이 된다"고 말하는 대사와 함께 드라마는 이상적인 부성애를 전달한다.[4]

이 드라마는 가족의 가치와 잃어버린 공동체에 대한 기억을 아름답게 소환하고 환기하는 방식으로 대중들의 향수를 불러일으킨다. 변화된 시대 정서에 맞추어 가부장 중심 가족 서사를 적절히 수정하

---

[4] 강보라·김기덕, "tvN 드라마 〈응답하라 1988〉 아버지 캐릭터 분석", 「인문콘텐츠」 44호 (2017), 133, 148.

여 재구성하고, 가족뿐 아니라 이웃 간의 연대와 나눔의 가치를 부각하는 점 역시 〈응답하라 1988〉의 공감을 높이는 중요한 요소가 되었다. 특히 1980년대 현실의 질곡에서 가족들의 지극한 사랑과 친구와 이웃 간의 의리는 현재 우리가 당면한 많은 위기 극복을 위한 보편적 대안이며 정체성의 근거로 이상화되어 제시되었다.

그러나 이 드라마는 가정의 위기를 넘어 가족이란 개념의 재정립을 요구하는 현 시점에 성별 분업에 근거한 가족 서사는 작금의 현실에서 뚜렷한 한계를 드러내는 지점이다. 〈응답하라 1988〉은 "존재하지도 않는 미래에 의지하는 대신에 아직 죽지 않은 과거에서 비전을 발견한다." 백소연은 그런 의미에서 그러나 가정 해체의 위기를 넘어, 가정 자체의 존속이 위협받는 현실에서 〈응답하라 1988〉이 보여주는 과거로부터의 대안은 공허하다고 주장한다.[5]

결국 이 드라마가 찾아낸 가족 레트로토피아는 시청자의 향수를 자극하며 오늘의 가족 관계가 어디서부터 무너졌는지 돌아보게 하며 세대를 연결하는 공감을 전한다. 하지만 지금의 상황은 모든 면에 1988년과 다르다는 현실적 한계 속에 다시 돌아가지 못할 과거의 공허한 이상으로 남겨질 수밖에 없다.

사철에 봄바람 불어 잇고 하나님 아버지 모셨으니
믿음의 반석도 든든하다 우리 집 즐거운 동산이라
어버이 우리를 고이시고 동기들 사랑에 뭉쳐있고
기쁨과 설움도 같이 하니 한 간의 초가도 천국이라

---

[5] 백소연, "가족이라는 레트로피아", 「34.

아침과 저녁에 수고하여 다 같이 일하는 온 식구가

한상에 둘러서 먹고 마셔 여기가 우리의 낙원이라

고마워라 임마누엘 예수만 섬기는 우리 집

고마워라 임마누엘 복되고 즐거운 하루 하루

교회는 가족의 의미를 생각하며 이 찬송을 즐겨 부른다. 가족의 구성원 모두가 "예수만 섬기는" 한 신앙으로 낮에는 일하고 저녁에는 한 상에 둘러앉아 화목을 누리는 기독교 가정은 근대화 이후 신앙인들의 이상적 그림으로 자리한다. 이렇게 대를 이어 지속되는 기독교 신앙은 기독교 가정의 자부심이다. 이런 기독교 가족의 기초는 〈응답하라 1988〉에 그려지는 모범적 가부장 시스템을 통해 구축될 수 있다. 한국에서 출판되는 기독교 가족에 대한 신앙 도서들은 대부분 서구 청교도 성역활론과 미국의 보수적 기독교 가족관에 근거한다.

이런 복음주의 신앙에 근거한 가족의 회복 노력은 20세기 후반 성공적인 종적을 남겼다. 종교사회학자 웨이드 루프(Wade Roof)는 미국의 베이비부머들이 젊은 시절 히피 낭만주의에 심취하며 교회를 떠났지만 1970년대 중산층의 일원으로 편입되며 가족의 해체에 위기감을 느끼며 교회로 돌아왔다고 분석한다. 즉 자신들의 자녀들을 건전하게 양육하기 위해 마땅히 대안이 없던 차에 복음주의 교회들이 제공하는 가족 프로그램에 적극적으로 참여하게 된 것이다.[6] 가족주의는 1970년대 후반 이후 복음주의 기독교가 급성장하게 된 요

---

[6] Wade Clark Roof, *Spiritual Marketplace: Baby Boomers and Remaking of American Religion* (Princeton: Princeton University Press, 1999), 24-25.

인이다. 특히 대도시 외곽 초교파 복음주의 대형 교회들은 세련되고 현대적인 예배와 교육 프로그램을 통해 베이비부머들에게 경쟁력 있는 종교상품이 되었다.

또한 1980년대 이후 자녀들에게 위해가 되는 문화콘텐츠에 대한 '게이트키핑'(gate keeping) 캠페인을 전개한 "기독교 학부모 연합" (Christian and Parents Alliance)은 도덕적이며 이상적인 가족을 지키기 위한 복음주의자들의 문화적 투쟁이다. 기독교가 페미니즘과 동성애에 대해 극단적인 거부 반응을 보이는 것 역시 이런 맥락에서 이해되어야 한다. 미국의 복음주의 기독교는 전통적 가정을 위협하는 모든 것에 반대하며 이런 맥락에서 낙태와 동성애 이슈는 미국 정치의 핵심이다. 마찬가지로 한국 교회 역시 전통적인 가족에 대한 신념과 이에 대한 잠재적 위협에 대해 염려한다. 오늘의 '차별금지법' 논쟁에는 이런 기독교인들의 가족관도 중요한 요인일 것이다.

무엇보다 복음주의 교회의 가족 회복 운동의 초점에는 가장으로서의 아버지의 각성과 권위 회복을 우선시 한다. 가족을 지키기 위한 남성들의 순결서약을 강조한 '프로미스 키퍼'(Promise Keepers) 운동과 아버지의 선한 역할을 재강조하는 한국 교회의 '아버지 학교' 프로그램은 무너져가는 아버지의 권위와 기능을 강조하며 큰 호응과 성과를 얻었다. 교회에서 아버지의 권위를 기반으로 한 가족관은 "하나님의 창조 질서"로 보편화되어 왔다. 따라서 오늘의 가족 해체 현상의 해결책은 바로 하나님의 창조 질서에 부합된 '착한 가부장'의 권위와 기능 회복에 있다는 것이다.[7]

---

7) 이숙진, "최근 한국 기독교의 아버지 담론에 대한 비판적 성찰: '착한' 가부장주의를 중심으로", 「종교와 문화비평」 22 (2012), 211.

하지만 IMF 사태 이후 무너진 가족경제는 결국 근대 가족의 근간인 아버지의 붕괴로 이어졌고, 신자유주의로 인한 극심한 경쟁은 자녀 세대의 냉소적 정서를 형성하게 되었다. 더 나아가 젊은이들의 개방된 사회인식으로 전통적 결혼과 출산과 가족에 대한 회의는 점차 심화되고 있다. 이제 가족을 이어주는 가장 중요한 끈은 경제적 가치에 함몰되어 간다. 전통적인 가치가 무너지며 쌍문동 골목의 이웃관계뿐 아니라 피를 나눈 친척이란 개념도 무너지고 있다. 요즘 젊은 세대에게 친척은 그저 명절이나 경조사에 마주치는 낯선 이방인일 뿐이다.

결국 가족을 이어주는 연결고리로 남는 것은 나의 유일한 분신, '일촌'에 대한 집착뿐이다. 나와 유전자를 복제하고픈 '이기적 유전자주의'가 이 사회를 지배하는지 모른다. 자식에 대한 집착은 과도한 사교육비와 물려줄 재산 마련으로 이어지며 가족을 지탱하는 경제적 부담이 너무 커졌다. 고미숙은 가족은 이제 '혈연공동체'라기보다 차라리 '화폐공동체'에 더 가깝다고 냉소적으로 현 세대를 비판한다.[8] 더 넓은 사회성이 제거된 가정에서 자녀에 대한 지나친 관심은 가족관계 자체를 왜곡시키며 오히려 세대 갈등의 원인이 되고 있다. '아빠 엄마 찬스'라는 젊은이들의 냉소에서 〈응답하라 1988〉이 보여준 가족 이상이 경제적 요인으로 붕괴되고 몰락하는 현실을 마주하게 된다.

가정에서 함께 찬송을 부르며 예배하는 시간은 이제 바쁜 가족들의 개인 활동으로 각자의 개인적 일정을 희생하며 마련해야 하는 특

---

8) 고미숙, 『호모 코뮤니타스』 (서울: 그린비, 2010). 49-50.

별한 이벤트가 된다. 교회 안에서도 자녀들은 어른들의 예배나 활동을 거부한다. 자신들이 선호하는 활동에 따로 참여하며 일요일에 가족은 오히려 더 분리된다. 아예 부모님과 다른 교회를 선택하거나 기독교 자체를 거부하는 자녀들로 인한 부모 세대의 고민도 자주 목도하게 된다. "예수만 섬기는 우리 집"은 분명 아름답지만 기독교 버전의 가족 '레트로토피아'로 더 이상 일반화되기 어려운 과거 이상이 되어가고 있다.

III. 근대 가족주의의 해체: 한국영화 속 이상한 가족들

2000년대 이후 한국 영화계에서는 이상한 가족의 풍경을 그린 영화들이 많이 개봉되었다. 연애와 결혼이 분리된 새로운 풍속도를 그린 〈결혼은 미친 짓이다〉(2002), 중산층 가족 관계의 위선과 붕괴를 드러낸 〈바람난 가족〉(2003), 일부일처 제도의 파격적 해체를 상상한 〈아내가 결혼했다〉(2008), 사회적 붕괴로 온 가족이 조모에게 기생하는 〈고령화가족〉(2013) 등이 그 예이다. 이런 영화들이 그려낸 가족은 분명 근대화 이후 표준화된 핵가족 시스템의 붕괴를 의미심장하게 그리고 있다.

결혼의 가장 중요한 조건은 무엇일까? 근대 이후 결혼은 개인의 선택과 낭만적 사랑으로 숭고해졌다. 하지만 그 사랑이 사라진다면 어떨까? 결혼의 지속성도 중단되고 만다. 지금도 많은 부부들이 생활 속에 함몰된 사랑으로 관계에 어려움을 겪는다. 요즈음의 많은 젊은이들은 그래서 결혼하는 것이 인생에서 필수라고 생각하지 않으며 일부는 더 적극적으로 '비혼주의'를 선언한다.[9] 근대사회가 구축한 합리적이며 낭만적인 '부부의 세계'가 붕괴되고 있다.

자본주의는 인간의 모든 관계성을 왜곡시킨다. 미디어와 쇼핑몰이 제공하는 욕망에 함몰된 현대사회에서 부부관계 역시 시장화 되어간다. 결혼시장, 섹스시장, 사랑시장까지 말이다. 이쯤 되면 "결혼은 미친 짓이다." 영화 〈결혼은 미친 짓이다〉에서 두 주인공 남녀는 애초부터 상대를 결혼상대가 아닌 연애의 대상으로 한정한다. 그래서 이들은 서로를 구속하지 않는다. 즉 결혼은 결혼상대와 연애는 연애상대와 하는 사랑과 결혼의 분리를 이야기한다. 낭만적 사랑은 더 이상 결혼의 절대 조건이 아니며, 결혼은 개인과 개인의 사회적 지위를 극대화하는 사회적 결합일 뿐인지 모른다.

일반적으로 가족은 사적 공간으로 인식된다. 사적 영역으로서의 가족과 집은 현대인들의 절대적인 가치가 되었다. 그 안에서 삶은 외부세계와 구별되고 외부인들이 절대 간섭할 수 없는 공간이다. 하지만 가족은 아이의 출생과 양육 같은 생물학적 필요성뿐 아니라 더 넓은 사회질서에 의해서 구성된다. 각 가족이 자신들 만의 폐쇄적 세계를 구축한다면 사회는 더 이상 존속하고 유지될 수 없기 때문이다. 역사적으로 가족은 항상 더 넓은 사회와의 관계성으로 이루어져 왔다. 이런 의미에서 가족은 본질적으로 고정된 개념이 아니라 각 시대를 따라 사회적 상황 안에서 새롭게 '규정'되고 '진화'되어 왔

---

[9] 비혼주의 담론은 기독교 청년들에게도 확산되고 있다. 2019년 출판된 웹툰 원작『비혼주의자 마리아』는 교회 안의 그루밍 성폭력과 성역할론에 저항하는 한 여성의 이야기를 흥미로운 플롯으로 담아내 큰 반향을 얻었다. 안정혜,『비혼주의자 마리아』(서울: IVP, 2019).

다.10)

　김연숙에 의하면 오늘의 가족(family)이라는 개념은 중세에는 형성되어 있지 않았다. 당시에는 '혈통'(linage)이라는 개념이 더 보편적이었다. 중세 유럽에서 내밀성은 종교가 제공하는 '성스러움'과 결부되어 있다. 그래서 중세 시대 사생활은 수도원을 모델로 한다. 수도원의 구성원들은 신의 가족으로 간주되며 그 공간은 신과의 사적인 관계가 중심이며, 성직자는 이 공동체에 함께하고자 하는 사람들을 매개해주는 역할을 하며 구성원들에게 보편적 '아버지'(Father)가 된다. 즉 이 내밀성의 영역은 사적인 것이 아니라 오히려 집합적이었다.11)

　근대 가족 개념은 19세기에 이르러 확립되었다. 이 때부터 가족은 자녀가 그 중심에 놓이기 시작했다. 가정(집)은 외부 간섭과 시선에서 독립된 휴식처이자 가족 구성원들의 감성 교류의 장이 된다. 이렇게 가정(집)은 새로운 기능을 통해 개인을 공적 영역으로부터 이전보다 더 분리시켰다. 19세기 이전 서구사회에서 주거공간은 개인적이자 공공적인 영역이 혼재되어 있었다. 이런 특성은 한국 사회에서도 마찬가지이다. 김연숙은 한국의 전통 주택구조에서 사랑방, 안방, 건넌방, 마당 등 각각의 공간들은 개인적이라기보다 지극히 사회적이며 공적인 성격이 강하다는 것을 주목한다. 이곳은 '노동 공간'이며 '교육 공간'이었고 구성원들뿐 아니라 이웃 간의 어울림으로

---

10) Stephanie Coontz, *Marriage, A History: How Love Conquered Marriage* (New York: Penguin Group, 2006).

11) 김연숙, "근대가족과 프라이버시의 탄생", 이진경 편, 『문화정치학의 영토들』 (서울: 그린비, 2007), 350.

이뤄지는 '문화 공간'이다.[12]

근대 가족주의는 사회적 성격을 급격히 축소시키고, 개인의 욕망과 활동을 가족을 위한 것으로 고착시켰다. 가족의 사적 생활의 안전과 안정을 유지하기 위해 외부인과 경계를 세우고 프라이버시에 대한 욕망을 구조화한다. 19세기에 이르러 집은 가족 구성원만의 사적 영역으로 한정되기 시작된 것이다. 프랑스의 '아파트'나 영국의 '테라스하우스'로 대표되는 주거 공간 양식의 변화가 그 대표적인 예이다. 가족은 외부의 모든 공동체적 관계와 대립되는 사적 영역이며 근대적 개인에게 새로운 삶의 중심이 되었다.

부르주아 가정에서 본격화된 이 새로운 '욕망의 재배치'가 바로 오늘의 보편화된 가족주의인 것이다. 이들은 자신들이 사는 도시 공간을 불결하게 오염시키는 빈민들에 대해 공포심을 느끼고 경계하기 시작했다. 부르주아 계층 사람들은 자신들의 주거공간을 빈민들과 분리시키는 노력과 더불어 이들의 주거문제에도 관심을 가졌다. 사실 당대 가난한 노동자들은 결코 '가족적'이지 않았다. 노동자들은 자기 집보다 거리 선술집에서 노동 이후 시간을 보내기 일쑤였고, 아이들은 종일 거리에서 몰려다녔다. 근대 도시 계획은 '가족주의'를 전면으로 내세워 위생과 아이들의 보호를 위해 노동자들의 생활을 가족으로 '영토화'하게 한다.[13] 이제 일을 마치고 돌아갈 가족의 공간으로서 내 집 마련은 경제활동의 최우선 목표가 된다.

이런 도시계획은 집을 가족 구성원들만의 사적인 공간으로 고립

---

12) 앞의 책, 351.

13) 이진경, "근대적 주거공간의 계보학," 이진경 편, 『모더니티의 지층들』(서울: 그린비, 2007), 211.

시키고, 다양한 공적 공간들은 사유화하여 '상업적인 교환망'에 포획하는 것을 골자로 한다. 가족주의에 근거한 공간배치는 다양한 계몽활동을 통해 노동자들이 스스로 수용하고 욕망하게 하는 '표준적 모델'로 자리 잡게 된다. 노동자들은 이제 자신의 사유재산이며 사적 공간으로서 집을 마련하기 위해 근면한 노동과 금욕과 저축으로 삶의 재편이 이루어진다. 이런 근대적 기획은 결국 "가족을 통한 사회적 질서의 구현"을 의미한다.[14]

집의 소유를 통해 근대가정은 남성 노동자들에게 가족의 경제적 책임을 져야하는 가장으로 만든다. 여성들의 역할도 이제 집을 중심으로 깨끗하고 안락한 보금자리를 유지하고 아이들을 위험스런 거리에서 불러들이는 주부로 자리매김 한다. 이진경은 이와 같은 근대 가족주의는 "노동자들의 욕망을 포섭하고 그들의 생활을 가족으로 영토화하기 위한 고도의 계급적 전략"이라고 주장한다.[15] 근대가 기획한 합리적 사회질서가 잘 작동하기 위해 국가와 시장과 종교는 스스로의 생존을 위해 가족을 주 타깃으로 설정한다. 적절하게 순치된 가족은 "국가체제의 이데올로기적 단말기로 최적의 조건을 갖춘 제도"가 된다.[16]

한편 한금윤은 이런 결과로 인해 따라온 또 다른 근대의 파장을 지적한다. "사람들의 욕망은 애욕으로 증폭되고" 물건을 소유하듯 인간을 소유하고 소비상품처럼 "인간관계도 일회성을 띠며 결국 불륜과 매춘으로 이어지는" 근대 가족주의 이면에 역설적인 '비도덕적

---

14) 앞의 책, 226-227.

15) 앞의 책, 230.

16) 김영민, 『영화인문학』(파주: 글항아리, 2009), 112.

위선'이 작동하게 되었다는 것이다.[17] 2003년 개봉된 영화 〈바람난 가족〉은 이런 근대 가족주의 허상과 붕괴를 의미심장하게 보여주며 당시 한국사회에 진지한 담론을 이끌어낸 수작이다.

〈바람난 가족〉에서 남편의 바람을 대처하는 아내의 태도가 심상치 않다. 아내는 조루한 남편 곁에서 자위를 하고 이웃집 학생에게 섹스를 가르치며 자신의 임신으로 돌아온 남편에게 '아웃'을 선언한다. 그녀는 기존 제도와의 소모적 불화를 넘어 다른 삶의 가능성을 꿈꾸는 것일까? 그래서인지 영화 말미에 남편이 "잘할게"라며 다가올 때 아내는 임신 중인 "이 애기 당신 애기 아니야"라고 내뱉는다. 남성주의 이데올로기에 저항하는 여성의 성해방은 이미 오래된 담론이다. 문제는 바람이 났다고 해서 여성이 해방되는 것도 평등해지는 것은 아니다. 김영민은 이 영화는 남편을 '아웃'시킨 후에 일어날 "새로운 욕망, 새로운 관계, 새로운 생산성"을 제안하고 있다고 해석한다.[18]

〈바람난 가족〉의 부부에게 아들은 이들의 관계를 이어주는 유일한 접촉점이다. 이들에겐 아이가 아니라면 결코 지속될 수 없는 관계의 단절이 이미 작용하고 있었다. 겉으로는 안정적인 가족이지만 남편은 남편대로 아내는 아내대로 이미 다른 상대와의 은밀한 관계에 함몰되어 있다. 하지만 아들이 불의의 사고로 사망하자 상황은 달라진다. 아내(문소리)는 남편(황정민)에게 냉정하게 '아웃'을 선언한다. 〈바람난 가족〉이 그려낸 가족 해체과정은 가족 자체라기보다 근대가 만든 합리적 가족 시스템과 가족주의 이데올로기의 붕괴를

---

17) 한금윤,『모던의 욕망, 일상의 비애』(서울: 프로네시스, 2012), 154-155.
18) 김영민,『영화인문학』(2009), 114.

보여주고 있다.

한편 전통적 가부장사회의 남성들은 근대사회에 들어 경제력을 상실할 때 가정 안에서도 어떤 인정도 받지 못하는 존재로 전락한다. 이런 무기력한 남성의 모습은 경제적 직업을 가지지 못한 오늘의 청년 세대가 결혼과 가족을 거부(포기)한 채 자신만의 사적 공간이나 사이버 세계에 몰입하는 현상의 전조일지 모른다. 우리 시대에도 여전히 내밀성에 기초한 가족주의는 지속되고 있다. 연예인 가족의 삶과 공간을 공개해 보여주는 TV 프로그램이나 사이버공간의 블로그와 SNS 페이지는 타인에게 보여주기 위해 설정된 가상적 콘텐츠일 뿐이다.

가족을 사적인 영역으로 절대화하고 반사회적 공간으로 보호하려는 시도는 극단적으로 가족 구성원들을 이제 '내 방' 안에 고립시키는 결과로 이어진다. 현대인들의 주거 공간을 주목해 본다면 가정 내부에도 이런 단절이 지배하고 있음을 느낄 수 있을 것이다. 결국 가족을 성소로 만들고 절대화시키기 위한 근대의 원리가 이제 가족 자체를 분리시키고 해체하는 것으로 작동하게 되는 셈이다.[19]

따라서 우리에게 필요한 것은 가족 개념이 절대적이라기보다 역사적인 상황 가운데 변화되어 왔음을 인정하고, 우리 시대의 새로운 가족 개념과 새로운 관계설정 그리고 더 넓은 공동체에 대한 고민이 필요하다. 오늘날 다른 차원의 가족 공동체 구성에 대한 고민과 방향을 찾지 못한다면, 우리 사회의 미래는 어쩌면 모든 관계로부터 단절되는 비극적 귀결을 만날지 모른다.

---

[19] 김연숙, "근대가족과 프라이버시의 탄생", 372.

IV. 새로운 가족의 풍속도: 〈가족의 탄생〉(2006)을 중심으로

김태용 감독의 〈가족의 탄생〉은 근대사회의 기반을 이루는 가족 개념과 그 가족 형성의 토대를 이루는 소통과 관계에 대한 진지한 질문으로 가득한 독특하고 인상적인 영화이다. 제목이 시사해주는 것처럼 인류는 역사 속에 늘 새로운 가족 개념을 '탄생'시켜 왔다.

첫째 에피소드에서 미라(문소리)에게 연락도 없던 동생 형철(엄태웅)이 5년 만에 찾아온다. 이모뻘이 되는 여자 무신(고두심)을 아내라고 하면서 말이다. 처음에는 황당해하던 미라는 시간이 흐를수록 무신을 친근하게 받아들인다. 그러던 어느 날 무신을 엄마라 부르는 어린 채현이 찾아온다. 채현은 무신의 전 남편의 전처와의 사이에서 난 딸이다. 혈연관계가 없는 아이지만 갈 곳이 없는 아이는 이 가정에서 함께 살게 된다. 이 에피소드의 마지막 장면에 잠시 소주 한잔 하고 오겠다면 나간 형철은 다시 돌아오지 않는다. 혈연으로 맺어진 가족관계의 종말과 전혀 피가 섞이지 않는 세 여자의 기묘한 동거가 시작된 상징적인 장면이다.

둘째 에피소드에서 유부남과 바람이 난 엄마(김혜옥)를 미워하던 딸 선경(공효진)은 어머니의 죽음 이후 남겨진 배다른 어린 동생 경석을 부담스러워한다. 하지만 어머니의 유품이 담긴 가방 안에 선경이 기억하지 못한 엄마의 사랑과 추억을 담은 물건들을 발견한다. 엄마의 죽음 이후 선경은 엄마에 대한 기억을 재평가하며 경석을 받아들인다. 누나로서 그리고 유사 엄마로서 말이다. 그리고 엄마와 불륜을 나누었던 유부남을 찾아가 엄마를 사랑했냐는 질문과 함께 이렇게 쏘아붙인다. "그깟 연애가 뭐라고 이렇게 나쁘게들 살아요!"

셋째 에피소드는 기차에서 옆자리에 앉게 된 경석(봉태규)과 채연 (정유미)의 만남이다. 경석은 선경에게 '작업'을 건다. 채현이 경석의 수작을 거리낌 없이 받아들이고 친절히 응대하자, 경석은 놀라며 그녀에게 말한다. "원래 모르는 남자랑 쉽게 친해지세요?" 하지만 채현의 사교성은 곧 경석에게 고민거리가 된다. 다른 남자의 일에 가슴 아파하고, 조건 없이 돈을 꾸어주고 적극적으로 돕는다. 경석은 채현에게 자신에게 집중해줄 것을 요구한다. 경석의 요구가 계속 묵살되자 급기야 채현에게 "너 너무 헤퍼"라고 폭언을 한다. 그런데 채현은 이 말을 듣고 진지하게 되묻는다. "헤픈 게 나쁜 거야?" 이 대사에 이 영화가 하고픈 질문과 답이 집약되어 있다. '헤픈 것'은 비윤리적인 것이 아니라 인간의 선한 본성에 충실한 것인 만큼 보다 더 윤리적인 것이 아닐까?

경석과 채현은 첫째와 둘째 에피소드에 등장했던 아이들이다. 채현은 함께 사는 무신과 미라를 동시에 "엄마들"이라고 부른다. 헤어졌지만 채현을 못 잊고 다시 찾아온 경석에게 미라는 저녁식사 자리에 초대한다. 두 사람이 헤어졌다고 말하는데 미라는 이렇게 답한다. "헤어지면 밥도 안 먹니?" 마지못해 끌려들어간 경석에게 이번에는 백발이 된 무신이 자신을 '누나'라고 부르라고 하고, "헤어졌으면 내 방에서 자고 가"라며 경석을 초대한다. 이들의 만남은 '새로운 가족'의 가능성을 보여준다. 새로운 가족은 때에 따라 '엄마'도 되고 '누나'도 되고 '엄마들'이 될 수 있는 위계와 질서가 해체된 공동체적 가족이다. 이로서 가족 내의 항렬과 거리 개념은 사라진다.

〈가족의 탄생〉에서 주인공들은 어느 누구도 혈연으로 연결되어 있지 않다. 우연히 만나 한 집에서 서로 의지하며 산다. 그리고 시간이 이들을 끈끈한 관계로 엮어 준다. 이 영화의 가족은 사랑하고 결혼하고 아이 낳고 가족 간에 충실하며 서로의 의무를 다하는 전형적인 가족의 모습과 너무도 다르다. 핏줄에 연연하지 않고 함께하는 삶의 시간 속에 나타난 새로운 '가족의 탄생'을 재치 있게 그려낸다.

이 영화의 또 다른 주목할 지점은 아버지의 부재이다. 〈가족의 탄생〉에는 아버지는 극 중의 '형철'과 같이 한곳에 정착하지 못하고 떠도는 상징으로서 존재하고 있다. 이 영화에서 감독이 제시하는 가정은 자기 자리를 지키지 못하고 사라진 '아버지'(남성)의 부재를 '어머니'(여성)로 대체시키고 있다. 그 결과 수직적 가부장적 가족 관계는 수평적 모계 중심 관계로 재편된다. 원활한 수평적 관계를 강조하기 위해 이 영화 수직적 억압의 요소로 작용하는 '가부장 체제'를 아예 제거시켜버린 것이다.[20]

2014년 방송인 허수경이 정자 기증을 통해 아이를 낳아 '싱글 맘'이 된 사연이 대중에게 공개되며 많은 화제를 불러일으켰다. 이 가족은 여전히 혈연이 매개로 작동하지만, 여성이 자발적으로 아빠 없이 독립적으로 가족을 이룰 수 있는 가능성을 본격화한 면에서 사회적 파장이 컸다. 그녀는 이미 두 번이나 이혼을 경험했는데, 이혼 역시 결혼처럼 가족 관계의 중요한 선택 옵션으로 받아들여질 수 있음도 간접적으로 보여주며, 허수경의 행보는 여러모로 파격의 연속이었다.

이런 가운데 한국사회에서 '생활동반자법'[21]에 관한 논의가 이루

---

[20] 김소연, "영화가족의 탄생을 통해 나타난 가족의 다양한 형태 고찰", 「영화와 문학 치료」 7집 (2012), 15.

[21] '생활동반자법'은 서로 합의한 두 성인이 국가에 등록하면 함께 살아가는 데 필요한 복지 혜택과 법적 권리를 보장하는 내용을 담고 있다. 나아가 생활동반자로 살고 또 헤어지는 과정에서 일어날 수 있는 분쟁을 합리적으로 해결하는 절차에 대한 법이기

어지고 있다. 이는 혈연이나 혼인으로 이뤄진 민법상 가족이 아닌 두 성인이 함께 살며 서로를 돌보자고 약속한 관계다. 생활동반자는 둘의 성별이나 이유에 초점을 맞추지 않는다. "서로 돌보며 함께 살 겠다"는 다짐을 토대로 이를 지속하는지를 판단하며 그 자발성의 깊 이를 강조한다. 이런 면에 스스로 선택할 수 없는 혈연관계와 복잡 한 책임이 따르는 혼인관계와 다르다. 결혼을 하면 친족의 관계가 바뀌고 사회적으로 또한 경제적으로 여러 권리와 의무가 생긴다. 이 에 대한 부담과 이혼으로 인한 분쟁의 상처는 현대인들에게 결혼을 기피하게 하는 주요 요인이 되고 있다. 혼자살기와 결혼이란 두 선 택지를 넘어서기 위한 새로운 대안으로 주목을 받고 있는 것이다.

'생활동반자법' 추진에는 많은 오해와 반대가 있다. 철없는 젊은 이들의 '동거'와 '계약결혼'이나 성소수자들의 유사 결혼 등을 떠올리 지만 동거의 이유와 방식은 생각보다 다양하다. 친구가 될 수도 있 고 연인이 될 수도 있다. 이혼과 사별 이후 더 이상 친족관계를 복잡 하게 만들고 싶지 않은 사람들과 노인과 장애인처럼 돌봄이 필요한 이들에게는 매우 요긴한 제도이기도 하다. 따라서 한국 사회와 교회 는 생활동반자법에 대한 모든 가능성을 열어두고 다각적이며 실재 적인 토의를 진행할 필요가 있다.

황두영은 '생활동반자법' 논의의 핵심은 '고독'에 있다고 말한다. 현대인은 너무나 외롭다. 국가는 국민이 외롭게 살도록 방치하고 있 다는 것에 초점을 둔다.[22] 1인 가구는 개인주의의 만연으로 자유와 낭만을 누리는 자발적 생활방식처럼 포장하지만, 실제론 어쩔 수 없

도 하다. 황두영, 『외롭지 않을 권리』 (서울: 시사IN북, 2020), 6.
[22] 앞의 책, 10.

186 ㅣ 2부_ 텍스트와 삶

는 비자발적 1인 가구가 더 많다. 이들은 특별한 자격을 갖추어야만 공동체에 소속될 수 있고, 경제적 능력이 있어야 연애나 결혼도 할 수 있는 현 세대에서 민폐가 되기 싫고 자존감에 상처받지 않기 위한 생존기술이 '나홀로 삶'을 선택했는지 모른다. 더 정확하게 밀려난 것이다.

오늘날 가족 해체 현상을 해결하기 위한 '정상 가족'의 모델을 성서에서 찾아내기란 쉽지 않다. 성서에서 제시하는 2000년 전의 가족 관계를 그대로 현대에 적용하는 것은 불가능할 뿐 아니라, 예수 역시 혈통중심주의에 기초한 일반적인 가족 개념에서 벗어나 "아버지 하나님의 뜻을 따르는 모든 사람들"로 가족 개념을 확대하고 있기 때문이다.[23] 예수가 하나님 나라의 운동을 펼치며 사용했던 가족 상징들이 실제로는 가부장적 혈연관계에 바탕을 둔 당시의 가족제도와 긴장을 이루고 있었다. 예수는 결혼과 가족을 통해 이루어지는 창조의 원리를 강하게 강조하였지만 가족에 대한 비판적 관점도 동시에 말씀한다.

점차 심화되어 가는 가족의 붕괴는 부계와 혈연 중심의 가족제가 이제는 더 이상 변화하는 사회적 맥락에서 잘 작동할 수 없음을 보여준다. 따라서 기독교가 세워가야 할 가족의 모델은 가족의 질서 회복이 아니라 예수께서 제시한 '하나님의 가족'의 가치를 통해 강조되어야 한다. "참된 부모와 형제는 혈육이 아니라 하나님의 뜻을 행하는 사람들"[24]이라는 예수의 '반가족적'(?) 발언들은 가족 자체를

---

23) 김은혜, "한국사회의 가족해체와 가족신학의 정립의 필요성", 「한국여성신학」 75집 (2012), 10.

24) 마태복음 12:46-50, 19:29-30; 마가복음 3:31-35, 10:28-31; 누가복음 8:19-21, 11:27-28.

부정하는 것이 아니라 '가족이기주의'를 경계하는 것이며, 진정한 믿음의 가족은 혈연보다 신앙의 가치와 실천을 통한 공동체에 근거함을 주지시켜 준다.

이러한 시각 전환은 이상적 가족이란 테두리에 들지 못했던 다양한 형태의 가족들을 교회 공동체가 적극적으로 보듬어야 할 하나님의 가족임을 되새기게 한다. 또한 교우 가운데 혈연을 넘어 그리스도 안에 새롭게 '형제'와 '자매'로 '어미'와 '아비'가 되는 전통적인 역동이 현대적으로 발생할 수 있다. 이를 통해 교회는 함께 하며 서로를 지탱하는 다양하고 새로운 '가족의 탄생'을 만들어내는 장이 될 수 있지 않을까?

교회가 새로운 가족 탄생의 가능성을 발견한다면, 이는 기존 혈연 가족의 회복을 위한 통찰을 제공한다. 가족의 개념이 서로 함께하는 관계성으로 재정립된다면, 이는 부부간에, 부모와 자녀 간에, 형제 상호 간에 자연적 혈연 이상의 구체적인 관계 회복을 위한 실제적인 방법을 찾을 수 있기 때문이다.

친구가 연인보다 더 나은 점은 무엇일까? 친구는 오래될수록 삶의 서사가 풍성해지고 관계가 더 깊어지지만, 연애는 시간이 지나며 권태에 빠지곤 한다. 친구 관계의 위대함은 함께 놀고, 함께 일하고, 함께 가치를 추구하면서 점점 더 많은 삶의 서사를 공유하는 데 있다. 이는 부모와 자녀 사의 관계에서도 동일하게 적용된다. 자녀에 대한 과도한 집착에서 벗어나 행복한 삶의 서사를 공유할 때 세대를 초월한 관계의 풍성함을 얻을 수 있다.

더 나아가 가족이 공동체적 관계로 재배치되려면 엄마는 엄마대로, 아빠는 아빠대로, 자녀들은 자녀들대로 각자 자신의 방식대로 세상과 접속하고 풍성한 관계 확장을 이룬 후 이들의 관계망을 다른 가족 구성원들 서로에게 선물할 때 더 풍성한 관계 확장을 통한 가족을 넘어 일종의 마을 공동체가 나타날 수 있다.

노동자 가족의 주택문제를 공동체주의적 관점에서 해결하려는 시도는 19세기부터 있었다. 19세기 초 프랑스에서 샤를 푸리에(Charles Fourier)는 타인의 권리와 이익을 존중하며 개인의 자유로운 성향의 만족을 보장하는 복합체 건물 '팔랑스테르'(phalanstère)를 기획한다. 그는 가족과 사회, 생활과 생산이 결합된 사회를 건축적으로 설계한 것이다. 즉 각 개인은 개별적 주거공간을 확보하고 건물 중심에는 공공시설과 사람들이 모일 수 있는 집합적 공간을 만들어 사람들이 쉽게 교류하고 집단적인 자녀양육이 이루어지는 '코뮨적 공간'이다.[25]

하지만 당대 집단 보육은 노동자의 아내들에게 가장 소중한 책임성인 모성을 빼앗은 것이며 집합적 거주는 공산주의를 강요하는 병영이라는 비난이 가해졌다.[26] 결국 푸리에주의자들의 프로그램과 실험은 지속적인 반대와 새로운 운동으로 결합되지 못한 채 묻혀버린다. 하지만 이런 실험이 근대적 가족주의의 붕괴 현실 속에 새로운 대안으로 떠오르는 것은 가족 중심주의의 부담 속에 개인의 행복을 위한 새로운 관계적 가능성을 제안하기 때문이다. 이처럼 새로운 공동체 운동과 가족관계는 공간의 개혁에서 출발할 수 있다.

---

[25] 레오나드 베네볼로/장성수 역,『근대 도시계획의 기원과 유토피아』(서울: 태림북스, 1996), 105-107.

[26] 이진경, "근대적 주거공간의 계보학", 210-211.

V. 결론: 공동체 같은 가족!

오늘날 '사이버 팸'과 '디지털 촌수' 등의 인터넷 모바일을 통한 새로운 관계망은 혈연적 친척 관계를 모방하며 확장되고 있다. 이런 사이버 관계가 인간 사이의 효율적 관계와 소통을 돕는 도구인지, 아니면 이로 인해 인간의 관계가 단절되는 동인으로 작동하는지 여전히 많은 문제점을 내포하고 있다. 하지만 실제적 인간관계가 붕괴되고 있는 고독한 현대인들에게 사이버스페이스를 통한 관계 맺기와 공동체 형성은 혈연관계를 초월한 새로운 관계 방식의 출구로 작동하고 있음은 분명하다.

미래의 가족은 혈연을 초월한 함께 하는 공동체이며 자유로운 개인적 수평적 관계와 독립성이 강화될 전망이다. 또한 결혼과 가족에 대한 이해는 직업관이나 정치관과 마찬가지로 개인의 가치관에 따라 다양하고 유동적인 모습으로 나타날 것이다. 같은 가치를 공유하는 사람들이 함께 살며 연대하는 공동체주의는 우리 시대의 중요한 생존전략이 될 수 있다. 다들 살기 어렵다고 하면서 왜 공동체를 기획하고 형성하지 않을까? 아마도 그것은 공동체를 너무 어렵게 접근하기 때문일 것이다. 공동체는 특별한 이념적 조직이나 실존적 결단을 통해 만들어지는 결의체가 아니라, 함께 먹고 노는 유쾌한 삶을 위한 궁리에서 출발하여야 한다.

문화심리학자 김정운은 가족과 좋은 관계를 유지한 비결이 바로 가족 '리츄얼'(ritual)이었다고 말한다. 그가 말하는 리츄얼이란 습관과 다르다. 리츄얼은 반복되는 행동패턴과 더불어 "일정한 정서적 반응과 의미부여의 과정"이 동반된다. 그는 리츄얼은 개인만의 문제가 아니라 한 사회가 유지되도록 하는 것이라고 강조한다. 그에게 가족 리츄얼은 매일 아침 아내와 갓 내린 커피를 마시며 서로 좋아하는 슈베르트의 음악을 듣는 것이다. 지난 세월 동안 둘은 특별한 일이 없다면 반드시 그 리츄얼을 지켰으며, 그것이 가족을 지키는 힘이었다고 고백한다.[27]

가족의 붕괴를 말하기 시작한 그 즈음에 우리네 가족은 바쁜 일상에 쫓기어 이러한 리츄얼을 잃어버렸다. 비싼 선물, 외식, 이벤트가 아니라, 같이 즐겁고 의미있는 경험을 공유하는 리츄얼 말이다. 김정운이 제시한 가족 리츄얼은 기독교 가족에게 종교적인 공통 서사와 활동을 위한 "성례전적 결속과 관계적 영성"의 지침이 필요함을 요청한다.

공동체를 통해 새로운 가족의 개념이 확대될 수 있을 뿐 아니라 가족이 공동체적 관계로 변주될 수 있을 때, 가족의 회복이 시작될 수 있을 것이다. 믿음의 가족은 그저 같은 종교를 가진 것에 그치는 것이 아니라 함께 나눌 공통 서사와 리츄얼이 있을 때 가능하다. 내 인생의 가장 행복한 순간은 같은 취미를 공유한 친구들과 함께 수다 떨며 좋아하는 일을 행할 때이다. 함께 공유한 가치와 활동에서 가족 구성원은 수평적으로 친구가 될 수 있다. 내가 꿈꾸는 가족은 바로 그런 '공동체'이다.

---

27) 김정운, 『나는 아내와의 결혼을 후회한다』 (서울: 쌤앤파커스, 2009), 28-30.

다문화 영화들 속에 비친 한국의 기독교

송용섭*

I. 서론

국내 거주 외국인의 수가 200만명을 넘어 다문화 사회로 진입한 한국 사회에서, 영화를 활용하여 인종차별과 같은 한국 사회속의 다문화 인식 개선을 하려는 시도들이 있어 왔다. 영화사에서 다문화 영화를 제작하여 사회적 여론을 환기시키려 하거나 학술적으로 기존 영화를 다문화주의적 관점에서 비판적으로 분석하거나 영화를 활용하여 학교 교육에 활용하려는 시도들이 대표적이다. 예를 들어, 학술연구정보서비스(RISS)에서 국내학술지 논문으로 제한하여 '전체' 검색으로 "다문화" 그리고(AND) "영화"를 검색하였을 때의 결과는 2000년부터 2020년 현재까지 243편의 관련 연구논문이 출판되었음을 보여주고 있다. 그러나 여기에 기독교 분야 내의 다문화 영화

---

* 영남신학대학교 신학일반 조교수

연구를 살펴보기 위하여 "기독교" 키워드를 (AND) 검색한 결과는 2010년에 2편과 2013년에 1편으로서 총 3편에 불과하였다. 그뿐만 아니라 세 편의 연구논문은 모두 기독교교육 분야의 논문으로서 다문화 영화와 기독교교육에 대한 가능성이나 의미에 한정되어 있다. 따라서 다문화 영화 속에 등장하는 한국 기독교의 이미지를 분석하려는 본 연구는 이전 연구들에 비하여 독창성을 지닌다.

본 연구는 다문화 영화들 속의 한국 기독교에 대한 프레임을 분석하여, 영화가 전달하고자 하는 한국 기독교의 이미지를 해석하는 것을 목적으로 한다. 이를 위하여, 본 논문은 영화의 특성과 관객의 기능에 대한 간략한 설명 후에, 〈반두비〉와 〈완득이〉라는 두 편의 다문화 영화 속에 프레임된 기독교의 이미지를 분석 및 해석할 것이다. 다문화 영화 속에 제시되는 한국 기독교의 긍정적 혹은 부정적 이미지는 한국 기독교에 관한 대중의 일반적인 비판과 기대를 내포하고 있을 뿐만 아니라, 역으로 해당 영화를 감상하는 대중의 인식 속에 의식적 무의식적으로 각인되기도 한다. 따라서 본 연구는 한국 기독교에 대한 일반적 인식뿐만 아니라, 지역교회 차원에서 진행 중인 다문화 사역에 대한 그들의 기대와 요구를 이해할 수 있게 할 것이다. 이를 통하여, 본 연구는 교회의 다문화 사역을 대중의 눈높이에 맞게 보다 효과적이고 설득력 있게 진행하여, 다문화 사역에 대한 대중의 인식을 개선할 수 있는 단초를 제공할 수 있을 것이다.

II. 영화의 특성: 프레임과 관객

다문화 영화 속의 한국 기독교 프레임을 분석하기에 앞서, 일반적인 영화의 특성과 관객의 역할을 살펴봄으로써 이 둘의 상호관계에 대하여 설명하고자 한다. 영화에서 프레임이란 두 가지 다른 의미를 지니고 있는데, 첫째는 상영되는 직사각형의 개별 사진 이미지를 말한다. 영화는 1초 동안에 24개의 프레임(개별 이미지)을 촬영하여, 같은 시간 동안에 같은 수의 프레임을 스크린에 비춤으로써 동적 효과를 나타낸다. 둘째 의미로는 액자 그림처럼 이미지의 가장자리까지와 그 외부가 구분되는, 화면상의 직사각형 이미지 테두리를 말하는 것이다.[1] 영화의 관객은 직사각형의 프레임 안에서만 이미지들을 볼 수 있는데, 프레임은 가시적인 현실 세계의 전체를 담을 수 없고 직사각형에 갇힌 일부 모습만 담아낼 수밖에 없다. 따라서 영화 감독은 제한된 프레임 속에 어떤 이미지를 담아낼지에 대하여 생각하여, 이를 담아낼 수 있는 적절한 프레임을 선택해야만 한다. 즉 관객이 바라보는 영화의 모든 장면은 무작위적인 현실 또는 눈에 보이는 그대로의 현실 전체가 아니라, 감독이 보여주고자 하는 의도에 따라 선택한 결과로서의 프레임들이다. 이렇게 영화의 프레임은 감독이 전하고자 하는 영화의 이야기를 선택적 방법을 동원하여 관객에 전달하는 방식으로 기능한다.

영화에서 프레임의 기능이 이렇게 분명한 반면, 관객의 역할은 다소 모호하거나 다양한 것처럼 보인다. 먼저 대중 영화의 프레임을

---

[1] Ed Sikov, *Film Studies: An Introduction* (Columbia University Press, 2010), 16-17.

통해 감독의 의도는 대중에게 무의식적으로 수용되거나 확산되기 쉽다. 우리가 잘 알고 있듯이, 같은 이미지를 사용하지만 그림이 정적인 데 비하여, 영화는 동적이다. 정적인 그림은 고정된 대상으로 머물러 있기 때문에, 우리가 이를 감상할 때는 집중력을 가지고 관찰하며, 그 대상이 주는 의미 등을 사색할 수 있는 시간을 갖게 된다. 하지만 동적인 영화는 움직이는 장면이 빠르게 전환되기 때문에, 우리의 시선은 그림처럼 하나의 이미지에 머무르지 못하고 흐르는 대상을 따라 흐르게 된다. 프레임들이 연속적으로 눈앞에서 빠르게 지나가버리는 영화는 우리가 한 프레임에 집중하지 못하게 하여 정신을 산만하게 분산시킨다.

결국 대중 영화의 감상에서 우리는 시선을 한 장면에 집중시켜 사색을 통해 그 의미를 깊이 있게 해석한다기보다, 대부분의 경우 산만하게 정신이 분산된 상태에서 감독이 프레임을 통해 의도적으로 배치한 이미지와 영화 속 이야기의 갈등과 해소를 통해 전달하고자 하는 의미를 무비판적으로 수용하게 되는 수동적 소비자로 쉽게 전락하는 경우가 빈번하다. 영화 속의 동적 움직임과 음향은 더욱 생생한 현실감을 창조하여 우리를 현실처럼 느껴지는 영화 속 영상에 몰입하게 하고, 관객은 자신이 변경시킬 수 없는 영화속의 이야기를 감독이 의도하는 대로 수용하게 된다.

정신분석 이론을 동원하여 영화를 분석하려는 시도들도 관객이 어느 정도의 수동성을 유지하는 것으로 이해한다. 예를 들어 라캉의 이론을 영화에 적용하고 있는 장-루이 보드리는 카메라가 지각의 대상들인 영화 이미지와 지각의 주체인 우리를 영화 관객으로 위치시키고 우리가 바라보는 시선을 특정한 방향으로 유도한다고 주장하였다.[2) 영사기나 스크린이 일련의 이미지들을 투영시켜 의미를 부여하는데 필요한 동적 연속성을 만들어내면, 관객은 영화 전체 속에서 바라보는 연속적 이미지들의 관계를 만들어내어 의미를 해석한다.[3) 이때, 보드리는 관객을 "어둡고 폐쇄적인 공간에서 자신도 모르는 채 '사슬에 묶여 포획되고 사로잡혀 있는' 것으로 묘사"하는데, 이러한 상태에서 관객은 스크린에 재현되는 사건이나 인물과 자신을 동일시하거나 보다 더 중요하게는, "카메라 자체와 동일시"하게 된다.[4) 이렇게 결박된 관객은 운동기능이 정지된 상태에서 시각 기능이 활성화되어 프레임 속의 인물이나 카메라에 자신을 동일시하게 됨으로써, 동일시한 카메라의 시선에 따라 흐르는 연속적 이미지들의 의미를 해석하게 될 때 프레임을 통해 전달하려는 감독의 의도를 수동적으로 수용하게 되는 것이다.

크리스티앙 메츠 또한 관객은 영화 속에서 연속적으로 무언가와 동일시하게 되는데, 관객이 그렇게 하지 않는다면 영화를 이해하기 어려울 것이라고 주장했다.[5) 메츠에 따르면, 관객은 영화의 주인공이나 배우와 자신을 동일시하거나 영화 속에서 벌어지는 "모든 것을 꿰뚫어보는 무형의 순수한 주체"와 자신을 동일시하는 반면에, 스크린에 보여지는 대상은 "자신이 보여지고 있다고 자각하지 못하는데, 바로 이러한 대상 측에서의 자각의 결여가 영화의 관음증적 속성을 촉진시킨다. 영화 관객들은 본질적으로 관음자(觀淫者)이지만 자신

---

2) Sean Homer/김서영 옮김, 『라캉 읽기』 (서울: 은행나무, 2006), 50.

3) Ibid.

4) Ibid., 51.

5) Christian Metz, *The Imaginary Signifier: Psychoanalysis and the Cinema* (Bloomington: Indiana University Press, 1982), 46.

들은 그들이 훔쳐보는 사람임을 알지 못한다."[6] 영화 관객들은 스크린을 항상 채우고 있는 프레임 속의 이미지들과 이를 응시하는 주체적 시선인 카메라와 자신들을 동일시함으로써 영화를 이해하는 주체가 되지만, 이는 동시에 카메라와 동일시한 관객의 응시를 카메라가 유도하는 방향대로 따르게 만든다.

하지만 인지주의적 관점에서는 영화의 이해에 대한 관객의 주체성을 보다 강조하는 편이다. 인지주의자들에 따르면 영화관람에서 관객이 허구적인 영화의 내용을 이해하고 반응하는 능력은 실생활에서의 우리의 일반적 인식 및 인지 능력에 의존한다.[7] 이러한 인지주의적 관점에서 영화 감상은 "퇴행적, 비이성적이거나, 수동적 행위가 아니라 정보 수집과 정서적 경험을 향한 '이성적' 동기에 의해 인도되는 의식적이고 역동적인 행위이다."[8] 또한 인지주의 학자들은 관객이 환경을 인식하고 적응하는 방식을 동원하여 영화를 감상할 뿐만 아니라, "자발적인 상상적 유희를 통해 허구 영화를 접하며", 이를 통해 의식적으로 허구적 영역을 정상적 사건과 구분하고 의미를 추구하게 된다고 주장한다.[9] 마지막으로, 인지주의자들은 "텍스트가 관객으로부터 결정적으로 특정한 반응을 '생산'한다는 개념"과 반대로 영화 관객에게 "목적지향의 주도성"이 있음을 강조한다.[10]

다만 관객의 반응은 영화 속의 다양한 자극에 의해 촉발되는데,

---

[6] Sean Homer/김서영 옮김, 『라캉 읽기』, 53.

[7] Richard Rushton and Gary Bettinson/이형식 옮김, 『영화이론이란 무엇인가』 (서울: 명인문화사, 2013), 221.

[8] Ibid.

[9] Ibid., 222.

[10] Ibid., 223.

감독은 관객이 공통적 인지 능력을 가지고 있다고 가정하면서 특정한 감정을 이끌어내기 위하여 "관객의 인지 체계를 직접 자극하도록 고안된 방식"으로 영화를 만드는 반면, 관객은 자신들이 원하는 정서적 인지적 활동들을 영화 속에서 적극적으로 찾는다.[11] 즉 관객은 적극적으로 감상 활동을 하고 있지만, 동시에 영화는 관객이 그런 역할을 하도록 이끈다.[12]

영화의 프레임에 대한 간략한 이해와 영화감상에 있어서 관객의 역할에 대한 두 가지 상반된 이해를 살펴보았다. 이러한 이해들은 영화의 프레임이 제시하는 감독의 의도를 더 명확하게 파악하고 설득력있게 이해하는 데 도움을 준다. 본 논문은 영화 감상을 위한 기본적 이해들을 바탕으로 다음과 같은 두 편의 다문화 영화 속에 비춰진 기독교의 이미지들을 분석하려 한다.

III. 다문화 영화 분석

1. 영화 〈반두비〉 속에 비친 기독교

방글라데시어로 '친구'라는 뜻의 단어가 제목인 영화 〈반두비〉는 한국 사회에 불법으로 체류하게 된 방글라데시 노동자 '카림'과 한국인 여고생 '민서'와의 에피소드를 통하여, 외국인 노동자의 어려운 현실과 차별 경험을 사실감 있게 그려내고 있다. 이를 위하여, 영화

---

11) Ibid., 223-224.

12) Ibid., 224.

는 카메라를 고정시키지 않고 핸드헬드(Hand-held) 방식으로 들고 서 주인공을 따라다니는 기법을 빈번히 사용한다. 이러한 카메라의 시선은 영화의 현장감을 강화시키고, 각색한 내용임에도 불구하고 마치 다큐멘터리와 같은 느낌을 더해 준다.

영화의 시작과 함께 카메라는 '일방통행 진입금지'라고 쓰인 도로를 걸어 들어가는 방글라데시 출신 외국인 노동자 카림의 모습을 먼 시선으로 바라본다. '일방통행'이라는 말은 영화의 중간에서 그가 민서와 함께 걷는 길에서도 등장한다. 두 사람은 이 '일방통행' 길을 역시 거슬러서 걷는다. 하지만 앞 장면에서 등장했던 백인 영어 강사의 한국 여성에 대한 왜곡된 성 의식을 말해주면서, 카림이 민서에게 피부색과 출신국에 따라 외국인을 차별하는 한국인의 이중적 태도를 지적한 후에는, 두 사람은 서로 반대 방향으로 갈라져 걷게 된다. 아마도 한국인으로서의 민서는 이방인인 카림의 신랄한 한국인 비판을 감내하기 어려웠을지 모른다.

그런데, 영화의 시작부터 카림은 왜 하필이면 '일방통행 진입금지' 된 도로를 역으로 걸어 올라갈까? 영화는 왜 이렇게 '일방통행'이나 '진입금지'라는 텍스트를 프레임 속에서 강조하는 것일까? 외국인 노동자에게 진입금지된 한국 사회의 현실은 어떤 것이며, 그는 왜 이러한 명령어를 거부하고 군이 역방향으로 걸어 들어갈까? 영화의 초반과 중간에서 주인공들을 통해 강조된 이러한 프레임들은, '일방통행 진입금지'라는 텍스트가 주는 상징적 의미를 거부하며 카림이 진입하여 걷는 길과 방향이 외국인 노동자 차별에 대한 저항이자 옳은 방향으로 가는 길임을 암시한다.

영화의 초반부에서, 가난한 철부지 여고생 민서는 마을 버스의 자리에 앉게 되자, 자기 발밑에 떨어졌던 카림의 지갑을 발견하고 자신의 가방에 슬쩍 숨긴다. 하지만 버스에서 내려 집으로 걸어가던 민서는, 잃어버린 지갑을 찾으러 자신을 뒤쫓아온 카림에게 들키고 만다. 이렇게 당황스럽게 시작된 두 사람의 인연은 영화의 전개 과정 속에서도 예상치 못한 방향으로 통통 튀게 된다.

한 가지 소원을 들어줄 테니 지갑을 숨겼던 자신의 잘못을 봐달라고 카림에게 당돌하게 요구했던 민서는, 체불된 자신의 임금을 대신 받아달라는 카림의 소원을 들어주기 위해 그의 임금을 떼어먹은 악덕 사장의 집에 쳐들어가게 된다. 사기꾼 같은 전 직장 사장집에 카림과 함께 찾아가 대문 앞에 서기 전까지, 민서는 선글라스(색안경)를 끼고 걷는다. 민서는 외국인 노동자와 함께 걷는 자신에 대한 주위의 시선을 피하고 싶어 선글라스를 꼈을 수도 있지만, 동시에 이는 색안경을 끼고 외국인 노동자를 바라보는 우리 자신의 모습을 상징하는 것 같기도 하다. 그런데 민서는 사장집에 가는 길에 어느새 선글라스를 벗고 있다. 색안경을 벗은 민서는 카림을 위해 사장 집에 돌을 던져 소란을 일으키며 그의 체불된 임금 문제를 해결해 주려 노력한다.

그런데 사장집의 검은색 대문에는 이에 대조되어 눈에 띄는 흰색의 십자가가 선명히 붙여져 있고, 그 위에는 세콤 보안 스티커가 붙어 있다. 대문의 십자가는 사장이 기독교인임을 암시하고 있을 뿐만 아니라, 부정의하고 불안해하는 그를 기독교가 지켜주는 이미지를 만들고 있다. 그리고 세속적 안전 장치인 세콤 스티커는 십자가보다 더 높은 위치에 붙여져서 그를 지켜주고 있다. 사장과 그 가족은 왜 이리 불안해할까? 기독교의 상징인 십자가를 가정의 입구에서부터 가시적으로 드러내고 있는 기독교인 사장은, 어째서 가난하고 소외된 이들의 친구(반두비)가 되어준 예수의 삶을 따르지 못하고, 임금 착취의 악덕 기업인이 되어 기독교의 정신과 모순되는 삶을 살고 있었을까? 영화 속 악덕 사장의 대문에서 자기 희생의 상징이자 가난하고 소외된 이웃과의 연대의 상징이어야 할 기독교의 십자가는, 사장의 삶의 중심에 위치하며 그가 지향해야 할 신실한 삶의 목적이라기보다, 그의 잘못된 삶을 세콤과 함께 세속적으로, 영적으로 지켜줘야만 하는 왜곡된 방패막이이자 수단으로 전락하고 말았다. 그의 집 거실에서 성경 말씀이 묵상이나 가정 예배를 통해 읽히고 선포되는 하나님의 말씀이 아니라, 액자화되어 벽에 걸린 장식으로 전락해 버린 것처럼….

이외에도 영화는 다양한 프레임들을 통하여 감독의 의도를 전달하려 하는데, 주로 남녀가 등장하는 장면들에서는 이를 관음적인 시선으로 비추며 모순된 한국 사회 현실을 비판한다. 주유소 사장의 한량 아들은 아버지를 찾아와 용돈을 타 쓰는 형편인데도 고급 외제차를 몰고 나온다. 마침 그 주유소에서 아르바이트하던 민서가 얼마나 주유를 하겠냐고 묻자, 용돈을 탄 한량 아들은 그 돈으로 민서의 환심을 사려 하다가 오히려 민서로부터 휘발유 세례를 받는다. 이 사건으로 인해 주유소 아르바이트를 그만두게 된 민서는 주민등록증을 위조하여 성인으로 나이를 속여 안마방에서 일하게 된 첫날에, 현재 다니고 있는 고등학교의 담임 선생님을 만나게 된다. 누구는 부모를 잘못 만나서 학생 때부터 아르바이트를 해야 하는데, 누구는 부모를 잘 만나서 성인이 되어서까지 용돈을 타 쓰고 외제차를 굴리면서 그 돈으로 아르바이트 여학생의 성을 사려 한다. 학생을 가르치고 모범이 되어야 할 선생님이 사회적 지탄의 대상이 된다. 관음적이면서도 코믹하게 이러한 장면들을 그려내고 있는 영화는 금수저/흙수저로 계층화된 한국 사회, 돈으로 젊은 여성의 몸을 사려 하는 한국 사회, 경제적으로 부정의하고 문화적으로 부도덕한 한국 사회의 병폐와 위선을 꼬집고 있다.

또한 카림이 옷가게에서 옷을 사는 장면에서, 손님인 카림의 손에 거스름돈을 건네주지 않고 테이블 위의 종이 가방 위에 올려놓는 한국인 여성 점원은 유색 외국인 노동자를 차별하는 한국인의 행동을 나타낸다. 반면에, 카림의 친구(반두비)가 된 민서는 선물로 받은 모자 '뚜삐'를 써보며 카림이 만들어주는 음식을 먹으며, 카림과 친해지게 되고 방글라데시의 문화에 수용적으로 변하게 된다. 심지어 민서는 집에서 카림과 단둘이 식사를 한 이후에, 그를 자기 방으로 데려가 침대에 눕히고 안마방에서 배운 대로 그의 성기를 애무하려 한다. 관객은 관음적 시선으로 이런 사적인 장면을 바라보게 되겠지만, 동시에 남성중심적이거나 자문화중심적이거나 고정적 성역할을 갖고 있는 관객이라면 누구나, 한국 여고생이 유색인 방글라데시 노동자에게 간접적 성행위를 해주려는 이 장면에서 더욱 큰 불편함을 느끼게 될 것이다.

이후, 민서는 엄마가 운영하는 노래방을 카림과 함께 찾아가서 '세계 모든 사람들은 피부 색깔이나 말은 달라도 모두 자랑스런 인간'이라는 만인평등의 주제가 담긴 '룩셈부르크'라는 노래를 부르며, 이전 장면에서 "조금만 마음을 열어"라고 말했던 카림의 말처럼 자신의 마음의 문을 열었음을 보여준다. 그러한 민서는 유색 외국인 노동자인 카림과 사귀는 것을 걱정하는 엄마에게 "마음을 열어… 재

있을 것 같지 않아? 러시아 사람이면 어떻고 흑인이면 어때? 마음을 열어…"라고 말함으로써, 자신의 마음 문이 열려있음을 재확인시킨다. 이렇게 '마음의 문을 열라'는 카림이나 민서의 말은 결국 감독이 관객에게 전달하고자 하는 직접적인 메시지로 기능하기도 한다. 하지만, 이러한 민서의 말에 엄마는 "너나 마음을 열어…"라고 대답한다. 이는 아마도 다문화 사회에 수용적인 사람들에게 아직 마음 문이 열려 있지 못한 한국인들이 보일 반응을 빗대어 하는 말일 것 같다.

한편 악덕 사장의 집을 지켜주는 세콤과 기독교의 모순적인 이미지처럼, 영화의 중반에서 민서가 만났던 영어학원 남성강사는 소위 정통 미국 영어를 구사하며 한국인을 가르침으로써 존중받으며 비교적 손쉽게 일하고 한국 여성 수강생들이 선호하는 백인 남성이자 기독교인으로 묘사되지만, 모순적이게도 한국 여성을 값싸게 여기고 성적으로 착취하는 인물로서 기능한다. 반면에 카림은 영어 발음도 어색하고 한국인 밑에서 힘겹게 육체노동하는 가난한 방글라데시인이고 한국인의 선호와는 거리가 먼 유색인종이며 무슬림으로 묘사되는데, 그는 한국 사람들이 차별하고 착취하는 불법체류자이지만 보다 인간적이고 한국 여성을 존중하는 인물로 등장한다. 영화에서 이 두 외국인은 종교, 문화, 노동, 피부색, 언어, 한국인의 선호도 등에서 면면히 대조된다. 그런데 정작 두 외국인이 지닌 마음씨나 보여주는 행동들은 이러한 면들에 대한 우리들의 관습적 인식과 상반된 차이를 보여줌으로써, 외국인들에 대한 우리들의 인식이 결국은 편견에 사로잡혀 있었다는 사실을 깨닫게 한다.

영화의 종반부에서, 민서는 밤중에 엄마 차를 훔쳐서 도망가는데 이때 운전하는 민서 역시 '일방통행' 도로를 역주행한다. 이 두 사람이 밤운전 끝에 도달한 곳은 카림의 고향인 방글라데시 바닷가 마을과 유사한 해변이다. 카림은 주차된 차에서 내려 모래사장을 걷는다. 앞이 잘 보이지 않는 캄캄한 모래사장에서 어두운 밤바다를 향해 카림이 외치는 말들은 한국인의 마음에 비수처럼 아프게 꽂힌다. "나 이럴려고 온 거 아니었어… 개처럼 이용만 당했어… 미친 한국인들아… 행복해지고 싶었어…."

아침 해가 뜰 때 차 안에서 카림과 키스를 하던 민서는 그가 합법적으로 한국에 체류할 수 있도록 돕기 위하여, "결혼할까? 그래야 카림이 여기서 살 수 있잖아"라고 제안을 한다. 하지만 이렇게까지 도우려는 민서와 결혼하지 않더라도, 카림은 민서에게 "한국에 와서 제일 행복했어"라고 진심 어린 고마움을 전한다. 카림과 함께 집 나간 민서를 찾기 위해 출입국 관리사무소에 신고한 어머니 때문에 불법체류자 카림은 체포되어 결국 추방당하게 된다. 하지만 여러 면에서 민서와 달랐던 카림이야말로 민서가 고백한 것처럼 "나랑 유일하게 통했던 사람"이었다. 결국, 반두비, 즉 친구는 피부나 인종이나 문화를 뛰어넘어 마음을 열고 소통하는 존재인 것 같다. 카림이 체포되자 민서는 그를 처음 만났을 때의 노란 교복을 입고 카림이 갇혀있는 외국인보호소를 찾아가지만, 카림이 방글라데시로 추방된 이후에는 민서 역시 학교를 포기하고 학교의 긴 계단 아래로 걸어내려가 사회의 어디론가 사라져버린다.

영화의 종반부에서는 이제 세월이 흘러 사회인이 된 민서가 어디론가 걷고 있다. 카림을 그리워하는 민서는 이태원의 방글라데시 음식점에 들어가서 예전에 카림이 집에서 만들어 주었던 방글라데시 음식들을 하나도 빠짐없이 익숙하게 주문한다. 과거에 카림과 함께

식사를 할 때는 손으로 음식을 섞어 먹던 카림과 달리, 민서는 포크와 나이프를 사용하여 먹을 수밖에 없었다. 하지만 성숙한 현재의 민서는 음식점에서 카림처럼 손으로 음식을 섞어 먹을 줄도 알고 다시 원래대로 포크와 나이프로 음식을 먹기도 하며, 두 문화의 식사 방식을 모두 사용하여 음식을 먹는 장면으로 영화는 끝이 난다.

영화 속에서 카림을 이해해가는 과정이 인생이 성숙해지는 과정과 겹쳐있었던 민서는 카림을 돕기 위해 모든 것을 포기하거나 그와 똑같이 될 필요는 없었다. 민서는 외국인 노동자인 카림을 돕기 위해 자신이 제안했던 것처럼 카림와 결혼하지도 않았고, 그를 이해하기 위해 무슬림이 되지도 않았다. 하지만 질풍노도기에 외국인 노동자 카림을 만났던 민서는 그에게 마음을 열었고, 피부색과 인종과 문화와 종교를 초월하여 그와 소통했던 반두비, 진정한 친구가 되었다. 하지만 동시에 민서를 질풍노도기에서 붙잡아주고 그녀를 더욱 성숙하게 변화시켰던 반두비는 카림이었다. 본 영화는 다양한 피부색과 인종과 문화와 종교가 공존하는 다문화 사회로 진입한 한국 사회에서 진정한 친구란 무엇인지 성찰하게 하고, 다양한 외국인 노동자들과 우리가 어떻게 진정한 친구가 될 수 있을지에 대한 도전과 고민을 던져준다.

2. 영화 〈완득이〉 속에 비친 기독교

영화 〈완득이〉는 소외되고 가난하며 깨어진 다문화 가정에서 태어난 고등학생 '도완득'이 세상을 향해 품었던 분노와 좌절을 담임 선생님 '이동주'의 도움과 격려로 극복하여 세상에 당당히 나서게 되는 성장 과정을 코믹하고 진솔하게 그려낸 작품이다.

영화에서 특히 주목해볼 점은 영화 속에서 그려지는 약자를 돕는 자로서의 동주 선생님과 차별적 세상 속에 자리 잡은 교회의 사회적 기능이라 할 수 있다. 영화는 이야기 전개 과정 중에 교회 내외부와 십자가를 종종 비추고 있다. 교회는 반항아이자 외톨이인 완득이의 유일한 안식처이자 완득이가 여자 친구인 윤하의 마음을 알게 되는 만남의 장소이며, 마지막 장면에서는 주변 이웃들이 함께 만나는 모임과 축제의 장소가 되기도 한다.

영화 속에서 교회는, 겉으로는 억센 반항아이지만 속으로는 아직 어린 고등학생인 완득이가 자신의 아픔과 속내를 가장 솔직하게 호소할 수 있는 유일한 공간으로 기능한다. 다문화 학생 완득이가 어두운 밤골목을 걸어갈 때 카메라는 다문화 아이들을 차별하는 죄된 한국 사회처럼 어둡고 캄캄한 밤하늘을 비추지만, 그곳에는 등대처럼 솟아올라 붉게 빛나는 십자가가 두드러져 주목받고 있다. 동시에, 어둔 밤하늘에 높이 솟아 빛나던 십자가는 어두운 교회 예배당 벽에서 조명을 받으며, 예배당을 찾은 완득이가 상처 입은 속마음을 털어놓을 때 다시 한번 카메라의 주목을 받고 있다.

완득이는 이 교회당 내부에 들어와 앉아 정면의 십자가를 바라보며 두손 모아 기도하는데, 이 교회의 어두컴컴한 내부 공간은 세상에서 차별받고 세상에 대해 분노하는 상처받은 영혼인 완득이가 언제나 들어와서 자신의 아픈 속내를 털어놓을 수 있는 유일하고 안전한 공간이다. 완득이는 자기 앞의 십자가를 향해 홀로 기도하는데, 막상 그의 기도를 들어보면 자기의 담임 선생님인 똥주(동주)를 제발 죽여달라는 말도 안 되는 소리를 하고 있다. "하나님 돈 좋아하시잖아요.. 제 기도를 들어주세요. 똥주보다 만원을 더 드릴게요"라며 자기 기도를 들어달라는 완득이의 어두운 마음속에, 교회와 하나님은 세속적인 속물들과 다를 바가 없어 보일지도 모른다. 그러한 세속적 하나님에게 기도하는 완득이의 기도 내용은 황당하고 어처구니없다. 이러한 철부지의 기도를 어두운 예배당 안에서 조명받고 있는 나무 십자가는 말없이 들어주고 있다.

그런데 영화 속의 완득이의 모습을 담고 있는 카메라의 시선을 통해 보고 듣게 된 완득이의 황당한 기도를 통하여, 관객으로서 우리는 이런 완득이의 기도가 세속적인 기독교인들이 교회 안에서 자신의 소원을 주문처럼 빌며 축복을 소원하는 기도와 별다를 바 없어 보일 것 같다는 생각을 하게 된다. 결국 우리가 십자가를 향해 간절히 기도하는 내밀한 기도마저도, 실상은 '나 자신을 위한 기도, 내 목적을 이루기 위한 기도, 물질을 드림으로써 더 큰 물질을 보상받기 위한 기복적인 기도'에 그칠 경우가 많기 때문이다.

완득이의 이러한 황당한 기도에 하나님은 과연 응답하실까? 먼저, 영화에서 우리가 주목해 보아야 할 첫째 응답은 십자가 밑에 붙여진 "믿음, 소망, 사랑"이라는 성경 구절이다. 완득이는 자기를 괴롭히는 똥주 선생을 없애달라고 간절히 기도하지만, 십자가 아래에 붙여진 성경 말씀인 "믿음, 소망, 사랑"이 직접적 텍스트로 관객에 제시되고 있다. 아마도, 관객 중의 기독교인들은 성경 말씀이 추가로 적혀 있지는 않아도 그다음 구절이 "그 중에 제일은 사랑이라"는 것을 잘 알고 있을 것이다. 즉 동주를 죽여달라는 완득이의 철딱서니 없는 기도에 대한 하나님의 첫째 응답은 '믿음, 소망, 사랑'이며, 그중에서도 동주에 대한 '사랑'을 말씀하시는 것 같다.

하나님의 둘째 응답은 우연한 기회에 찾아온다. 그것은 바로 경찰을 피해 완득이의 집에 몰래 숨은 동주 선생을, 자기 집 문이 열린 것을 보고 도둑이 든 줄로 착각한 완득이가 어두운 방에서 발로 차면서 발생한다. 자신의 발길질 때문에 부상당한 동주 선생을 업고 뛰어가는 도중에 높이 솟은 교회 십자가를 본 완득이는 하나님에게 '자기의 기도를 이런 식으로 들어주시면 어떡하냐'고 하소연한다. 우연히 발길질 한 방에 자신의 힘으로 동주 선생을 없애버릴 뻔했지만, 이 사건을 통해 완득이는 갈비뼈에 금이 간 채 겨우 살아난 동주 선생이 이웃집 옥탑방에 혼자 사는 가난하고 괴팍한 인물이 아니라, 실상은 부잣집 아들이고 외국인 노동자를 괴롭히는 사장인 자기 아버지에 환멸을 느껴 아버지를 고발한 정의로운 인물이라는 사실을 알게 된다. 반면에, 동주 선생이 경찰에게 쫓겨 완득이의 집에 숨었던 이유는, 그의 아버지가 불법체류자를 돕고 있다며 역으로 그의 아들을 고발했기 때문이었다. 부자간의 다툼으로 동주 선생의 진실을 알게 된 완득이는 그를 향해 마음의 문을 열게 되고, 그의 주선으로 자신을 버리고 떠났던 필리핀 출신 어머니를 다시 만나서 불완전했던 가족이 하나로 온전히 회복되는 전기를 맞게 된다.

또한 완득이는 교회 안에서 어눌한 한국말로 인해 남자인 자신을 '자매님'으로 잘못 부르는 인도사람 하산을 만나 킥복싱 도장에 가게 된다. 세상에 대한 분노로 가득찬 완득이는 킥복싱을 배워 이를 통해 자신의 에너지를 건강하게 폭발시킬 수 있는 계기를 만든다. 완득이는 의무적으로 해야 하는 공부가 아니라 좋아하는 킥복싱을 통해 자기 인생의 주인공이 되기 위하여, 새벽 신문 배달을 하며 끝없이 달리고 훈련하여 부당한 세상을 향해 힘껏 발차기를 날릴 수 있는, 꿈을 향해 달려가는 멋진 청년으로 성장하게 된다.

영화에서 완득이는 동주 선생의 관심과 사랑으로 비뚤어진 마음을 바로잡고 새로운 사람으로 거듭나게 되었다. 여기서 동주 선생님은, 부잣집 아들이 가난하고 소외된 이웃과 이방인들을 찾아가 허물없이 그들의 친구가 되어주고 자기 희생적으로 그들을 위해 싸우고 변화시킨다는 점에서, 현대판 작은 예수의 모습을 떠올리게 한다. 그리고 동주가 완득이를 가르치고 실천하는 선생님이자 완득이가 찾아와서 기도하는 바로 그 교회의 전도사라는 역할은, 영화를 감상하는 관객이 평신도로서 혹은 사역자로서 주변의 가난하고 소외된 이웃과 이방인을 향해 어떻게 행동해야 할지에 대해 가시적인 모범을 보여주는 대목이기도 하다.

영화에서 카메라는 교회 안의 십자가 아래의 "믿음, 소망, 사랑"이라는 성구뿐만 아니라, 불평 불만에 가득찬 완득이 옆에 윤하가 찾아오는 장면에서 한쪽 벽에 붙어 있는 "범사에 감사하라"는 성구를 비추어 관객들에게 직접적인 텍스트로 제시하고 있다. 완득이는 세상을 향해 분노하고 불만에 가득차 있었지만, 하나님은 교회 안에 붙어 있는 성구를 통하여 그에게 "범사에 감사하라"는 말씀을 주고 계시는 듯하다. 이러한 말씀이 발견되는 계기는 그에게 윤하가 찾아와서 허물없이 친구가 되는 때였다.

마지막으로, 이 교회에는 "볼지어다 내가 세상 끝날까지 너희와 항상 함께 하리라"라는 성구도 붙어 있는데, 이 성구는 영화의 마지막 부분에 교회가 다문화 축제를 벌일 때 다시 등장한다. 해당 구절은 예수께서 승천하면서 남은 제자들에게 명령한 '지상 명령'(The Great Commission) 중의 일부이다. 해당 성구는, "예수께서 나아와 일러 가라사대, '하늘과 땅의 모든 권세를 내게 주셨으니, 그러므로 너희는 가서 모든 족속으로 제자를 삼아 아버지와 아들과 성령의 이름으로 세례를 주고, 내가 너희에게 분부한 모든 것을 가르쳐 지키게 하라. 볼지어다, 내가 세상 끝날까지 너희와 항상 함께 있으리라' 하시니라"(마태복음 28:18-20)의 마지막 부분으로서, 세상에 대한 교회의 선교적 사명을 요약한 것이다. 영화의 카메라는 교회가 이웃을 교회 내로 초청하여 다문화 축제를 벌일 때 해당 성구를 비춤으로써, 이 축제의 정신이 예수의 위대한 선교 사명에 기반하고 있음을 암시한다.

영화에서 교회는 한국 교인들만을 위한 예배 처소로 기능하지 않는다. 오히려 교회는 외국인 노동자를 숨겨주는 피난처이자 주변 이웃들을 불러 모아 다문화 축제를 벌이는 "신나는 다문화센터"가 된다. 이러한 다문화 잔치를 위해 영화의 조연들은 영화 내내 별 볼 일 없게 그려졌던 각자의 재능을 이제는 십분 발휘하여 다문화 센터를 위해 꼭 필요한 역할을 담당하는데, 이 장면은 마치 오케스트라에서 각각의 악기가 합주하여 화음을 만들어내듯 아름답고 조화롭다. 완득이의 키 작은 꼽추 아버지와 순박하나 지능은 다소 떨어지는 민구는 캬바레에서 일했던 경력을 발휘하여 댄스 교습을 하고, 필리핀 사람인 완득이 어머니와 여자 친구 윤하는 요리를 하고, 이름 없는 무협소설 작가 호정은 남자친구가 된 동주 선생과 함께 한글반에서 한글을 가르친다.

영화의 전개 과정에서는 제멋대로이고, 제각각 흩어져 있었고, 존재감 없이 볼품없었던 인생의 조연들이 "신나는 다문화센터"로 변한 교회 안에서는 다들 한몫씩 제대로 감당하는 인생의 주연들이 된다.

이는 '교회란 각 지체들이 각자의 위치에서 자신의 역할을 잘 감당해내는 한 몸이요, 하나님은 부족한 지체에게 귀중함을 더하여 서로 같이 돌보게 하셨다'라는 성경 구절(고린도전서 12:14-27)을 떠올리게 한다. 이렇게 신나게 다문화 잔치가 벌어지는 교회는 더 이상 어두운 밤에 등장하지 않고 밝은 대낮에 등장하는데, 동네 이웃과 외국인 노동자들이 함께 모여 먹고 마시고 신나게 노는 교회 속의 다문화 잔치는 마치 천국에서 벌어질 천국 잔치를 연상시킨다. 이것이 천국 잔치를 연상시킬 수밖에 없는 이유는 어찌 보면 분명하다. 천국 잔치는 결국 하나님 앞에 그가 창조하신 온 세상 모든 민족들이 함께 모여 신나게 축제를 즐기는 잔치, 즉, '다문화 잔치'이기 때문이다.

IV. 결론

본 논문은 영화의 일반적인 특성과 프레임을 설명하고, 이를 다문화 영화 속의 기독교 프레임 분석에 활용하였다. 분석에 사용된 〈반두비〉와 〈완득이〉는 다문화 영화이면서 동시에 기독교에 대한 프레임을 구성하여 관객에게 전달하고 있다. 두 영화에서 프레임된 기독교는 때로는 부정적이어서 가난하고 소외된 이웃과 이방인들이 아닌 불의한 부자의 편으로 묘사되고 있지만, 반대로 불의한 세상과 맞서 싸우고 소외된 이웃과 이방인들의 편에서 그들과 함께 이상적인 다문화 선교적 공동체를 형성해가는 긍정적 이미지로 그려지기도 한다.

불특정 다수의 관객에게 동적 프레임을 통해 감독의 의도와 이야기를 현실감 있게 전달하고 무비판적으로 수용하게 만드는 영화의 특성상, 두 영화가 전하고자 했던 기독교의 프레임은 관객들에게 쉽게 각인되었을 것이다. 달리 보면, 두 다문화 영화에서 감독들이 전달하려 했던 기독교의 이미지들은 이미 다른 매체들을 통해 대중에게 형성된 이미지를 관객의 무의식에 강화했겠지만, 동시에 대중들이 한국 기독교에게 요청하고자 하는 의식적 무의식적 요구를 동적으로 시각화한 것이라 볼 수도 있다.

지금까지 분석한 두 다문화 영화에서 비쳤듯이, 다문화 사회로 진입한 한국 사회에서 한국 기독교는 외국인 노동자들과 다문화 가정들과 친구가 되어, 이들에 대한 차별적 시선과 행동을 철폐하며, 위대한 선교적 사명을 다하는 일에 앞장설 것을 요청받고 있다. 따라서, 한국 기독교는 두 영화에서 전하고자 했던 기독교 프레임을 보다 깊이 있게 분석하고 이해하며, 비판적으로 성찰하고 현실의 사역에 반영해야 할 필요가 있을 것이다.

한국 여성 영화에 대한
기독교 공동체의 응답 가능성

박종현*

I. 들어가는 말

'영화란 허무한 아름다움이다'라는 명제는 영화와 성서의 대화의 가능성을 탐구한 유의미한 작품이다.[1] 이 글 역시 영화와 성서의 대화를 시도한다. 지난 수 년 동안 상영되었던 여성 영화 〈벌새〉(2019), 〈한공주〉(2014), 〈미스 백〉(2018), 〈82년생 김지영〉(2019) 네 편의 영화에 대한 분석과 그 영화들이 요청하는 페미니즘의 사회적 요구가 무엇인가를 듣고 그에 대해 기독교 공동체가 응답할 수 있는 가능성을 성찰하고자 한다. 글의 기본적 구상은 영화가 묻고 기독교 공동체가 응답할 수 있는 사회 신학의 명제들을 고찰하는 것이다.

---

* 한국문화신학회 회장
1) 로버트 존스톤/주종훈 옮김, 『허무한 아름다움』(서울: IVP, 2005).

이 글에서 살펴볼 네 편의 영화는 모두 한국 여성이 주인공이며 중학생 고등학생 그리고 직업여성과 가정주부라는 각기 다른 사회적 위치에 존재한다. 이를 통해 한국의 여성의 연령대에 걸친 사회적 스펙트럼을 비교 인식할 수 있고 그에 대한 신학적 응답의 가능성을 구체화할 수 있을 것으로 보인다.

II. 영화의 시놉시스와 기독교적 응답의 가능성

1. 〈벌새〉(2019): 한 여중생의 성장 이야기[2]

김보라 감독의 자전적 영화인 벌새는 1994년 강남구 대치동 은마아파트에 거주하는 여중 2학년 은희가 겪은 1년 남짓한 시간의 기억을 담고 있다. 영화는 은희와 관계를 맺고 있는 사람들을 통해서 중학교 2학년이 겪는 세계를 그려낸다. 영화의 광고 포스터는 영화의 스토리를 이렇게 압축했다. "나는 이 세계가 궁금했다. 1994년, 알 수 없는 거대한 세계와 마주한 14살 '은희'의 아주―보편적이고 가장―찬란한 기억의 이야기."

한 소녀의 성장 이야기로서 이 영화는 대단한 성취를 이루어냈다. 1994년 중학교 2학년이 되는 은희의 이야기로 영화는 은희의 일상을

---

[2] 영화 〈벌새〉(House of Hummingbird)는 2018에 개봉되어 전 세계 영화제를 휩쓸었다. 영화는 독립영화 감독 김보라의 처녀작으로 각본과 제작 그리고 감독을 맡았다. 영화 벌새는 2019년 여러 영화제에서 35개의 상을 수상했다. 누적 관객 수는 144,974명이었다. 중학생이 주인공인 덕분에 15세 이상 관람가로 개봉되었다. 감독은 김보라 그리고 주연은 박지후와 한문학원 교사 역할은 김새벽이 맡았다.

소소한 에피소드를 연결시키며 진행된다. 모자이크처럼 이어지는 이야기는 소녀의 한애의 성장을 그려내고 그 모자이크는 퀼트처럼 한 시대의 그림을 어렴풋이 그려낸다.

이 영화는 두 개의 큰 그림을 그려내는 것으로 보이는데 하나는 성수대교의 붕괴와 그 희생자 중 하나로 등장한 한문학원 선생님의 죽음이다. 그 반대 지점에는 다양한 모습을 통해서 한국 사회의 폭력성을 큰 배경으로 깔고 있다.

중학교 2학년이 된 은희의 등장은 지난 수년간 중2병으로 알려진 한국 사회의 청소년 문제를 상기시킨다. 중2병은 2010년대에 갑자기 등장한 것이 아니라 이미 19190년대에도 그 이전에도 존재했을 개연성을 암시한다.

은마 아파트에 거주하는 은희는 중학교 2학년이 되었다. 부모님은 시장에서 떡집을 운영한다. 부모는 전형적인 한국의 부모들이고 은희에게는 오빠와 언니가 있다. 언니는 강남에 살고 있었지만 인문계를 진학하지 못해서 강북에 있는 실업고등학교를 다닌다. 반면 오빠는 인문계 고등학교를 다니는 우등생이다. 은희의 부모는 자신들의 희망과 욕망을 자녀들에게 투사한다. 고학력자가 되어 보란 듯이 살게 하고 싶은 욕망을 자녀들에게 투사하였고 그것은 형제간의 권력의 서열로 나타난다. 오빠는 학업 성적이 주는 결실로서 권력을 누리고 누이들에게 폭력을 행사하고 부모는 이를 정당화한다.

영화가 의도하든 하지 않든 영화의 배경은 폭력이다. 자본의 힘과 성적과 지식서열에서 생존하기 위한 청소년의 입시 경쟁이 묘사된다. 영화는 은희의 행동을 통해서 한국의 교육이 유보한 청소년의 성장과 주체적 행위를 보여 준다. 은희는 청소년의 성장에 필수적인 하급생과의 개인적 사귐과 남학생과의 풋사랑을 경험한다. 그러나 그러한 은희의 경험은 가족과 은희를 둘러싼 사회적 제도가 인식하는 보호해주는 영역 밖에서 경험된다.

영화의 핵심적 메시지는 은희가 부모에 의해 방기된 오빠의 폭력에 지속적으로 노출되어 있으며 은희의 마음은 상처와 분노로 얼룩진다. 찬란한 햇살 아래에서 은희는 친구에게 자신의 상상된 죽음의 이야기를 고백한다. 자신이 죽고 그 앞에서 오빠가 자책하는 것을 보고 통쾌할 것이라고 상상한다. 그만큼 은희에게 폭력은 내재된 고통이다.

은희의 전환점은 한문학원 선생님을 통해 주어진다. 새로 온 한문학원 선생님은 진보적 지식 여성이다. 명문대학교를 졸업했으나 개인의 출세가 아닌 사회적 관심에 집중해 있는 여성이다. 은희가 지속적으로 폭력에 노출되어 있다는 것을 알아챈 선생님은 은희에게 폭력에 저항하라는 메시지 전해준다. 그 메시지는 짧고 강렬하다. "절대 맞아서는 안 돼." 이 메시지는 은희의 내면에 깊이 각인된다. 그 메시지가 살아 이 영화를 가능하게 한 것으로 보이기도 한다.

기독교와 폭력의 문제는 항상 이중적이다. 교회는 항상 어느 정도의 폭력을 용인하여 왔다. 구원론적 교리에는 폭력이 내장되어 있다. 현대 근본주의와 복음주의의 심판의 교리는 영원한 형벌이라는 문명의 폭력에 대한 심판의 이야기를 개인에게 적용하여 개인을 억압하고 폭력화한다. 특히 한국의 기독교 공동체는 근본주의가 지배적 상황이 되면서 권위주의라는 정신적인 폭력을 제한 없이 행사한다. 그리고 자신의 폭력성을 은폐하기 위해서 이슬람과 동성애 혐오를 조장한다.

영화 〈벌새〉에 등장하는 은희가 경험하는 폭력에 대한 한국의 기독교 공동체의 대안은 미미하다. 가정과 사회의 폭력에 기독교 공동체는 소수의 쉼터 운영교회를 제외하면 무관심하다. 기독교 공동체는 신약성서와 깊이 단절되어 있다. 일반적으로 비폭력은 기독교 공동체의 사회적 목표 또는 기독교적 이상으로 제시된다. 그러나 신약성서는 비폭력이 기독교 신앙의 토대이며 기독교 공동체의 기초라고 말한다. 산상수훈의 메시지는 간결하고 명확하게 비폭력이 기독교의 토대임을 밝힌다. 영화 속 은희의 이야기는 현재의 기독교 공동체에 호소할 곳이 마땅하지 않다. 오히려 은희의 이야기는 기독교 공동체의 변화를 요구한다. 기독교인 중2도 그의 가정도 은희의 경험과 별반 다르지 않을 것이기 때문이다.

2. 〈한공주〉(2014): 한 여고생의 짧고도 비극적인 이야기[3]

영화 〈한공주〉는 평범한 여고생 한공주가 따돌림을 당하는 남학생을 도우려다 집단 성폭행을 당하게 되고 이 사건으로 한공주는 다른 학교로 전학을 가게 된다. 전학 간 학교에서 과거를 묻은 채 생활하던 한공주는 자신을 드러내는 데 주저하게 되고 이로 인해 새 학교의 생활은 매우 제한적으로 진행되었다.

한공주의 부모는 이혼한 상태였고 어머니는 자신의 재혼 문제로 한공주를 돌보는 데 소홀하고 이혼한 아버지는 권위적이고 폭력적

---

[3] 영화 〈한공주〉(Princess Han)는 2013년에 제작되어 2014년 4월 17일에 개봉하였다. 상영 시간은 112분이고 감독은 이수진이고 출연은 천우희, 정인선, 채소영 등이 출연하였다. 약 3개월간 상영한 후 종영되었는데 관객수는 225,839명이었다.

인 성격의 소유자였다. 한공주가 부모의 돌봄을 받지 못한다는 것을 인지하는 학교 교사도 한공주의 상황을 방관한다. 이러한 제한된 환경 속에 있는 한공주에게 가해자의 부모가 학교로 찾아와 교실에서 한공주가 성적 유혹을 해서 벌어진 사건이라고 행패를 부리게 되는 사건이 일어난다.

어머니와 담임 교사는 한공주를 다른 학교로 전학을 보내려고 시도하지만 한공주는 외친다. 나는 잘못한 것이 없는데 왜 내가 피해 다녀야 하는가. 거리를 방황하던 한공주는 한강 다리를 건너다가 강물로 뛰어들면서 영화는 끝이 난다.

실화에 기초했다는 이 영화 〈한공주〉는 한국에 만연한 비극을 그려낸다. 피해자에 대한 공감과 도움의 시도가 본인의 치명적 비극으로 비화하는 것이 이 영화 한공주의 비극이다. 한공주를 보는 것은 고통스러운 작업이다. 한국 사회가 사각 지대를 만들어내는 메카니즘을 명확하게 보여주며 한공주의 죽음은 한공주와 동일한 인물들이 무수히 존재할 것이라는 합리적 추론을 가능하게 하며 영화를 보는 이의 마음을 무겁게 짓누른다.

결손 가정의 청소년들이 사회와 학교에서 어떻게 배제되고 죽어가는가를 이 영화는 보여준다. 그리고 그것이 노출하는 것은 한국사회의 야만과 폭력성이다. 문명에 내재한 야만의 모습이 한공주 영화를 통해 처절하게 노출된다.

한공주는 공교육 제도 안에 소속되어 있으나 학교는 한공주를 전혀 보호하지 못한다. 오히려 한공주는 학교라는 제도에 속해 있음으로써 다수에게 노출되고 피해자로서 한공주는 가해자의 혐의를 뒤집어쓰게 된다. 한공주에게 공적 제도로서 학교는 지옥이다. 그러나 가정이 붕괴된 한공주의 입장에서 학교는 그의 마지막 거처이다. 그 안에서 처절하게 생존하려는 한공주의 노력이 교사들의 정당화된 무관심, 결손 가정 소녀에 대한 가해자들과 그들의 가족이 보여주는 폭력성이 한공주의 마지막 사회적 공간을 박탈하고 한공주는 죽어간다. 한공주는 사회적 타살의 이야기이다.

한공주에는 영화 벌새처럼 종교 이야기가 전혀 등장하지 않는다. 사실 한국 영화에서 종교 공동체와 사회를 연결 짓는 이야기는 소멸된 주제에 속한다. 기독교 공동체의 존재 방식과 담론은 게토가 되어 있다. 한국의 기독교 공동체는 열병처럼 경쟁적 성장 신화에 포획되어 있다. 기독교 공동체는 현대사회의 물신과 자본의 하위권력에 종속되어 있다.

현대 기독교 공동체의 메시지와 제의 그리고 행위는 패스트푸드처럼 소비된다. 그리고 이 종교 소비 상품을 대량 공급하는 교회는 가파른 성장을 통해 거대 기업으로 진화한다. 한공주가 가진 개인적 상처는 현재의 기독교 공동체 속에서 해결의 가능성이 거의 없다. 오히려 현재의 기독교 공동체의 존립 방식과 그들이 제공하는 메시지는 사회적 폭력을 증대시킬 가능성이 높다. 십자군 전쟁에 제국의 하부구조를 형성하며 전쟁을 일으키는 역할을 했던 주류 교회의 역사는 근본적 변화 없이 현대사회에도 자본주의의 하부구조로 작동하고 있기 때문이다. 실제로 최근의 몇몇 보도는 기독교 공동체가 가해자로 변질된 사례를 보여준다.[4] 한공주에 노출된 한국사회의 폭력의 위기는 한국의 기독교 공동체와 일반적으로 동반된 위기이다.

---

[4] 부천 소재의 모교회에서 발생한 교역자에 의한 그루밍 성폭행, 거제에서 발생한 교역자 성폭행을 피해자에게 전가한 행위 등이 대표적인 사례이다.

3. 〈미스 백〉(2018) : 한 주변부 여성의 연대적 삶의 탄생 이야기5)

주인공 미스 백(백상아)은 작은 미용실의 보조 직원이다. 그녀는 이미 폭력 전과가 있어 자신을 드러내는 것을 꺼려한다. 그녀는 홀어머니 슬하에서 성장하였고 어머니는 생활고에 지쳐 그녀를 돌보는 데 소홀하였다. 그녀는 어머니로부터 버림받은 트라우마를 간직하고 있고 그것은 순간순간 솟구쳐 올라 순조로운 삶을 방해한다. 그리고 어머니는 상처를 남긴 채 세상을 떠났다. 홀로 남겨진 미스 백은 한국 사회의 주변부를 전과자의 낙인을 숨긴 채 살아간다. 그녀는 이렇게 말한다. "아무리 열심히 살아도 매 순간 날 배신하는 게 인생이야." 이런 이유로 그녀를 사랑하는 경찰관 이시우의 사랑을 받아들이지 못한다.

영화는 우연히 아동학대를 당해 거리를 방황하는 유아 지은(김시아)를 발견하고 아이를 집에다 데려다 주게 된 것이 계기가 되어 지은이 아빠와 아빠의 애인으로부터 학대를 겪고 있는 것을 알게 된다. 자신의 삶도 겨우 살아가는 미스 백은 지은에 대한 접근과 거리감의 두 마음을 갖고 있지만 지은이 이층 창문을 통해 집에서 탈출하는 것을 목격하고는 지은을 돌보게 된다.

그러나 법적 친권이 없는 미스 백은 지은을 돌볼 수 없게 되고 아

---

5) 〈미스 백〉(Miss Baek)은 2018 제작되어 2018년 10월 11일 개봉하였다. 독립영화가 아닌 상업 영화로 개봉되었고 실제 영화의 전개나 이야기도 상업적 지향성을 보여준다. 상영 시간은 상업 영화답게 98분으로 영화의 몰입도는 좋은 편이다. 이 영화의 감독은 이지원 출연은 한지민이 주인공 미스 백 역할을 그와 보조를 맞춘 학대 받는 어린이 역에 김시아가 출연하였다. 누적 관객수는 723,110명이었다. 이 영화 〈미스백〉은 2018년 여성영화인상을 수상하였다.

이는 다시 아버지와 그의 애인에게 돌아갈 위험에 처하게 되자 미스 백은 아이를 데리고 도망을 치게 된다. 경찰에 납치범으로 수배가 된 미스 백은 이시우의 도움을 받지만 지은 아버지의 애인에게 아이를 탈취당하게 되고 목숨의 위협에 처한 아이를 살리기 위해 미스 백은 지은 아버지의 애인과 육박전을 벌인다. 그로부터 몇 년 후 미스 백은 초등학교 수업을 마치고 나오는 지은을 학교 앞에서 기다린다. 그녀의 얼굴에는 지은을 보호하기 위해서 싸우다 생겨난 상처가 새겨져 있다.

〈미스백〉은 전과자로 한국 사회의 주변부를 살아가는 백상아와 어린이로서 어린이 학대의 지옥에서 살아남은 지은과의 여성적 연대를 그리고 있다. 이야기의 전개는 상업 영화답게 영화 관람자의 욕구를 반영한다. 미스 백은 지은을 학대하는 아버지와 그의 애인을 어느 정도 폭력적으로 징벌하는 장면을 액션 장면으로 보여주고 미스 백과 지은은 영화 말미에서 재회하게 됨으로써 해피 엔딩을 이루어 관객의 욕구에 충실하게 반응한다.

이 영화는 파편화되었던 두 가족의 붕괴와 새로운 가족의 가능성을 제시한다는 점에서 이채롭다. 백상아는 사망한 어머니의 기억 속에 갈등한다. 어머니는 백상아를 유기했고 그 기억이 백상아를 괴롭힌다. 어린 지은은 현재 아버지와 아버지의 애인에 의한 폭력에 노출되어 있다. 경찰관 이시우는 백상아와 결혼을 통해 사회적으로 정상적인 가족을 이루려고 한다.

백상아, 지은 모두 파괴된 가정에서 탈출한 이들이고 이시우는 다른 새로운 가정을 이루는 일반적 대안의 모델이 된다. 그런데 영화는 새로운 가족의 가능성을 보여준다. 백상아의 관심이 이시우가 아닌 지은과의 관계에 주목한다. 이 영화는 난파한 가족 출신의 백상아와 지은이 새로운 형태의 여성 가족으로 진화할 가능성을 암시한다. 그 결과가 모녀 가족으로 진화할 가능성과 동시에 백상아와 지은 그리고 이시우의 가족으로 진화할 가능성도 보여준다.

영화의 엔딩은 백상아와 지은의 재회를 통해 성인 미혼 여성과 어린 지은의 가족화 가능성을 암시한다. 이 점은 한국 사회의 가족 이해에 대한 새로운 가능성을 제시한다는 점에서 창의성을 보여 준다.

신약성서는 강렬한 종말론적 메시지를 통해서 새로운 가족의 가능성을 제시하였다. 예수 공동체를 자신의 혈연적 가족보다 사랑하지 않는다면 그를 따를 수 없다는 메시지였다.[6] 이 메시지의 의미는 마태공동체의 공동체의 윤리를 종말론적으로 준행할 것을 요구하는 규범이다. 이 메시지는 혈연적 가족을 해체하고 새로운 가족으로 대체하려는 데에 목표가 있는 것이 아니다. 혈연적이든 비혈연적이든 종말론적 윤리를 수용한 새로운 가족의 가능성을 모색한다는 데에 의미가 있다.

백상아와 지은의 가족상은 폭력의 세계에서 탈출한 두 여성의 비폭력 가족의 가능성을 모색한다는 점에서 기독교 공동체와 대화의 가능성을 열어준다. 다만 현재의 기독교 공동체의 기업적 진화가 대안 가족으로서 기독교 공동체로 재구성할 수 있는가에 대한 회의를 어떻게 극복할 것인가 이 과제가 남는다.

---

6) 마태복음 10:34: "내가 땅에 화평을 보내러 온 줄로 생각하지 말라. 나는 화평이 아니라 검을 보내러 왔노라."

4. 〈82년생 김지영〉(2019): 평균적 삶을 살아가는 한국의 30대 여성의 일상[7]

영화 〈82년생 김지영〉은 조남주가 지은 같은 제목의 소설을 영화로 만든 것이다.[8] 평균의 종말이라는 개념이 지적하듯이 가장 평균적인 사람은 존재하지 않는다. 그러나 영화는 가장 평균적인 한국의 30대 가정주부를 그려내려 하였다.

소설도 그랬고 영화도 그렇다. "1982년 봄에 태어나 누군가의 딸이자 아내, 동료이자 엄마로 2019년을 살아가는 우리 시대의 여성 이야기." 영화는 앞의 세 영화가 독특한 개성적 이야기를 가지고 있는 것과는 달리 평균적 여성의 평균적 이야기를 전달하기 위해서 창작된 인물이다 보니 영화는 평균의 함정에 빠진 듯한 인상을 준다.

김지영이 경험하는 문제들은 모든 곳에서 일어나기 때문에 잘 일어나지 않는다. 예를 들어보자 김지영이 유모차를 끌고 커피샵에서 주문을 하는데 멀리서 동년배의 사람들이 '맘충'이라고 비하한다. 김지영은 그 소리를 듣고 그들과 언쟁을 벌이지만 현실에서 맘충은 온라인상에서만 존재하는 개념이다. 누구도 면전에서 당신은 맘충이다라고 할 수 없다. 마찬가지로 김지영이 시댁에서 보내는 명절 이

---

[7] 영화 〈82년생 김지영〉(KIM JI-YOUNG, BORN 1982)는 2019년에 제작되어 2019년 10월 23일 개봉하였다. 한국 사회 어디에서나 볼 수 있는 일상적인 장면들로 구성되어 영화는 12세 이상관람가로 개봉되었다. 상영 시간은 118분이었고 감독은 김도영, 출연은 김지영 역에 정유미, 남편 역에 공유가 맡았다. 소설이 먼저 많은 논란을 일으켰고 이 영향은 영화에도 영향을 주었다. 상영 3개월째인 2020년 1월 9일에 누적 관객 수 3,678,241명을 기록하여 어느 정도 상업적 성공을 거두었다.

[8] 조남주, 『82년생 김지영』(서울: 민음사, 2016).

야기는 누구나 겪는 이야기이지만 또한 누구나 공개적으로 말하지 않는 이야기이기도 하다. 이것이 이 영화가 평균적 한국 여성의 경험을 평균적 인물을 통해 그리려고 시도하였으나 평균적 여성의 평균적 사건이 실재하기 않기 때문에 영화의 여러 장면은 낯설다. 실제의 사건은 개별적이기 때문이다. 그럼에도 불구하고 이 영화는 본질적으로 논쟁적이다. 평균은 사실로 실재하지는 않지만 담론과 이론 속에는 작동하기 때문이다.

아마 김지영은 이 글에서 다루어진 영화 중에 상업적으로 가장 성공한 영화이다. 우선 영화가 베스트셀러 소설을 기반으로 만들어졌기 때문에 독자층을 기반으로 관람자를 다수 확보할 수 있었다고 보인다.

아마도 이 영화가 가장 많은 관심을 끌게 된 이유는 벌새의 여중생도 한공주의 여고생도 아닌, 결손 가정 출신의 직업여성인 백상아도 아닌, 82년생 김지영과 사회적 지위가 유사한 관객이 가장 많기 때문일 것이다. 중고생의 이야기는 일반적으로 사회적으로 은폐되어 있고 백상아의 이야기는 수면 위로 쉽게 떠오르지 않는다. 그러나 김지영의 일상은 한국의 일반적 여성의 일상과 대부분 중첩되고 시댁과 갈등, 일상적 사회 속에서 30대 기혼 여성의 겪는 많은 불편함이 이 영화에 반영됨으로써 사회적 공감을 얻게 된 것으로 보인다. 영화는 평균적 여성의 삶을 그렸고 관객은 그것을 일반적 경험으로 수용하였다고 보인다.

김지영의 이야기가 보여주는 이야기의 바탕은 가부장제에 관한 이야기이다. 그리고 그것은 변형된 가부장제에 대한 이야기이다. 이야기가 가부장제에 관한 이야기인 것은 며느리가 겪는 문제이며 동시에 혼인으로 사회 활동을 중지하고 가정주부가 된 여성의 이야기이기 때문이다. 동시에 김지영의 이야기가 변형된 가부장제의 이야기인 이유는 김지영의 남편이 전통적 가부장적 남편이 아니라는 점에 있다. 김지영의 남편은 그의 아버지 시대처럼 권위적인 인물이 아니다. 그는 아내와 자신의 어머니 그리고 지영의 시누들과 중재를 위해 노력하는 남편이다. 그럼에도 시댁과 지영의 갈등은 지속된다.

김지영이 겪는 가부장적 고통은 시아버지나 남편이 아닌 관행적 가족적 습관과 갈등이다. 영화 김지영은 기독교 공동체에 이런 질문을 제기한다. 기독교적 가족이 따로 존재하는가. 그 기독교 가족은 이러한 김지영이 겪는 갈등을 순조롭게 해결하는 가족인가?

구약성서는 가족 윤리를 고대의 일반적 윤리를 강화한 형태로 제시하였다. 그럼으로써 가부장적 성격을 유지 강화하였다. 족장들은 일부다처를 유지하였고 왕조시대의 왕들은 후궁을 들여 복합 혼인을 허용하였다. 신약성서는 구약성서와 달리 강력한 일부일처제를 도입하였다. 가족 안에서 남편과 아내의 지위를 어느 정도 개선하는 데 성공하였고 특히 원시 기독교 공동체 내에서 여성의 지위는 획기적으로 개선되었다. 그러나 후기 바울서신은 여성과 아내의 지위를 남성과 남편에 종속시키려는 경향이 나타난다.

현대 개신교회의 가정과 여성의 지위는 교파마다 차이가 있겠으나 중도적이고 보수적이다. 진보적 이념이 추구하는 여성해방론에 부합하는 경우는 거의 없다. 그것은 기독교 여성 담론이 전통적 가부장제와 타협하거나 수용하는 태도를 유지한다는 것이며 그 이론적 배경은 구약성서와 신약성서의 규범과 본문을 수용하는 데 자의적이며 선별적이라는 데 있다. 주요 교단의 결정은 주로 남성들에 의해 주도되며 한국의 경우는 근본주의 신학에 근거한 일반 사회의 남녀평등 담론에도 훨씬 못 미치는 여성의 지위를 유지하려는 경향도 두드러진다.

김지영의 제시한 문제 즉 기독교적 가정은 과연 존재하며 그것이 한국 현대 여성의 사회적 지위를 개선하는 데 도움을 주는가에 대해서는 유보적 답변을 기대할 수밖에 없다.

김지영이 겪는 또 하나의 갈등은 빈약한 사회적 양육 관념과 제도가 빚어낸 결과물로서 한국 사회의 유아 양육의 문제이다. 김지영은 유모차를 끌고 외출을 할 때 남성들과 여성들로부터 질시를 받는다. 남성들은 김지영을 남편 잘 만난 여자로 보고 이른바 '맘충'으로 취급한다. 취업 여성들 역시 유사한 반응을 보이는데, 취업 여성들은 직장과 육아의 이중적 노동에 시달리는데, 전업주부는 남편에 기대어 느긋한 삶을 즐기는 여성으로 또한 질시의 대상이 된다.

이 현상의 배후에는 육아의 사회적 양육이라는 개념이 말살된 한국사회의 단면을 보여준다. 모든 삶은 상품의 구매와 소비의 단위의 개인성을 따라서 개인 삶만이 존재하고 사회적 삶은 고갈된 한국사회의 단면을 보여준다.

한국의 기독교 공동체에서 사회적 양육은 어느 정도 가능할 것인가? 한국의 기독교 공동체에서 개인성과 공동체성의 척도는 공동체성은 빠르게 소멸되어 가고 있고 개인성이 강화되어 가고 있다고 평가된다.

교회의 정치적 구조는 사회의 정치적 구조를 이끌어가는 것이 아니라 그것을 따라가는 경향이 있다. 한국의 경우 1930년대 이전의 생활 민주주의의 선도적 역할을 하던 기독교 공동체는 권위적이고 수직적 위계를 강조하는 경향으로 퇴보하였다. 개체 지역교회에서는 담임 교역자와 장로 등 평신도 지도자들의 과두적 지배가 심화되고 있어 민주적 사회의 진화에 역행하고 있다. 이러한 권위적 구조는 소속 신자들의 개성과 개별적 영성을 추구하고 함양하는 것을 불가능하게 만들고 있고 이러한 영성의 고갈은 종교 공동체의 기반 자체를 무너뜨리고 있다.

기독교 공동체의 경제적 모델은 기업화 경향으로 사회적 경제라는 성서의 본질에서 가장 멀리 떨어져 있다. 최근의 종교 기관의 기업화는 극단화되어 있다고 보이며 비영리 단체인 종교 기관의 이러한 영리 추구적 경향은 공동체성을 최저 수준으로 약화시켰다.

제도적 권위주의과 영리 추구적 운영을 하는 종교 공동체는 명확하게 종교 기업이라 불러야 할 것이다. 거기에 종교 상품의 개인 구매자로서 회원 등록을 하면 종교 기관은 고객의 입맛에 맞는 상품을 제공한다.[9] 그것은 상품경제 사회에서 경쟁력을 갖고 생존하며 부와 사회적 권력을 획득하는 것을 의미한다.

김지영이 묻는 질문은 이러한 한국 사회의 상품화 속에서 여성주의적 가정이 생존할 수 있는가. 육아의 사회적 책임의 공유가 가능한 가에 교회는 아직 대답할 수 없다. 기독교 공동체는 일반 사회의 제도를 차용하여 소비한다. 종교적 영적 창의성의 고갈은 종교공동체가 김지영의 질문에 답변할 토대의 빈곤을 드러낼 뿐이다.

---

[9] 로드니 스타크·로저 핑키 지음, 유광석 옮김, 『종교경제행위론』(서울: 북코리아, 2016), 61 이하 참조.

III. 기독교 공동체의 응답은 어떻게 가능한가?

1. 제도종교로 경화된 기독교

적어도 바울이 '예수 그리스도를 통한 하나님의 은혜는 차별이 없다고 선언하고 그것은 유대인이나 헬라인이나, 노예나 자유인이나 그리고 남자나 여자나'라고 했을 때 논의의 문은 열렸다. 그러나 고대로부터 기독교회는 이 동등성을 구현하는 길을 걸어오는 데 대부분 주저하였고 왜곡하였고 외면하였다.[10)]

감독제는 그 상징적 제도라 할 수 있다. 감독이 교회 내에 가지는 절대적 권위는 가부장적 위계에 근거한 것이고 이 감독제가 작동하는 동안 교회에서 여성의 지위는 단 한 번도 남성과 동등성을 유지할 수 없었다.

근대 민주주의가 발흥하여 여성의 참정권이 부여되기 시작한 20세기에 와서야 여성의 사회적 평등의 담론이 개진되기 시작하고 자본주의가 발흥하여 여성 노동력을 시장이 필요로 하면서 여성의 사회적 역할이 개진되었다.

한국의 근대 기독교 역사라면 선교사들이 한국의 개화사상 또는 근대사상과 조우하며 여성의 역할이 크게 부각되었지만 민족주의자들도 사회주의자들도 여성의 지위와 역할에 곧 바로 제한을 두었다.

---

10) 우선 후기 바울 서신들에서 이미 교회 내의 여성의 역할과 지위의 제한이 시작되었기 때문이다. 재림지연과 주교제도의 확립 과정은 원시 기독교 공동체의 여성의 역할과 지위를 빠르게 잠식하였다. 이러한 경향은 한국의 개신교 역사에서도 반복되는데 초기 한국 개신교의 여성의 활발한 역할은 1930년대 교권의 확립과 함께 빠르게 축소되었다.

정치 이념에서도 근대화에서도 기독교 영역에서도 여성의 역할에 대한 초기의 담론은 곧바로 난관에 직면하고 제한되고 축소되고 심지어 소멸되었다.

한국의 개신교회는 여성을 위한 광범한 교육 제도를 수립하였다. 1900년 한국 최초의 여의사 박에스더가 나타나고 다수의 여성들이 기독교 학교의 교사가 되었다. 그러나 한국 여성들이 교회에서 안수를 맡은 직업적 종교인이 되는 데는 70년이 소요되었다. 기독교 전문인이 될 때에는 불과 선교 15년 만에 여성의 사회적 진출과 지위 향상이 이루어졌다. 그러나 종교 기관인 교회는 전문가로서 여성 교역자를 배출하는 데 70년이라는 시차를 두고 이루어졌고 여전히 여교역자 안수를 거부하는 교단이 다수 존재하는 것이 한국의 현실이다.

여기에 기독교 공동체의 여성 담론의 출발에서 한계가 있다. 한국 교회 공동체에서 여성 담론, 여성 신학의 과제는 안과 밖이 차이가 없다는 전제에서 출발하여야 한다. 특히 이 글에서 다루어진 여자 중학생, 여자 고등학생, 결손 가정의 여성 등에 대한 신학적 담론은 전무하다고 할 수 있다. 개신교회 공동체가 다룬 여성은 중산층 여성 사회적 과제를 부분적으로 다루어 왔다.

종교화된 기독교는 왜 성서의 메시지를 외면하거나 관심에 소극적이고 둔감한 것인가? 프랑스 헌법에 의거하여 프랑스 의회는 반드시 여성 의원을 반수 선출하여야 한다. 프랑스 교회는 프랑스 의회만큼 성평등의 과제를 지킬 수 있는가?

이 문제는 특정 지역에 한정되지 않는다. 기독교회는 신약성서의 기술이나 원시 공동체와 달리 여성의 지위를 남성과 동등하게 구현하는 데 적극적인 경우가 없었다. 교회의 가부장적 성격은 소멸된

적이 없고 제도화된 교회는 성평등을 구현하지 않는다. 무엇이 문제인가.

2. 기독교 공동체의 전환

원시 기독교 공동체의 혁명적 성격은 두 가지 요소에 의하여 그 성격이 약화되었다. 첫째는 조직적 제도 종교화와 가부장적 질서에 종속되는 역사이다. 그리고 제도화된 종교로서 기독교는 자기 조직과 유지의 이데올로기로서 신학을 창출하고 이 신학은 성서 본문과 사회 현실과의 갈등을 중재하고 그 과정에서 성서의 메시지는 해석이라는 이름으로 변형되고 약화된다.

각 시대마다 기독교 공동체는 시대에 적응과 기독교의 핵심가치를 유지하는 데 갈등하여 왔다. 최근의 코로나 19의 세계적 파급과 그 후유증은 기독교 공동체의 위기를 근본적으로 드러내었다. 제도적 종교로서 기독교는 예배 공간의 폐쇄라는 극단적 경험을 하게 되었다. 그러나 그 경험을 통해서 예배는 공간이 아닌 신령과 진정으로라는 요한복음의 메시지를 새롭게 인식하게 되었고 건물 공간 예배라는 패러다임의 종결 후에 우리는 몸 성전이라는 바울의 신학적 사유를 다시금 돌아보게 되었다.

이와 유사한 방식으로 한국의 여성영화는 현재 한국의 기독교 공동체에게 질문을 던지지만 그에 대한 대답은 거의 불가능한 것이 현실이다. 여성영화가 던지는 질문에 기독교 공동체가 대안을 마련하지 못하였다면 먼저 공동체가 변화하여야 한다. 그것은 아마 원형적 계시인 성서로 돌아가는 것이고 그 원점에서 다시 출발하여야 할 것이다.

코로나 19만큼 강렬하지 않다고 하여도 여성영화 역시 기독교 공동체의 신학적 패러다임의 변화를 요구하고 있기 때문이다. 기독교 공동체가 스스로 진화하고 발전하여 왔다는 자기 확신과 달리 여성영화는 신학의 패러다임의 변화를 요구하고 있다.

현대화된 기독교 공동체가 세속화 과정에서 수용한 이념 중에는 공리주의와 같은 수학적 모형이 있다. 제레미 벤담의 양적 공리주의는 다수의 이익과 행복을 위해서 소수가 사회적 그림자가 되는 것을 허용하는 사회철학을 허용하였고 이 위장된 실용주의가 기독교의 근본 메시지를 어느 정도 훼손했는지조차 알 수 없는 상황에 놓여 있다.

예를 들어 현대교회가 사용하는 실천신학이라는 개념은 근대 낭만주의자 프리드리히 슐라이어마허의 개념이었다. 그는 실천신학을 설교학, 예배학 등 종교 제의와 관련된 어떤 것이라고 개념화하였다. 그러나 교회가 유지하는 이 문화적 개념은 제도 종교를 유지하는 종교적 공연예술의 기법을 의미한다. 이러한 개념은 성서에 존재하지 않는다. 성서의 실천은 이웃 사랑이나 원수 사랑과 같은 급진적 윤리의 실천이다. 그것이 성서적 실천신학의 요체이다.

현대 기독교 공동체가 코로나 19나 여성영화에 답하지 못하는 이유가 거기에서 출발한다. 신약성서의 중심 메시지는 영성과 인격의 변화이다. 신약의 급진적 영성의 요체는 종말론적 야훼의 왕국의 도래와 선포이다. 그리고 그 내용은 예수 그리스도의 삶을 추종하는 제자도가 신약 영성의 본질이다.

그리고 신약의 세계는 공동체의 세계이다. 에클레시아는 종말론적 공동체로서 예수 그리스도의 제자도에 귀속하는 공동체이다. 탈권력화한 아나키즘과 예수의 교훈이 지배하는 윤리적 공동체이다. 그 공동체성 속에 여성의 역사에 대한 기독교 공동체의 답변이 내장되어 있다. 남자와 여자는 동일한 하나님의 형상이라는 전제는 이 공동체의 사회적 구성의 토대를 이룬다.

알랭 바디우가 바울을 주목한 이유는 바울의 신학과 그 공동체에 내장된 반제국주의적 윤리의 전복적 성격이 작동하고 있기 때문이다.[11] 제국의 반대편에 기독교 공동체가 존재하고 제국이 분할한 유대인과 헬라인, 자유인과 노예 그리고 여성과 남성의 경계를 허물고 그리스도의 부활의 형상을 통해 인간의 보편적 형상으로서의 하나님의 형상을 복원한다.

이 에클레시아는 공리주의적 종교 제도인 현대 주류 교회에게 낯선 공동체이다. 이 공동체는 종말론적 공동체이고 급진적 사랑 실천의 공동체이다. 신약의 공동체는 구약의 성전제도로부터 탈출하였다. 그것은 단지 서기 70년의 예루살렘 멸망에 의한 불가피한 결과물이 아니다. 본질적으로 신약의 공동체는 반제도적이고 반종교적이다.

이 탈종교화는 구약의 제도적 종교의 실패와 종결에서 비롯하였고 그 대안은 예수를 따라사는 영성 공동체의 출현이다. 여성과 남성은 예수 따름의 급진적 윤리 속에서 인격적 영적 동등성을 완성한다. 이러한 예수 따름의 영성 공동체의 재구성이 신약의 공동체의 본질이다. 한국의 여성영화가 던지는 질문에 대한 기독교 공동체의

---

11) 알랭 바디우/현성환 옮김,『사도 바울』(서울: 새물결, 2008).

대답은 이 급진적 윤리의 이해와 실천에서 출발한다.

환언하면 현대 기독교 공동체는 제도적 종교에서 탈피하여 최소한 공동체의 민주주의 지배 구조의 확립과 종교 공동체 경제의 사회화가 그 기초가 된다. 신약의 공동체의 아나키 성격은 인간에 의한 인간의 지배가 종결된 완전한 평등성이 구현을 통해 나타난다.

여성영화가 던지는 질문에 현대 기독교 공동체가 대답할 언어와 행위가 고갈된 상황에서 여성 인식과 기독교 공동체의 상호 변화의 전환점이 요청된다. 신약의 공동체의 재현은 벌새의 은희와 한공주의 공간을 마련하는 것에 기대하게 한다. 영화 속에 노출된 미성년이라는 무권리의 상태는 신약의 공동체 속에서 존재의 자리매김을 새로이 구성한다.

사회적 층위로 구획된 미스백과 지은의 관계는 혈연적 가족에서 영적 가족이라는 새로운 사회적 공동체의 매개를 제공할 수 있다. 기독교 공동체의 민주적 거버넌스의 확립과 하나님의 형상으로서 인간 이해는 김지영에게 쉼터를 제공하고 가족과 사회의 재구성을 위한 연대의 기초를 확립할 수 있다.

Ⅳ. 나가는 말

개인과 사회 또는 정치와 경제 제도가 겪는 문제를 하나의 질문으로 인식하고 그에 대한 대답을 기독교 공동체의 경험에서 출발하는 것이 이 글의 원래 구상이다. 한국의 여성영화 네 편 〈벌새〉, 〈한공주〉, 〈미스백〉, 〈82년생 김지영〉을 검토하고 그 영화들에 내재된 질문을 끌어내고 그에 대한 답변을 현존하는 기독교 공동체에서 시도하려는 것이었다. 그러나 현재 기독교 공동체의 주류는 개인과 사회의 문제들에 적절하게 대답할 수 없다는 지점에 도달하였다.

그 이유는 현재의 기독교 공동체의 내적 걸림돌 즉 성서가 추구하는 탈종교화와 반대로 진행한 제도적 종교화와 제도를 유지하기 위해 수용한 현대의 세속적 실용주의가 기독교 공동체의 본질적 작동 방식을 소멸시키고 있다는 인식에 도달한 것이다.

여성 영화에 대한 기독교 공동체의 응답은 어떻게 가능해질 수 있는가. 그것은 애초의 구상인 '영화가 묻고 공동체가 대답한다'가 아니라 '영화가 묻고 공동체가 변화하여 대답을 찾아야 한다'는 이론적 전이가 드러났다. 이를 위해서는 신약성서의 원래 요구인 급진적 기독교 윤리의 이해와 실천의 해석학적 순환의 불가피성에 이르게 된다.

방탄소년단을 철학하다
: 메시지가 미디어다!

박일준*

마샬 맥루한은 "미디어가 메시지이다"라고 하면서 새로운 미디어의 도입이 사회의 인간관계의 규모와 속도와 영향력을 변화시키고 있음을 주목하고, 바로 이것이 미디어가 전달하는 메시지의 핵심이라고 주장한 바 있다. 하지만 오늘 범지구적 현상이 된 방탄 현상은 오히려 "메시지가 미디어다"라는 말을 가능케 할 만큼 자신들의 음악 속에 일관된 메시지와 서사를 담아 전세계 젊은이들을 매료시키고 있다. 본고는 맥루한의 미디어가 메시지이다라는 주장을 염두에 두고, 방탄소년단이 범지구적 현상이 된 원인을 그들의 음악과 영상과 활동이 전달하는 서사와 메시지에서 찾아보고자 한다. 물론 방탄소년단이 미디어 매체의 발달은 무시하고, 오로지 음악적 메시지에만 몰두하여 지금의 자리에 올랐던 것은 전혀 아니다. 오히려 주류

---

* 감리교신학대학교 종교철학과 객원교수

기획사 출신이 아니었던 그들은 중소기획사 출신의 한계를 극복하기 위해 당시 융기하고 있었던 소셜 미디어나 인터넷 방송들을 누구보다 적극적으로 활용하여 팬들과 적극적인 소통을 해나갔던 선도적인 밴드이다. 다만 분량의 한계상 그들의 미디어 활용이 갖는 측면들까지 본고에 포함할 수 없었기에, 본고에서는 그들의 음악 속에 담긴 메시지를 중심으로 분석하고, 이를 맥루한의 '미디어가 메시지이다'라는 주장과 함께 비교 분석해 보고자 한다.

방탄소년단은 현재 범지구적 현상이다. 최근 발매되었던 〈Dynamite〉 외에 제대로 된 영어 노래도 없이 한국어 노래들을 통해 그들은 어떻게 지구적 현상이 될 수 있었을까? "방탄 현상"은 "현재 세계 전체를 억압하고 있는 것들, 그 억압 하에서 사람들이 겪는 고통과 단절, 외로움" 그리고 그러한 세상을 바꾸려는 "욕망"이 결합하여 분출하고 있는 현상이라고 이지영은 분석한다.[1] 이 방탄 현상은 우선 "방탄과 아미가 이루어낸 사회, 문화적 변화"를 통해 포착할 수 있는데, 이는 방탄의 음악이 담지한 메시지에 대한 보편적 공감으로부터 비롯된다. 방탄 음악의 메시지의 핵심은 "사회의 기존 위계질서를 침식, 해체하는 방향"[2]성을 갖는다. 말하자면 모바일 네트워크를 중심으로 인터넷과 SNS상의 가상공간에서 확장되는 아미의 활동은 오프라인 현실을 바꾸는 힘을 지니고 있으며, 이러한 힘이 기존 "미디어 권력과 인종적 언어적 권력관계에 대한 침식"[3]을 야기하고 있는 것이다. 아울러 이 방탄 현상은 "예술형식의 변화"를 야기하고 있기도

---

[1] 이지영, 『BTS 예술혁명: 방탄소년단과 들뢰즈가 만나다』 (서울: 파레시아, 2019), 17.

[2] 위의 책, 17.

[3] 위의 책, 18.

한데, 방탄의 뮤직비디오와 관련 연상들은 단지 대중적 소비문화의 홍보 전략을 위한 수단에 불과한 것이 아니라, 오히려 방탄 음악에 담긴 메시지와 의미를 더욱 더 증폭시켜주는 역할을 감당한다. 특별히 아미들은 방탄의 뮤직비디오와 연관된 영상들을 나름대로 관련성있게 파생적 영상들을 제작하는데, 그러면서 방탄소년단의 메시지를 확대 재생산하면서 변형하고 증폭시킨다. 이지영은 이 파생적 영상들이 만들어내는 이미지를 "네트워크-이미지"(network-image)[4]라고 부른다. 이 아미의 파생영상들이 중요한 것은 이제 예술이 "예술가가 생산한 작품을 수용자가 단순히 받아들이는 방식이 아니라 예술의 생산자와 소비가의 경계가 끝없이 가로질러지면서 네트워크의 작품의 경계가 유동적으로 변하는" 예술 생산 양식의 변화로 진입하고 있으며, 그래서 "예술가와 수용자가 함께 생산하고 실현해 나가는" 예술, 즉 공유활동의 예술로 진화하고 있음을 가리키기 때문이다.[5]

　방탄소년단은 자신들의 음악에 메시지를 담아 전했고, 이 메시지가 전세계 억압받고 있는 이들에게 공감을 얻었고, 이 팬들의 공감은 방탄소년단 팬덤인 아미의 자발적인 참여를 통해 음악이 담지한 메시지를 더 많은 이들에게 퍼뜨리는 현상으로 이어지고 있다. 물론 방탄소년단의 세계적인 성공을 음악에 담긴 메시지로만 평가하고 판단할 수는 없다. 본고에 담을 수 없는 여러 다양한 요인들이 결합되어 지금의 거대한 방탄 현상을 만들고 있기 때문이다. 특별히 방탄소년단의 소셜미디어 활동과 아미들의 자발적인 운동은 별도의

---

4) 위의 책, 18.
5) 위의 책, 19.

분석과 평가를 요할 만큼 매우 중요한 성공요인이다. 아쉽게도 본고는 그 모든 측면을 다루는 방대한 작업을 한정된 지면에서 시도할 수는 없기 때문에, 방탄의 음악이 담지한 '메시지'적 측면에서 방탄 현상을 조명해 보고자 한다.

I. 방탄소년단은 어떻게 범지구적 문화현상이 되었는가

상업적 자본주의의 구조로 짜여진 한국 연예계에서 방탄은 어떻게 글로벌 현상이 될 수 있었을까? 미국 연예매체 「버라이어티」는 한국의 연예 산업을 "헝거 게임"[6]으로 비유하기도 했다. 사실 오디션 왕국이라 불릴 만큼 수많은 오디션 프로그램들이 방송가를 장악하고 있고, 여러 유명 프로그램들이 경쟁적인 순위 매기기 프로그램으로 진행되고 있어, 음악을 감상하는 것이 아니라 경연에서 이기고 다음 스테이지로 진출하느냐 탈락하느냐로 주의가 집중되게 만들기도 한다. 연예계 아이돌을 만들어내는 시스템 자체가 경쟁의 시스템이고, 각종 연예기획사가 개입한 경연 프로그램들이 감동을 가장한 경쟁 프로그램으로 만들어짐으로써, 연예계에 종사한다는 것은 끝없는 과열경쟁의 장에서 끝없는 투쟁을 하는 것과 마찬가지이다. 이는 일정부분 "수요를 능가하는 공급자 과잉 시장인 연예산업, 그중에서도 한 해에 수백 팀이 탄생한다는 아이돌 산업"[7]의 현실로부터 기인한다. 그래서 현실적으로 경쟁이 불가피하다고 주장하기도 한

---

6) 서병기, 『BTS: 방탄소년단과 K팝』(서울: 성안당, 2019), 241.
7) 위의 책, 242.

다. 하지만 그 경쟁의 승자가 음악을 소비하는 팬들에 의해서 결정되는 것이 아니라, 주요 미디어의 프로그램이 자신들이 섭외한 전문가들을 앞에 두고 그 프로그램에 참여하는 청중들을 통해 순위를 매기고 승자를 결정하는 방식으로 이루어진다. 즉 미디어 권력은 경쟁을 통해 승자를 솎아내는 권력주체가 되기를 결코 포기하지 않은 것이다. 방탄소년단은 이러한 문화권력 구조에서 차별을 받던 중소기획사 출신으로, 지방출신으로 불리한 것들을 딛고 세계적인 밴드가 되었다는 점에서 한국 연예문화계를 대표하는 스타가 아니라, 오히려 그 구조의 창조적 일탈에 더 가깝다.

　방탄소년단이 전세계적으로 문화적 파급력을 갖는 그룹이 된 이유는, 서병기에 따르면, 크게 두 가지이다. 첫째, "아이돌 가수를 소비하는 수용자 변화"에 맞게 진화했다는 것이다.[8] 우리 시대는 더이상 그저 춤 잘 추고 노래 잘하는 아이돌만을 소비하는 데 그치지 않고, 그에 더하여 '생각 있는' 아이돌을 선호한다. 이는 "자신의 관점에서 음악은 물론 주위에서 일어나는 일들에 대한 해석력", 즉 "정답을 말한다는 것이 아니라 자기 생각을 가진" 아이돌을 선호한다는 것을 의미한다.[9] 방탄소년단, 특히 RM은 "평소 독서와 사색을 꾸준히 하면서 자신과 끊임없는 대화"를 시도하는 모습을 외적으로가 아니라 진심으로 보여주고 있다.[10] 케이팝 아이돌에 대한 그동안의 평가들은 그들이 "공장형 아이돌"로서 기획사에 의해 상품화된 상품에 불과하다는 평들이 많았다. 하지만 방탄소년단은 문화적 기획상품

---

8) 위의 책, 40.
9) 위의 책, 42.
10) 위의 책, 42.

이 아니라, 자신만의 스타일과 생각으로 말과 음악을 만들어나가는 모습을 음악을 통해, 활동을 통해 그리고 인터뷰를 통해 보여주고 있다. 자신의 생각을 표현한다는 것만으로는 설명이 좀 부족하다. 자신의 생각들이 선한 방향으로 전개되어 가는 것을 진심으로 보여줄 수 있는 것, 예를 들어 "유니세프에 청소년 폭력 방지를 위해 기부"를 하면서, 자신들의 음악 속에 그러한 행위의 진정성을 담아내는 것, 그것이 '생각 있는' 혹은 "머리를 잘 쓰는"[11] 아이돌이라고 서병기는 설명한다.[12] 오늘 우리 시대가 필요로 하는 좋은 사람은 머리가 똑똑한, 즉 지식을 방대하고 암기하고 있는 사람이 아니라, 오히려 그 지식들이 전하는 "팩트와 팩트, 맥락과 맥락을 꿸 줄 아는 사람"[13]이고, 이런 사람이 '멋 있는 사람'으로 인정받는다. 우리 시대가 필요로 하는 지식의 의미가 바뀌어 가고 있다. 단순히 사실의 나열이 지식이 아니라, 사실과 사실 그리고 사실과 맥락 또한 맥락과 맥락을 연결하여 새로운 지식을 창출해낼 수 있는 사람이 우리 시대 필요한 지성이고 창의성인 것이다. 이는 곧 "음악과 주변사물, 현상을 자신의 관점으로 풀어낼 줄 아는 해석력"[14]이 있어야 하는데, 방탄소년단은 바로 여기에 능했다. 특별히 방탄소년단은 소위 "컨셉돌"[15] 이미지를 자신들의 음악과 영상을 통해 구현하는 데 성공했다.

---

11) 서병기는 "머리가 좋은" 사람과 "머리를 잘 쓰는" 사람을 구별한다. 물론 이 구별은 근거가 있는 것은 아니다. 단지 사회적으로 '똑똑하다'고 인정되는 사람이 아니라, 자신이 스스로 생각하여 말과 메시지를 창출해 나아가는 사람은 타인들의 기준에서 '똑똑한' 것이 아니라 자신들의 삶의 메시지를 엮어나가는 사람이라는 뜻이다(서병기, 『BTS』, 41).

12) 위의 책, 48.

13) 위의 책, 48.

14) 위의 책, 48.

방탄이 문화적 파급력을 갖는 아이돌이 된 둘째 이유는 그들이 자신들의 음악과 활동을 "아티스트"답게 만들어내고 있다는 것이다.[16] 아티스트란 "세상에 자신이 하고 싶은 이야기를 던지는 존재"[17]라고 서병기는 규정한다. 그러한 목적을 위해 방시혁 PD는 힙합이라는 장르를 통해 방탄소년단이 자신들의 이야기를 예술적으로 표현해내도록 했다. 힙합이라는 장르의 특성상 "가수가 직접 가사를 써야하고 자신의 이야기를 할 수밖에 없"[18]기 때문이다. 슈가는 방탄소년단의 인기원인을 "SNS 소통"으로 분석하는 의견들에 이의를 제기하면서, 오히려 음악·노래·메시지에서 "자신들이 가장 잘할 수 있는 얘기"를 일관성 있게 전개한 것이라고 스스로 분석하기도 했다.[19] 그래서 10대 때는 학교를 주제로, 20대 때는 청춘을 주제로 잡았고, 〈Love Yourself〉 앨범에서는 매 순간 사라지는 시간의 흐름 속에서 지금 이 순간 주어진 행복을 누리며 '스스로 사랑하자'는 메시지를 전개한 것 등이 공감을 얻은 것이라고 보았다.

방탄소년단의 음악이 가져다주는 영향력은 그들의 음악을 듣고 영향을 받은 팬들의 반응을 통해 가장 명확하게 드러난다: "'BTS가 내 인생을 바꿨어요.' '절망의 밑바닥에서 아무도 위로해 주지 않을 때 BTS의 음악 하나로 버텼어요.' '차마 마주보기 힘들었던 제 모습을 똑바로 보게 되었고 이제는 사랑해야겠구나 하는 생각을 했어요.' '꿈을 포기하지 말라고, 져도 괜찮다고 말해줘서 고마웠어요.' '노래

---

15) 위의 책, 54.
16) 위의 책, 43.
17) 위의 책, 44.
18) 위의 책, 45.
19) 위의 책, 46.

가 위로가 될 수 있다는 걸 처음 알았어요. 많은 사람들이 BTS를 알고 위로 받았으면 좋겠어요.' '절 더 나은 사람이 되게 해 주었어요. 정말 고마워요.' '꿈을 포기하지 말라는 가사는 많이 들어봤지만 마음에 와닿은 적은 처음이었어요.'"[20] 그래서 차민주는 방탄소년단의 음악이 "한 사람의 인생을 빛나게 바꾸려는 선한 의도, 그리고 실제로 사람들에게 자신의 우주를 찾아낼 수 있게 도와주는 힘을 가진 메시지와 철학"[21]을 갖고 있다고 말한다.

이상의 분석을 기반으로 볼 때, 방탄이 세계적인 문화현상이 될 수 있었던 것은 그들의 음악과 활동 속에 '자신들의 이야기들'을 통해 메시지를 담았고, 그것이 같은 시대를 살아가고 있는 젊은이들의 고난과 좌절을, 그리고 권력과 자본에 의한 차별을 담고 있었기 때문이라고 볼 수 있다. 즉 방탄의 음악은 단순히 즐기고 지나가는 음악이 아니라, 들으면서 메시지를 알게 되고, 그 메시지 때문에 거듭 거듭 반복해서 듣게 되고 보게 되는 그런 음악이다. 그래서 방탄이 노래하는 고난과 좌절이 바로 나의 고난과 좌절로 여겨지고, 방탄이 그것들을 극복해 나아가자는 다짐과 메시지가 곧 나의 다짐과 희망으로 여겨지게 된다. 방탄소년단의 음악이 갖는 이런 힘은 지구촌 자본주의가 자본과 권력을 중심으로 전세계에서 구축한 수목적 위계와 억압의 체계를 경험한 모든 세대에게 공감대를 얻는 것이다. 한국의 방탄이 한국어로 부른 노래가 미국 시장에서 대중적으로 인정받고 있는 것은 그들이 작금의 자본주의적 억압구조 속에서 소수자로서 역경들과 난관들을 극복하며 일어나는 성장 스토리로 경험

---

20) 차민주, 『BTS를 철학하다』 (서울: 비밀신서, 2017), 6.
21) 위의 책, 6.

되고 다가오기 때문이다. 그를 통해 방탄의 아미들도 삶을 향한 긍정적 에너지를 얻는 경험을 하는 것이다. 그래서 이지영은 방탄소년단과 아미의 집단체(the collective)가 보여주는 혁명적인 잠재력을 "세계가 전 지구적인 신자유주의의 억압에서 벗어나 나아가야 할 방향에 대한 사람들의 정치적 무의식을 보여주는 하나의 징후"[22)로 간주한다. 그래서 철학자 이지영은 방탄소년단의 음악과 그것이 일구어내는 '방탄현상'을 철학적 지진계, 즉 이 세계의 기저에서 일어나는 변화를 가리키는 "지진계"[23)로 보아야 한다는 제안을 한다. 시대의 아래에서 일어나는 변화는 지진계만이 감지할 수 있으며, 이를 통해 "세상의 변화를 생성시킬 수밖에 없는 갈등과 모순들"[24)의 에너지를 읽어내자는 것이다.

II. 방탄소년단의 음악 속에 담긴 메시지

방탄소년단이라는 이름은 "10대와 20대에게 총알처럼 날아오는 편견과 억압을 막아내고 당당하게 우리 음악과 가치를 지켜내겠다"[25)는 다짐의 이름이다. 즉 방탄소년단은 기획 단계부터 "젊은 세대를 향한 편견과 억압을 막아내는 밴드", 즉 시대를 향한 "발언권이 있는 밴드"를 만들려는 의도로 출발한다.[26) 사회의 구조적 억압과

---

22) 이지영, 『BTS 예술혁명』, 110.

23) 위의 책, 19.

24) 위의 책, 20.

25) 김성철, 『This Is 방탄 DNA: 방탄소년단 콘텐츠와 소셜 파워의 비밀』 (독서광, 2017), 15.

불평등 그리고 편견 등의 문제를 자신들의 눈으로 읽어내며, 시대를 위한 혹은 향한 메시지를 담아내겠다는 의도처럼 그들의 음악은 3포 세대, 5포 세대 등으로 규정하는 기성세대의 시선을 부정하고, 자신들의 이야기를 사회적 메시지로 음악을 통해 담아낸다. 예를 들어, 〈뱁새〉는 "맨날 몇 포 세대, 노력 노력 타령 좀 그만둬"라는 가사가 담겨있으며, 〈N.O.〉는 "똑같은 꼭두각시 인생"을 언급하고, 〈엠아이 롱〉은 "우린 다 개돼지"라는 자조섞인 저항이, 〈노 모어 드림〉에는 "장래 희망 넘버원, 공무원"이라는 시대의 현실이 담겨있다.[27] 이런 사회현실을 적나라하게 까발리고, 비판하는 사회비판적 서술이 담긴 메시지는 기존의 다른 케이팝 음악들에서는 좀처럼 듣기 힘든 내용들이다. 그리고 이러한 방탄의 사회비판적 메시지가 단지 대한민국에서뿐만 아니라 전세계 젊은 세대들에게 공감적 호응을 얻고 있는 것은 바로 신자유주의적 경제질서가 세계질서의 주도권을 쥔 이후 "심화되는 경쟁, 일자리 부족, 정의롭지 못한 부의 분배, 그로 인한 삶의 불안과 우울"[28]이 보편화되었기 때문이다.

그러나 단지 기성세대의 젊은 세대에 대한 편견과 억압만이 아니라, 젊은 세대들조차 무의식적으로 갖고 있는 주입된 세계관과 이데올로기에 대한 저항도 담고 있다. 방탄소년단의 노래에는 기존의 '사랑' 노래가 정말 거의 없다. 그들의 뮤직동영상에는 sexuality가 거의 등장하지 않는다. 이는 곧 그들이 자신들의 음악적 메시지를 기

---

26) Malcolm Croft, *BTS: the Ultimate Fan Book*, 홍정인 역, 『BTS: 서툴지만 진실되게 두려워도 당당하게』 (서울: 미르북컴퍼니, 2019), 8.

27) 이지영, 『BTS 예술혁명』, 33.

28) 위의 책, 34.

존의 상업적 코드 즉 문화권력적 코드로 구성하지 않았다는 것을 의미한다. 초기 방탄소년단의 음악적 주제는 십대들의 이야기로 시작한다. 데뷔앨범에 해당하는 방탄의 학교3부작 〈2 Cool 4 Skool〉, 〈O!RUL8?〉 그리고 〈Skool Luv Affair〉는 "십대들이 학교에서 겪는 일상, 화젯거리, 인간관계 등"을 이야기하며, 그래서 이 3부작이 말하는 주제들은 "학교폭력, 시험, 십대의 사랑, 부모 등"을 중심으로 전개된다.[29] 데뷔곡에 해당하는 "No More Dream"은 "한국의 전통주의를 반항적으로 거부하는, 십대의 무관심에 바치는 노래"라는 설명이 붙어있다.[30] 그러다 2015~2016년의 3부작인 〈화양연화 [파트1, 파트2, 에필로그]〉는 "20대 초반 젊은이다운" 주제를 중심으로 한다. 말하자면 이들의 음악적 메시지는 10대부터 20대의 이야기를 전하는 것이며, 이는 기존의 K-pop이라는 이름으로 기획된 다른 그룹들의 음악과 차별성을 갖게 한다. 즉 자신들의 이야기를 전하는 데 매우 충실했다는 것이다. 실제로 방탄의 앨범과 콘서트가 3부작으로 구성되는 것도 바로 "각 멤버가 자신의 이야기를 하는 것"을 가능케 하기 위함이다.[31] 자신의 이야기를 풀어낸다는 것은 남들과 다른 이야기를 하고 있다는 것이며, 자신들의 이야기 속에 남과 다른 꿈과 세계를 펼치고 있다는 말이다.

---

[29] 크로프트, 『BTS: 서툴지만 진실되게 두려워도 당당하게』, 15.

[30] 위의 책, 15.

[31] 위의 책, 10.

1. 남의 꿈에 'No' 하기

데뷔 초기부터 방탄소년단의 음악은 "어른들이 강요하는 성공, 좋은 대학, 꿈이 없는 세대 등을 직설 화법으로 비판"[32] 했다.

얌마 니 꿈은 뭐니 […] 지옥같은 사회에 반항해, 꿈을 특별사면
자신에게 물어봐 니 꿈의 profile
억압만 받던 인생 니 삶의 주어가 되어봐
왜 자꾸 딴 길을 가래 야 너나 잘해
제발 강요하지 말아줘 (〈No More Dream〉 중).

데뷔 초기의 학교3부작 앨범들은 "10대가 느끼는 절망과 두려움, 사회와 어른들에 대한 비판과 분노" 등을 직설적으로 표현한다. "1등을 하지 못한다 해도, 당장 희망이 보이지 않더라도, 꿈을 포기하지 말고 자신이 원하는 걸 찾으라"는 외침은 그저 '긍정의 정신'을 강조하는 것이 아니라, 오히려 "꿈을 간직하며 사는 것이 얼마나 두렵고 답답한 일인지"를 토로한다.[33] "얌마 니꿈은 뭐니"라는 물음은 우리가 갖고 있는, 만들어진 꿈에 대해 비판하고 조롱한다. 오히려 "사실은 I dun have any big dreams"라고 말하며, "꿈 따위 안 꿔도 아무도 뭐라 안하잖어"라고 말한다.[34] 우리가 꾸고 있는 꿈은 우리가 꾸어야 할 꿈이 아니기 때문이다.

---

32) 이지영, 『BTS 예술혁명』, 35.

33) 위의 책, 36.

34) 구자형, 『BTS: 어서와 방탄은 처음이지』 (서울: 빛기둥, 2018), 37.

방탄소년단이 말하는 "꿈"은 기성세대가 혹은 세상이 미리 만들어 놓은 꿈이 아니라, 자신의 절망과 고통으로부터 솟아오른 꿈을 말한다. 비록 그 꿈을 실현할 수 있는 길이 보장된 것은 아니더라도, 실패하더라도, 쓰러지더라도 자신의 삶을 걸고 간직해야 할 만한 가치가 있는 꿈, 그걸 드라마 〈낭만닥터 김사부〉에서 김사부는 "낭만"으로 표현한다: "살아간다는 건 매일매일 새로운 길에 접어드는 것. 원하든 원하지 않든, 매일매일 쏟아져 들어오는 현실과 마주하는 것. 매 순간 정답을 찾을 수는 없지만, 그래도 김사부는 항상 그렇게 말했다. '우리가 왜 사는지, 무엇 때문에 사는지에 대한 질문을 포기하지 마라. 그 질문을 포기하는 순간, 우리의 낭만도 끝이 나는 거다.'" 그렇다. 꿈이란 실현될 수 있기 때문에 꾸는 것이 아니다. 중요한 것은 나만의 '낭만,' 나만의 '꿈'을 찾는 것이다. 방탄소년단이 반문하는 꿈은 바로 그런 것이다. '니 꿈은 뭐니?' 그 꿈이 진정으로 너의 꿈인지 아니면 사회나 부모나 기성세대가 강요하는 꿈인지를 비판적으로 성찰해 보아야 한다. 사실 우리는 나 자신을 위한 진정한 꿈을 갖고 살기보다는 남의 꿈에 갇혀 산다.

더는 나중이란 말로 안 돼
더는 남의 꿈에 갇혀 살지 마…
정말 지금이 아니면 안 돼
아직 아무것도 해본 게 없잖아 (〈N.O.〉 중에서)

말하자면 방탄은 "십대들이 살아가는 법도, 날아가는 법도, 결정하는 법도, 꿈꾸는 법도 모른 채 남의 기준에 맞춰 살아갈 수밖에 없게 만든 기성세대의 약육강식 논리"[35]를 정면으로 비판하고 있는 것이다. 돈이 성공의 척도이고, 그 돈을 더 많이 벌기 위해서 학벌을 가지려 하고, 그 최고 학벌을 향한 무한경쟁은 거의 대부분의 사람들을 '낙오자' 혹은 '실패자'(loser)로 만들어버리는 구조임을 그리고 이 루저의 구조는 결국 기성세대가 만들어 놓은 구조임을 정면으로 지적한다.

〈화양연화〉 앨범에서는 청년의 눈으로 문제를 보기 시작한다. 청년의 눈으로 보기에 현실은 "어른들이 만들어 놓은 약육강식의 무한경쟁사회"이고 이 사회는 자연스럽지도 "공평하지도 정의롭지도 않은 비정상적인 계급사회"로서, 언제나 "있는 자와 없는 자"로 구별되는, 방탄 노래의 어휘로 표현하자면, "황새와 뱁새"로 구별되는 사회인 것이다.[36] 이 무한경쟁의 세상에서 루저들은 '뱁새'로 취급되고, 뱁새가 된 것은 운명이 아니라 노력 부족이라고 지탄받고, 그래서 '개돼지' 취급받는다.

금수저로 태어난 내 선생님
알바 가면 열정 페이
학교 가면 선생님
상사들은 행패
언론에선 맨날 몇 포 세대 (〈뱁새〉 중에서).

"금수저로 태어난 내 선생님"이라는 표현 속에 우리 사회를 "세습

---

35) 이지영, 『BTS 예술혁명』, 37.
36) 위의 책, 39.

중산층사회"라 비판하는 시각의 핵심이 담겨있다. 교육은 인격을 함양하거나 성장을 위한 과정이 아니라, 그저 '루저'를 솎아내는 시스템으로 변질되고, 그래서 바늘구멍 같은 임용고시합격을 통과한 이들은 대개 '금수저' 출신이라는 사회비판적 시각을 여과 없이 그대로 직설적으로 표현하는 것이다.[37] 이 출구 없는 불평등한 세습사회의 구조 속에서 애초부터 다른 가능성은 없었고 그래서 그저 "받아들이고 온갖 시련을 견디는 수밖에 없게 된"[38] 세대의 이야기를 방탄은 노래하고 있었다. 말하자면 헬조선을 만든 "언론과 어른들 그리고 정의롭지 못한 구조적 문제"[39]를 경쾌한 비웃음과 당당한 맞섬으로 노래하고 있는 것이다. 〈뱁새〉는 "노력 타령"을 타박하면서, "3포 세대"니 "5포 세대"니 하면서 무언가를 해보기도 전에 무릎 꿇리는 시대분석에 맞설 것을 〈쩔어〉는 노래한다. 그러면서 이제 청춘들아 깨어나 모두 함께 그들과는 다른 꿈을 다른 춤을 추자고 외친다(〈No More Dream〉 중에서). 다시 말해서 "사회에 의해서 주어진 선택을 거부하고 다른 꿈을 꾸는 것"[40]은 금수저 아니면 기회조차 열리지 않는 시대현실에 대한 저항임을 외치는 것이다. 방탄의 이러한 외침은 기꺼이 기존질서에 위협이 되고자 하는 것이고 저항하고자 하는 외침이다. "얌마 네 꿈은 뭐니"라는 물음, "니 멋대로 살어 어차피 니 거야"라는 외침(〈불타오르네〉 중에서), "걱정만 하기엔 우린 꽤 젊어"라는 생각(〈고민보다 GO〉 중에서), "룰 바꿔 change change"라는 대안

---

37) 참고. 조귀동, 『세습중산층사회: 90년대 생이 경험하는 불평등은 어떻게 다른가』 (서울: 생각의 힘, 2020), 5-15.

38) 이지영, 『BTS 예술혁명』, 40.

39) 위의 책, 41.

40) 위의 책, 42.

(〈뱁새〉 중에서)은 기존세계와는 다른 세계를 꿈꾸는 이의 노래와 외침인 것이다.

그들의 노래 〈N.O.〉는 "좋은 집 좋은 차 그런 게 행복일 수 있을까?"라고 물으면서 "학교와 집 아니면 피씨방이 다인 쳇바퀴같은 삶들을 살며 일등을 강요받는 학생은 꿈과 현실 사이의 이중간첩"이며, "일등이 아니면 낙오로 구분 짓게 만든… 틀"을 지적하고 "약육강식 아래 친한 친구도 밟고 올라서게 만든" 시대의 시스템을 적나라하게 비판한다. 한도를 초과한 내 불행의 통장이 되어버린 인생에 "Everybody say No!"를 독려한다. "더 이상 부모의 꿈에 갇혀 자신의 꿈을 잃는 꼭두각시 인생을 살지 말고, 자신의 인생을 설계하라고", "학교와 집만 오가며 다람쥐 쳇바퀴 돌리는 삶이 아닌 주체적인 삶을 살라고" 외치는 것이다.[41]

더 나아가 방탄소년단의 음악은 단지 저항적 외침에 그치지 않고 "괴롭고 힘든 이를 불러모아 '함께라면' 더 이상 겁날 게 없는 진군하는 발걸음으로 싹 다 불태우라고 소리치"[42]며, 루저들의 연대투쟁과 저항을 촉구한다. 오늘날 청소년과 청년들이 경험하는 세계에는 보편성이 있다. 그것은 "기성의 권위, 제도의 불합리와 불평등"[43]이라는 보편성이며, 이 보편적인 불평등한 구조에 대해서 "No"를 말해야 한다는 방탄소년단의 메시지는 전 지구적으로 보편적인 호소력을 갖는다.

그 보편적 불평등성을 극복하고, 다른 세상을 만들어낼 수 있는

---

41) 서병기, 『BTS: 방탄소년단과 K팝』, 164.

42) 이지영, 『BTS 예술혁명』, 50.

43) 서병기, 『BTS: 방탄소년단과 K팝』, 164.

첫 걸음은 바로 다른 꿈을 꾸는 것이다. 그래서 데뷔곡 〈No More Dream〉은 우리 시대 10대가 꿈 없이 살아가는 현실을 알아채라고 외친다: "얌마 네 꿈은 뭐니? 네 꿈은 겨우 그거니?… 네가 꿈꿔온 네 모습이 뭐야? 지금 네 거울 속엔 누가 보여?" 하지만 그들은 꿈이 없는 10대들을 비판하며, 우리처럼 꿈꾸라고 감히 권고와 조언을 건네기보다는 오히려 "난 꿈이 없었지"라며 자신들 역시 꿈이 없는 너희 10대들과 같았다고 공감을 표현한다. RM은 자신의 개인 믹스테입 곡 〈목소리〉에서 "그저 성공하고 싶었어. 남들에게 지겹게 들었던 말이 그것뿐이어서 행복이란 신기룬 거기 잡혀 있을 줄 알았지… 하지만 책상 앞의 난 단 한 순간도 행복하지 않았지"라고 고백한다.[44] 그런 과정을 거쳐 RM은 자신의 꿈을 이야기한다: "내 꿈은 나의 목소릴 모두에게 주는 것/ 내가 어떤 모습일지라도 내 음악과 가사로."[45] 슈가는 어거스트 디로 발표한 개인작품 〈724148〉에서 자신이 더 높은 꿈을 가져야 한다는 깨달음을 얻은 순간을 다음과 같이 표현한다: "대구에서 음악하면 잘 돼봤자 음악학원 원장이나 하겠지란 생각이 날 빡 때려."[46] 슈가는 10대 시절 "밥을 먹으면 버스를 탈 돈이 없었고… 2000원 짜리 자장면을 먹으면 버스를 못타고 갔"고 "(그렇게 만든) 곡을 팔아도 돈은 못받고… 떼먹히고…"라며 자신의 힘들고 꿈꾸지 못했던 시절을 공유한다.[47] 그래서 슈가는 자신의 창작의 뿌리를 "한"(恨)이라고 말하며, "화장실 바닥에 잠을 청하던 그때", "단맛

---

44) 김성철, 『This Is 방탄 DNA』, 73.

45) 위의 책, 73.

46) 위의 책, 75.

47) 위의 책, 76.

방탄소년단을 철학하다 _ 박일준 ∣ 251

쓴맛 똥맛까지 다 봤"던 그 시절이 지금 자신의 예술적 창작의 원천임을 말한다.[48] 슈가는 이런 과정들을 통해 "더 높이 날아오르기 위해 스스로 발버둥치며 노력하고 창작하는 과정"에 이르게 되었고, 그것이 자신이 지닌 "자긍심의 원천이자 꿈의 실현"임을 말하고 있다.[49]

방탄은 꿈을 말하면서, 그것이 외부에서 혹은 기성세대와 어른들이 주입하는 꿈이어서는 안 된다는 것을 분명히 한다. 꿈이란 자신이 이루고 싶은 것, 하고 싶은 것, 되고 싶은 것에 관한 것이라고 한다면, 방탄소년단의 음악은 그 꿈의 주어가 반드시 자신이어야 한다는 것을 계속해서 강조하고 있다. 그들이 만들어준 꿈은 그들의 꿈이지 나의 꿈이 아니라는 것이다. 그래서 꿈을 찾고 갖기 위해, 역설적으로 방탄의 음악은 꿈에 대해서 비판적 물음들을 던진다: "좋은 집 좋은 차 그런 게 행복일 수 있을까?… 우릴 공부하는 기계로 만든 건 누구?… 친한 친구도 밟고 올라서게 만든 게 누구라 생각해?… 어른들은 내게 말하지 힘든 건 지금뿐이라고/ 조금 더 참으라고 나중에 하라고/ Everybody say No! 더는 나중이란 말로 안 돼/ 더는 남의 꿈에 갇혀 살지마"(〈N.O.〉 중에서).

2. 다른 세상을 꿈꾸기

2016년 *WINGS*의 외전인 *YOU NEVER WALK ALONE*은 우리 모든 '언더독들'이 함께 하면 "절대 실패하지 않고 새로운 세상을 열

---

48) 위의 책, 77.
49) 위의 책, 77.

수 있다는 믿음을 공유"[50]하고자 한다. 우리의 저항은 성공할 수 있다는 보장도 없고 그래서 실패할 가능성이 크겠지만, 그럼에도 불구하고 우리는 홀로 걷는 것이 아니라는 메시지가 〈Not Today〉에 담겨 있다. 실패할 수도 있겠지만, 우리가 함께하는 '오늘'은 그날이 아니라는 것, 오늘은 "함께라는 말을 믿"고, "빛은 어둠을 뚫고 나"간다는 것을 믿고 당당히 맞서라는 메시지를 전하고 있는 것이다. '빛은 어둠을 뚫고 나'간다는 구절은 이 앨범이 만들어진 2016~2017년 시절 광화문 광장을 물들였던 촛불을 떠올리게 하며, 바로 그 앞 트랙이 세월호 참사를 연상케 하는 〈봄날〉이 수록되었다는 점에서 방탄은 시대의 희망을 발견하고 있기도 하다. 그래서 〈Not Today〉는 "승리의 그날까지 fight/ 무릎 꿇지 마 무너지지 마"라고 노래한다.[51] 그래서 방탄은 기존의 세계와 가치에 반항 혹은 저항하는 데 그치지 않고, 자신의 삶과 가치를 창출해 나아가야 한다고 말한다.

바로 이러한 점이 방탄소년단이 "아이돌 그룹으로는 이례적으로 미국 주류 문화에까지 인정받은"[52] 이유이다. SNS와 유튜브를 통한 소통과 공유는 이제 방탄소년단만의 고유한 것이 아니다. 오히려 자신들이 보여주는 일상과 메시지 그리고 음악과 가사 등의 콘텐츠들이 일관성 있게 "유기적[으로] 결합"[53]하여, 단지 사회적인 문제에 대한 비판만을 전달하는 것이 아니라, 사회적인 부조리와 청춘의 고민들을 더욱 고민하고 성찰하면서 어떠한 삶을 살아가야 할지에 대한

---

50) 이지영, 『BTS 예술혁명』, 51.

51) 위의 책, 53.

52) 서병기, 『BTS: 방탄소년단과 K팝』, 165.

53) 위의 책, 162.

메시지를 전하고 있기에 방탄은 지구촌 주류문화로 자리잡고 있는 것이다.

BTS 멤버 정국은 미국의 랩퍼 Wale과 함께 낸 〈Change〉에서 '어둠은 빛을 이길 수 없으며, 잘못된 것이 올바른 것을 이길 수 없다'("Oh tell me that dark can't never win the light/ Oh tell me that wrong can't never win the right")고 말하며, '보다 나은 세상을 위한 기도'("praying for better place for you and I")를 고백한다. 세상이 변할 것이라는 믿음에 기대어 수동적으로 앉아 기다리기보다는, 변하지 않을 것이라는 의심에도 불구하고 변할 것이라는 불/가능한 믿음을 스스로 세우고 기도하며 우리의 아이들이 살아갈 세상을 만들자는 외침이 이 노래 속에 담겨 있다. 그래서 BTS는 자신의 팬덤인 ARMY에게 보내는 편지 메시지에서 "내가 꿈을 이루면 나는 또 누군가의 꿈이 된다고 합니다. 나는 그런 사람이고 싶습니다. 여러분 모두의 꿈이고 싶습니다"[54]라고 말한다. 내 자신의 꿈을 찾고, 그런 모습으로 다른 이들에게 희망의 꿈을 전하며 우리 모두에게 나은 세상을 이루어 가고 싶은 꿈.

그렇다. BTS 음악이 전하는 메시지의 핵심은 '나의 꿈'을 통해 다른 세상을 꿈꾸는 것이다. 하지만 우리는 '나의 꿈'을 갖고 있지 못하다. 늘 어른들이 혹은 부모님이 혹은 남들이 좋다는 꿈을 좇아 '나의 꿈'을 생각할 수 있는 방법조차 없이 살아간다. 그래서 "얌마 니 꿈은 뭐니/ 네 꿈은 겨우 그거니/ …/ 너의 길을 가라고/ 단 하루를 살아도 / 뭐라도 하라고"[55] 닦달한다. '단 하루를 살아도 너의 길을 가라고'

---

54) 차민주, 『BTS를 철학하다』, 49.

55) 〈No More Dream〉 중에서.

말이다. 우리들이 선망하는 꿈들은 대부분 모든 것이 고정되고 정해진 세상에서 남보다 높은 자리, 좋은 자리, 편한 자리로 올라가는데 맞추어져 있다. 그것이 정말 내가 원하는 것인지는 애초부터 고민거리가 아니었다. 그래서 우리는 꿈을 꾸지만, 그 꿈은 내 꿈이 아닌 것이다. 그래서 방탄은 닦달한다: "니 꿈을 따라가 Like Breaker/ 부서진대도 Oh Better/ 니 꿈을 따라가 Like Breaker/ 무너진대도 OH 뒤로 달아나지마 Never"(〈Tomorrow〉 중에서). 그래 꿈을 이루는 데 실패하더라도, 그건 오히려 'Better'일 것이다. 적어도 '나'를 찾았으니까 말이다. 거짓된 꿈들을 좇아 일구며, 내 자신을 잃어버리는 것보다, 내 꿈을 따라가다 실패하고 좌절하더라도 적어도 '나'는 찾았으니 더 나은 것이다. 삶은 그렇게 '살아내는 것'이다. 다시 말해서 "삶은 살아지는게 아니라 살아내는 것/ 그렇게 살아내다가 언젠간 사라지는 것/ 멍 때리다간 너, 쏠려가"[56]라고 방탄은 경고한다.

　　내 꿈을 따라가는 길은 결코 쉽지 않다. 다른 길들이 있는 것도 아니다. 그저 열심히 일할 뿐. "밤새 일했지 everyday/ 네가 클럽에서 놀 때"(〈쩔어〉 중에서). 남들 놀 때, 열심히 나의 길을 준비하고 따라가는 것 말고 달리 무슨 길이 있나. "하루의 절반을 작업에 쩌 쩔어/ 작업실에 쩔어 살어 청춘은 썩어가도/ 덕분에 모로 가도 달리는 성공가도"(〈쩔어〉 중에서). 그저 열심히 "쩔어" 살면서 몰두하는 것이다. 청춘이 썩도록. 물론 열심히 산 모두가 성공하는 것은 아니다. 하지만 적어도 내 꿈을 찾아, 실패하고 좌절하더라도 내 자신을 위해 열심히 사는 삶은 실패해도 실패가 아니니 '모로가도 성공가도'라 말할

---

56) 〈TOMORROW〉 중에서.

수 있을 것이다. '실패해도 실패가 아닌 세상'은 남들이 나를 바라보는 기준에 내 삶의 성패를 걸고, 그것을 쟁취하기 위해 남을 그리고 남의 꿈을 짓밟고 올라서는 세상과 다른 세상이다. 말하자면 내 꿈의 성패는 내가 얼마나 진정성을 갖고 절실하게 그것을 위해 노력했느냐를 가지고 판단할 뿐이다. 그것을 니체가 말하는 '아모르 파티'(Amor Fati)라 할 수 있을 것이다. 내가 선택한 꿈을 운명으로 받아들이고, 그것을 향해 달려가는 삶. 비록 그것이 불가능한 것처럼 보일지라도, 오히려 불가능해 보이기 때문에 더욱 더 그 불가능을 극복하고 나아가야 할 것처럼 느끼는 열정, 그것은 곧 "억압만 받던 인생 네 삶의 주어가 되어 봐"라는 말이다(〈No More Dream〉 중에서).

3. 자기 삶의 주어가 되기/ 내 자신을 사랑하기/ 자신을 알기

내 삶의 주어가 된다는 것은 곧 "내 자신을 사랑하는 것"(Love Yourself)이다. 역설적으로 그것은 곧 자기를 혐오하지 않는 것, 세상으로부터 실패자로 낙인 찍힌 자기 자신을 부끄러워하지 않는 것, 흙수저로 태어나 아무런 배경 없이 홀로 온 몸을 던져가며 계속 실패하는 자신의 모습을 측은해 하지 않는 것으로부터 시작한다. 자기 자신을 있는 그대로 받아들이고, 자신이 아끼고 사랑하는 것을 타인의 눈으로 판단 받는 내 자신을 받아들이지 않고, 내 자신의 눈으로 자신의 아름다움을 만들어 나가는 것을 의미한다. 그렇기에 자기 자신을 사랑하는 것은 곧 자기 자신을 온전히 아는 것을 의미한다.[57]

---

[57] "I Love I Love I Love myself/ I know I know I know myself" (〈BTS Cypher 4〉 중에서.

내가 무엇을 원하는지, 내가 무엇을 좋아하는지, 내 가슴을 뛰게 하는 것은 무엇인지를 아는 것, 바로 그것이 나를 사랑하는 방법이다.

내 자신을 사랑하는 가장 중요한 핵심은 바로 지금 그 꿈을 향해 달려가는 발걸음을 더 이상 내일로 혹은 내가 무언가를 이룬 다음으로 미루지 않는 것이다. 그래서 "더는 나중이란 말로 안 돼/ 더는 남의 꿈에 갇혀 살지 마/… 정말 지금이 아니면 안 돼/ 아직 아무것도 해 본 게 없잖아"라고 방탄은 외친다(〈N.O.〉 중에서). 내가 누구인지를 아는 일, 그것은 더 이상 미루면 안 되는 일이다. 시간은 내가 지금 오늘을 어떻게 살든지 간에 흘러간다.[58] '내일'은 고정된 것이 아니다. 내일로 미루는 것은 영원히 미루는 것이다. 오늘 "왜 나의 인생에서 나는 없고 그저 남의 인생들을 살게 됐어/ 이건 진짜야 도박도 게임도 아냐 딱 한 번뿐인 인생/ 넌 대체 누굴 위해 사냐"라는 물음에 대한 답을 하려 시도해야 한다(〈INTRO: O! RUL8,2?〉 중에서). 그 물음에 답을 찾는 과정에서 방탄은 헤르만 헤세의 『데미안』에 나오는 구절 "새는 알을 깨고 나온다. 알은 세계다. 태어나려는 자는 한 세계를 부수어야 한다"를 랩으로 노래한다(〈WINGS〉 쇼트필름 중에서). '넌 대체 누굴 위해 사냐'라는 물음에 대한 답이 기성세대가 만들어 놓은 그들의 세계를 부수고 나오게 한다.

방탄의 멤버들이 자기를 사랑하는 일, 그것은 곧 자신의 정체성을 바로 세우는 것이다. 그리고 이는 남들이 자신을 바라보는 정체성의 관점을 전복하는 일이다. 그래서 방탄소년단은 자신들을 '서울놈'이

---

[58] "우리가 그토록 기다린 내일도 어느새 눈을 떠보면 어제의 이름이 돼/ 내일은 오늘이 되고 오늘은 어제가 되고 내일은 어제가 되어 내 등 뒤에 서있네"(〈TOMORROW〉 중에서).

아닌 '촌놈'으로 규정한다. 갑이 아닌 을의 정체성으로, 금수저가 아닌 사람의 정체성으로 스스로를 규정하는 일이다. 방탄소년단은 7명으로 구성되는데, 흥미롭게도 서울 출신이 한 명도 없다. 경기도 일산과 과천 출신이 각 1명, 부산 2명, 대구 1명, 광주 1명, 경남 거창 1명으로 멤버가 구성되어 있다. 그래서인지 이들은 스스로를 '촌놈'으로 자신들의 정체성을 규정하며 활동을 시작했다. 그리고 더 나아가 이들은 자신들의 촌놈 정체성을 "음악세계의 출발점"으로 삼으며 오히려 〈Ma City〉는 "대구에서 태어나 대구에서 자랐지… I'm a D-Boy 그래 I'm a D-Boy"라고 노래한다. "D-Boy"는 대구소년이란 말이다. 슈가는 대구출신인데, 그의 개인 활동명인 AGUST D는 "D T SUGA"를 거꾸로 배열한 것이다.[59] 말하자면 "대구출신 슈가"라는 말이다. 그들의 노래 〈팔도강산〉은 경상도 사투리와 전라도 사투리 그리고 서울방언을 두루 섞어가며 재미있는 말싸움을 벌이기도 한다. 방탄소년단의 이 '촌놈 정체성'은 차별과 혐오가 아니라 "자기 개성과 자존감의 상징"이며, 자신들의 지역색을 가감없이 노출하고 활용함으로서 차별과 혐오가 배어있는 지역감정이 난무하던 지난 시대를 극복해내는 모습을 보여주기까지 한다.[60] 남들이 비웃고 혐오하는 지방 출신이라는 정체성을 오히려 자신들의 개성으로 앞세우는 것은 곧 남들이 나를 바라보고 판단하는 시각, 틀, 관점 자체를 전복하는 일이다.

이렇게 방탄소년단은 자신의 출생지 고향을 "자기 정체성과 개성의 출발점"으로 삼는 방식은 그들의 음악이 다른 해외진출 케이팝

---

59) 김성철, 『This Is 방탄 DNA』, 64.
60) 위의 책, 65.

뮤지션들과 달리 현지화 전략을 택하지 않고, 자신들만의 스타일로 한국어로 된 가사를 그대로 들고 활동하는 모습으로 나타난다. 사실 대한민국은 지구촌 문화에서 "주류가 아닌 '촌구석'"에 더 가깝다.[61] BTS 이전 K-팝 종사자들은 해외 시장에 진출하기 위해서는 소위 글로벌 스탠다드에 맞게 자신들의 음악 상품을 만들어야 한다고 생각했고, 그래서 최우선적으로 영어 노래나 현지언어의 노래를 부르거나 영어권 문화에 익숙하거나 자라난 해외 멤버들을 발굴하여 참여시키는 식으로 추진되었다. 이것이 초창기 케이팝의 해외진출을 위한 현지화 전략이었다. 대표적인 예가 2001년 보아의 일본시장 진출 전략인데, 현지 일본인들에게 호소력을 갖는 음악 상품을 만들어낸다는 전략에 철저히 충실해서 심지어 당시 "일본인들에게 아예 '메이드 인 재팬' 상품이라고 여겨질 정도"[62]였다. 또한 미국시장 진출을 꾀했던 원더걸스도 현지화 전략을 따라 영어노래를 부르면서 2년간 미국 투어를 다니기도 했다. 이런 현지화 전략에 전혀 다른 획기적 전기를 마련한 것이 2012년 싸이의 "강남스타일"인데, 노래의 특정부분이 영어로 되어 있긴 하지만, 한국어로 된 노래가 유튜브와 온라인 마케팅을 통해 세계로 진출할 수 있다는 것을 보여주기도 했다. 방탄소녀단은 처음부터 이런 현지화 전략을 거절했다. 그들은 국제공용어인 영어로 노래를 내서 미국인들을 위한 음악을 하는 대신, 자신들의 메시지를 가지고 자신들의 음악을 자신들의 언어로 노래한다. 그것은 바로 이들의 '촌놈 정체성'이 단지 자신들의 출신을 나타내는 것에 불과한 것이 아니라, 스스로의 자부심과 자긍심을 담

---

61) 위의 책, 68.
62) 서병기, 『BTS: 방탄소년단과 K팝』, 53.

고 있는 정체성이라는 것을 의미한다.

다른 한편으로, 방탄소년단의 '촌놈 정체성'이 글로벌 대중문화에서 큰 호응력을 얻고 있는 것은 이제 우리가 살아가는 거의 모든 곳이 다인종 다문화화된 세계라는 것과 연관이 있다. 말하자면 이제 세계 그 어느 곳이나 '촌놈'이 존재하는 것이다. 출신 때문에 차별받고 배제당하고 혐오스럽게 여겨지는 경험들을 가진 사람들이 어디에나 존재한다. 성과 인종과 민족과 가문의 배경 때문에 차별받는 이들은 어디에나 존재하기 때문이다. 물론 그들 모두가 방탄소년단이 자신들의 경험을 뒤집어 자신들의 정체성으로 삼고 한국어로 노래하기 때문에 방탄소년단의 음악에 무조건 호응하는 것은 아니다. 하지만 방탄소년단이 지금처럼 지구적 문화현상이 된 것은 그들의 한국어 노래가 확고한 주체의식을 통해 음악과 가사를 매개로 메시지를 일관성 있게 구성해내기 때문에 가능한 일이다. 2017년 4월 6일자 빌보드와 방탄소년단 그리고 방시혁 PD의 인터뷰 기사 "의식있는 케이팝으로 장르를 넘나들 것인가?"(Can Conscious K-Pop Cross Over?)에서 방시혁은 다른 케이팝 아티스트들처럼 영어로 된 앨범을 발매하는 방식으로 미국 시장에 진출하지 않겠다고 분명히 밝힌다.[63] 그는 어설픈 미국인 아티스트 흉내를 의미할 현지화 전략보다는 오히려 "세계 팝음악의 변방이자 '촌놈'인 케이팝 고유의 강점들로부터 확실한 무기로 내세우겠다"라는 전략을 밝히는데, 말하자면 "가장 한국적인 것으로 가장 세계적이고 보편적인 것을 만들어내겠다는 전략"이다.[64] 어설프게 서울말을 따라 하는 촌놈이 되기보다는

---

[63] 김성철, 『This Is 방탄 DNA』, 68-69.

[64] 위의 책, 69.

자신이 촌놈됨을 가리고 숨기지 않고 오히려 자신다움의 근거로 삼고 당당하게 자신이 촌놈임을 외치며, 촌놈 정체성을 자부심과 자긍심의 근거로 삼으려는 삶의 태도, 이것이 바로 세계시장에서 한국어로 된 음악을 통해 메시지를 전하고, 아미와 소통해 나아가는 방탄소년단의 고유한 문화적 DNA이다. 이는 방탄소년단의 음악적 주제, "Love Myself, Love Yourself"와 매우 일관성 있게 들어맞으면서, 고유의 메시지를 전달한다.

자기를 알게 되는 일, 자기를 사랑하는 일, 그것은 지금까지 살아왔던 세계를 나와서 홀로 되는 일이다. 아무도 함께하지 않는 어둠으로 들어가는 일이다. 남들이 알아주지 않아서 아무도 함께하지 않는 그 길을 홀로 걸어갈 수 있는 용기가 필요한 일이다. 모두가 남의 꿈을 따라 살며, 남들이 기준으로 자신들의 인생의 성패를 평가하는 세상에서 남들이 아닌 자신들만의 열정과 기준으로 자신의 길을 가는 것, 그것은 무척 외롭고 어둡고 힘들다. 그때 방탄은 "해가 뜨기 전 새벽이 가장 아프니까/ 먼 훗날의 넌 지금의 널 절대로 잊지 마/ 지금 니가 어디 서 있든 잠시 쉬어가는 것일 뿐/ 포기하지 마 알잖아 너무 멀어지진 마 tomorrow"(〈TOMORROW〉 중에서)라고 노래한다. 홀로 어둠으로, 홀로 사막으로 광야로 나가는 사람은 외롭다. 그래서 이 상황을 SUGA는 "모두가 달리는데 왜 나만 여기 있어… 무엇보다 괴로운데 외로운데 주변에선 하나같이 정신차려란 말 뿐이네"라고 묘사한다(August D [SUGA의 솔로명], 〈So Far Away〉 중에서). 자기만 홀로 버려진 것 같은 기분, 모두가 아니라는 길에 홀로 외롭게 서있는 기분, 거기서 대부분의 사람들은 무너지고 굴복하며 다시 빠져나온 세계로 되돌아가곤 하지만, 방탄은 "길을 잃는다는 것/ 그 길을 찾는 방법"이라고 말한다(〈Lost〉 중에서). 그렇다. 남의 꿈으로 세워진 허깨비같은 지금 이 세상에서는 차라리 '길을 잃는 것'이 낫다. 왜냐하면 거기서 길을 잘 찾아간다는 것은 곧 내 꿈을 찾지 못하고 잃어버렸고 그래서 남의 꿈에 기대어 자신의 인생을 세워간다는 뜻이니까. 그러니 길을 잃는 것이 도리어 '길을 찾는 방법'이 된다. 남들의 기준과 생각을 모두 잃어버리고, 자신만의 생각과 열정과 꿈으로, 비록 아무도 도와줄 수 없어 막막하고 절망적이지만, 스스로의 길과 세상을 세워가는 일.

4. 넘어져도 부딪혀도 달려가기

그러나 길을 찾는 길은 쉽지 않다. 왜냐하면 길을 잃었다는 것은 길을 만들어야 하기 때문이다. 남들이 만들어 놓은 길이 아니라, 자신만의 길을 만들어야 하는데, 전례가 없으니 외롭고 고독하고 힘겹다. 자신의 길을 찾아야 한다는 생각이 들 때에는 영원의 진리를 깨달은 듯하다가도 금방 현실로 돌아오면 절망의 나락으로 떨어진다. 이를 방탄은 이렇게 노래한다:

이 순간은 영원할 듯하지만 해지는 밤이

다시 찾아오면 좀먹는 현실

정신을 차리면 또 겁먹은 병신

같은 내 모습에 자꾸만 또 겁이 나

덮쳐오는 현실감

남들은 앞서 달려가는데 왜 난 아직 여기 있나 (〈Intro. 화양연화〉 중에서).

답을 찾은 듯해도 확인할 길이 없어 불안하고 흔들리는 청춘, 그 불안이 자꾸 스스로를 주저하게 하고 자신 없게 만든다. 하지만 자신의 길을 찾는다는 것은 그 불안과 무기력을 이겨내야 하는 것. 그 불안을 이겨내는 길은 '그 길이라 믿고' 열심히 달려가는 것밖에 없다.

> 다시 Run Run Run 넘어져도 괜찮아
>
> 또 Run Run Run 좀 다쳐도 괜찮아
>
> 가질 수 없다해도 난 족해
>
> 바보같은 운명아 나를 욕해 (〈RUN〉 중에서).

달려가는 이 길이 내 삶의 정답인지 아닌지 그 누구도 알 수 없다. 단지 운명이라 믿을 뿐. 그래서 그 길을 넘어져도 다쳐도 그저 달려간다. 그것은 니체가 말한 '아모르 파티'(Amore Fati, 운명에 대한 사랑)이다.[65] 그러나 이 운명에 대한 사랑은 결코 '주어진 숙명'에 굴복하고 따라가는 것이 아니라, 자신의 운명을 만들어 나아가는 운명이다. 이것이 운명이라는 것은 논리적으로 증명가능한 것이 아니다. 이 길이 내 삶의 운명이라는 것을 합리적으로 설득력 있게 설명할 길은 없지만, 이 달려가는 길이 내 운명이라면,

> 돌아갈 수 없다면 직진
>
> 실수 따윈 모두 다 잊길
>
> Never Mind

---

[65] 차민주, 『BTS를 철학하다』, 108.

쉽진 않지만 가슴에 새겨봐

부딪힐 것 같으면 더 세게 밟아 임마

부딪힐 것 같으면 더 세게 밟아 임마 (〈Intro: Never Mind〉 중에서).

그렇다. 직진이다. 그대로 달려가는 거다. 그것이 나의 운명이라
는 것을 우리는 '재미'라는 감정으로 경험할 수 있다. 그런 걸 왜 하
느냐고 물을 때, '그냥 재미있잖아요'라고 대답하며 그대로 달려갈
수 있는 나이, 그게 청춘이다. 그럼에도 불구하고 남들이 선망하는
좋은 길이 아니라, 자신만의 울퉁불퉁한 길을 달려가며 스스로의 꿈
으로 자신의 세상을 만들어가는 일은 불가능하다. 현재 우리가 살아
가는 세상의 기준으로 보면 말이다. 우리가 말하는 가능성이라는 것
은 결국 지금 세계의 구조 속에서 '가능성'을 논하는 것이니 말이다.
지금 세상의 구조에 굴복하지 않고, 나만의 생각과 기준으로 다른
세상을 꿈꾸는 것은 그래서 언제나 불가능한 일이지만, 불가능하기
때문에 도리어 꿈꾸는 것이 가능하고, 그래서 불/가능한 일이 된다.
우리의 꿈은 불가능한 것을 가능한 것으로 꿈꾸는 것이지만, 결코
그것을 가능케 하는 어떤 보증이 있기 때문에 꾸는 꿈이 아니라 '불/
가능한' 꿈이다. 그러한 길을 걸어가 본 이들은 안다. 이 길을 따라가
면 부딪히고 좌초하고 넘어지고 실패할 것이라는 것을. 그래서 방탄
은 "부딪힐 것 같으면 더 세게 밟아"라고 노래하는 것이다. 왜냐하면
그것은 실패해도 가치 있는 일이니까. 하지만 우리가 살아가는 세상
에서 '실패'는 결코 가치 있는 일이 아니다. 실패는 실패이고, 실패한
사람은 그저 루저에 불과하다. 방탄은 바로 그런 생각에 도전하고,
실패하더라도 자신의 생각과 열정을 좇아가는 길은 가치 있는 일이

라고 강변하는 것이다. 미국의 신학자 캐서린 켈러(Catherine Keller)는 사무엘 베켓의 말을 따라 "더 나은 실패"(a failing better)라는 개념을 제시한다.[66] 세상에 존재하는 모든 것은 틈새 없이 엮여 있어서, 우리는 그 세상을 벗어나는 출구를 알고 있지 못하고, 이 세상의 구멍을 자각하고 빠져나가려는 시도는 모두 '출구가 없다는 절망'에 빠져 들지만, 이 절망이 가져오는 실패의 느낌은 실패가 아니라 또 다른 시작을 위한 작은 성공이 될 수 있다는 말이다. 그래서 '실패했다'는 결과가 중요한 것이 아니라, 어떻게 실패하느냐가 중요한 것이다. 그 실패가 가져오는 좌절과 절망에 압도되어 압살당하는 것이 아니라, 그런 냉혹한 현실경험과 이해에도 불구하고 꿈을 꾸는 것이 내 자신을 찾는 일에 그리고 내 자신을 사랑하는 일에 얼마나 중요한 것인지를 알려주기 때문이다. '출구가 없다는 것' 즉 "더 나은 것이 지금은 없다는 것"(to 'unknow better now')[67]은 절망적인 느낌으로 다가오겠지만, 희망은 그 절망을 외면하고 도피함으로써 찾아지는 것이 아니다. 오히려 그 절망과 좌절을 정면으로 돌파해 나가는 일이다. 지금 이 길을 달려가는 것은 더 성공 가능성이 높기 때문이 아니다. 오히려 그것은 지금 "이 난국에 머물러"(staying with the trouble)[68] 버텨보는 것이고, 그를 통해 자신을 꿈을 좇는 나만의 기쁨을 찾는 것이다. 젊은이들 속어로 '존버'한다고 한다. 그것은 체념일 수도 있으나, 방탄소년단은 절망 속에서 체념하는 것이 아니라 불/가능한

---

[66] Catherine Keller, *Political Theology of the Earth: Our Planetary Emergency and the Struggle for a New Public* (New York: Columbia University Press, 2018), 123.

[67] Ibid., 123.

[68] Donna Haraway, *Staying with the Trouble: Making Kin in the Chthulucene* (Durham: Duke University Press, 2016), 31.

꿈을 꾸자고 우리를 손짓하는 것이다. 우리는 실패를 통해서 다른 세계를 꿈꿀 가능성을 찾을 수밖에 없다. 그리고 그 다른 세상이 나의 세상이라는 보장은 전혀 없다. 그러나 포기할 수 없다. 그게 나니까. 나를 사랑하는 나는 결코 내가 달려가고 싶은 그 길을 멈출 수 없다. 그러니 달려가는 수밖에.

Forever we are young
나리는 꽃잎 비 사이로
헤매어 달리네 이 미로
Forever we are young
넘어져 다치고 아파도
끝없이 달리네 꿈을 향해 (〈EPILOGUE: YOUNG FOREVER〉 중에서).

희망은 바로 그 달림에 있다. 달릴 수 있다는 것, '넘어져 다치고 아파도' 계속 달릴 수 있다는 것, 바로 그것이 청춘의 희망이다. 그렇게 "꿈을 좇는 사람은 누구나 청춘이다"(〈INTORDUCTION: YOUTH〉 중에서).

하지만 무조건 달리기만 한다고 꿈이 이루어지는 것은 아니다. 우리의 달려가는 길에는 유혹도 가득하기 때문이다. 그래서 "달콤함에 중독된 병신"이 되어 "악마의 손길"을 뿌리치지 못할 수도 있고, "치기 어린 사랑"에 꿈의 길을 잃을 수도 있고, "참을 수 없는 내 욕심"에 무너질 수도 있다(〈Intro: Boy Meets Evil〉 중에서). 그런데 길을 찾는 것은 길을 잃는 것이라고 〈Lost〉에서 노래했듯, 욕망과 유혹으로 길을 잃는 것은 자신이 나가야 할 진정한 길을 찾는 과정에 필수불가

결한 과정이다. 그런 유혹과 욕망으로 얼룩진 길에서 상처와 좌절로 무너졌던 기억들이 슬픔으로 남아 있어도, 그런 과정들이 있었기에 그 상처로 그 아픔으로 그 좌절로 '우리'는 함께 나아갈 수 있다. 그 래서 방탄은 "이런 날 믿어줘서 / 이 눈물과 상처들을 감당해 줘서⋯/ 나의 빛이 돼줘서" 고맙다고 노래하며, 슬픈 기억들을 넘어 "우리가 함께" 더 좋은 날을 위해 나아가자고 노래한다(〈둘셋〉 중에서).

나의 꿈은 결국 '우리의 꿈'이다. 나처럼 기존 세상에서 상처받고 좌절하고 실패를 경험할 이들은 모두 '우리'인 것이다. 그 우리를 위 해 나는 "넘어져 다치고 아파도" 달려야 한다. 희망은 바로 내가 그 상처와 좌절과 실패에도 불구하고 달릴 수 있는 힘을 여전히 갖고 있다는 데 있으며, 내가 달릴 수 있기에 너도 달릴 수 있으며, 그렇게 그 달리는 운동 속에 '우리'는 희망을 갖는다. 희망은 그 결과에 있는 것이 아니다.

III. 메시지가 미디어다

방탄소년단의 일관된 음악적 메시지는 '미디어가 메시지다'라는 맥루한의 말을 자본주의적 현실에서 도착적으로 응용하며, 메시지 가 아니라 '미디어' 즉 새로운 기술과 장비를 통해 기술적으로 구현 하는데 몰입하는 우리 시대를 위한 하나의 경종이 된다. 미디어가 메시지이다라는 맥루한의 말은 '메시지의 종말'을 의미하지 않으며, 오히려 미디어 환경변화로 초래된 사회문화적 변동 속에 이전의 미 디어를 통해 전달되던 메시지를 콘텐츠로 담아낼 수 있는 역량을 강조할 뿐이다. 그것은 곧 '인간의 연장'[69]을 의미하며, 그렇게 연장된 세계 속에서 절망과 좌절의 가능성도 커지고 연장되는 만큼 희망의 가능성도 연장되어 넓혀진다.

대중문화 속에서 마샬 맥루한의 '미디어가 메시지이다'라는 말은 이제 메시지 즉 내용이나 콘텐츠가 중요한 것이 아니라, 전달매체인 미디어가 중요한 시대가 도래하였다는 말로 남용되곤 한다. 하지만 이 말은 미디어는 메시지를 전달하는 보조적 수단이나 보충매체로 인식하던 맥루한 이전의 사유적 관행을 전복하여, 오히려 미디어가 메시지라고 말하면서, 전자 미디어 기술의 발달로 인한 매체 변화가 진정한 사회의 변화를 선도하고 있음을 현상적으로 기술한 말에 더 가깝다. 하지만 맥루한이 '메시지'의 중요성을 간과한 것은 전혀 아니었다. 다만 흔히 오해하듯이 미디어의 시대는 메시지의 시대를 대치했다는 통념, 즉 기술 미디어가 메시지의 시대를 종식했다는 식이 아니라, 미디어 자체가 만들어내는 메시지를 매 시대 읽어낼 다른 방식과 눈이 필요하다고 주장했을 따름이다.

마샬 맥루한은 "미디어가 메시지이다"라고 말하면서, "사회나 문화를 형성하는 힘이 미디어의 내용이 아니라 미디어 그 자체에 있다"[70]고 말했다. 이 말은 "우리의 각 [연장]들 또는 모든 새로운 기술

---

[69] 마샬 맥루한은 'the extension of man'이라는 표현을 책의 부제로 사용했다. 여기서 '연장'은 국내 번역자들에 의해 흔히 '확장'이라는 말로 오역된다. 하지만 철학적으로 extension은 데카르트가 '사유와 연장'이라고 표현할 때 사용된 말이며, 인간의 접촉환경이 미디어의 발달로 연장되어 넓혀진다는 뜻이지, 결코 인간이 확장되어 부푼다는 의미가 아니다. 이는 미묘한 차이지만 중요한 차이이다.

[70] Marshall McLuhan, *Understanding Media: the Extensions of Man*, 김상호 역, 『미디어의 이해: 인간의 확장』 (서울: 커뮤니케이션북스, 2011), 56.

들이 우리의 삶에 도입한, 새로운 척도가 만들어 낸 모든 미디어—즉 우리 자신의 모든 [연장]들—의 개인적 그리고 사회적 결과들이라는 것"을 말하는 것이다.[71] 여기서 맥루한은 '미디어'를 메시지의 보조 전달수단으로 간주하는 당대의 경향을 뒤집은 것인데, 예를 들어 사람들은 "기계 그 자체보다 자신이 기계로 한 일이 그 기계의 의미나 메시지"라고 생각하는 경향이 있다.[72] 하지만 미디어의 진정한 메시지는 '우리가 기계를 가지고 한 일'이 아니라, 오히려 "우리가 타인과 맺는 상호 관계와 우리 자신 내부의 관계를 변화시키는 방식들"이다.[73] 새로운 미디어의 출현은 우리가 타인과 다른 존재들과 맺는 방식을 변화시키고 또한 우리가 내부적으로 관계하는 방식 자체를 바꾸어 버림으로써 새로운 메시지를 창출한다. 예를 들어, 기계 시대로부터 자동화 시대로의 전이란 기계가 인간의 관계들을 "파편적이고 중앙집권적이[며] 피상적"으로 유형화는 데 반해, 자동화 기술은 "근본적으로 통합적이고 탈중앙집중적"으로 인간의 관계를 유형화하며[74], 맥루한의 관점에서 미디어의 메시지란 바로 이 새로운 관계유형의 창출이다. 미디어가 바뀜으로써 전달하는 메시지의 성격이 근본적으로 완전히 바뀌어 버리게 되는 것이다.

문자 그대로 읽으면, 모든 미디어(media)는 그저 텅빈 매개 혹은 매체이다. 즉 "메시지가 없는"[75] 미디어이다. 하지만 이것은 맥루한이 주장하고자 하는 미디어의 본질이 아니다. 오히려 미디어는 "언

---

71) 위의 책, 31.

72) 위의 책, 31.

73) 위의 책, 31.

74) 위의 책, 31.

75) 위의 책, 32.

제나 또 다른 미디어"를 내용으로 담는다.[76] 즉 미디어는 그저 텅빈 매체가 아니라 '다른 미디어'를 콘텐츠로 담고 있는 매체인 것이다. 예를 들어 문자 미디어의 내용은 '말'이고, 인쇄 미디어의 내용은 글로 쓴 말이며, 전보라는 미디어의 내용은 인쇄이다. 그래서 맥루한은 "모든 미디어나 기술의 '메시지'는 결국 미디어나 기술이 인간의 삶에 가져다 줄 규모나 속도 혹은 패턴의 변화"[77]라고 주장하는 것이다. 예를 들어 철도라는 미디어는 그것이 운반하는 화물 혹은 내용이 무엇이든지 간에 그것보다 더 중요한 것은 철도가 "완전히 새로운 종류의 도시들과 새로운 종류의 노동과 여가를 창조"해냈다는 사실이고, 이를 통해 기존 "인간 활동들의 규모를 확대하고 속도를 가속화했다"는 것, 바로 그것이 철도라는 미디어의 메시지인 것이다.[78] 미디어가 메시지라는 것은 결국 "인간관계의 행위의 규모와 형태를 형성하고 제어하는 것[은] 바로 미디어이다"[79]라는 말 외에 다름 아니다.

'미디어가 메시지이다'라는 맥루한의 말을 달리 표현하자면, 이는 "모든 기술은 차츰차츰 하나의 완전히 새로운 인간 환경을 창조해낸다"[80]는 것을 가리키는 말이다. 여기서 환경은 "수동적으로 우리를 감싸고 있는 것이 아니라 능동적으로 개입하는 과정들"[81]을 가리킨다. 예를 들면 구술문화를 배경으로 하는 상황에서 "필사문화"의 출

---

76) 위의 책, 32.
77) 위의 책, 32.
78) 위의 책, 32.
79) 위의 책, 32-33.
80) 위의 책, 16.
81) 위의 책, 16.

현은 "필사라는 기술이 인간을 탈부족화로 이끌기 시작하는 새로운 환경"을 만들어냈다는 것을 의미한다.[82] 이는 구술적 서사와 신화를 통해 "부족백과사전"을 통해 지혜를 물려받던 환경이 이제 기록과 분류에 의한 지혜의 환경으로 바뀌었다는 것을 의미하고, 그래서 "개인화되고 탈부족된 인간"이 등장하면서 새로운 교육환경의 필요성이 창출되었다는 것을 의미한다.[83] 그리고 이제 전자 미디어의 시대가 도래하면서 "자료를 분류하는 방식은 IBM의 핵심용어가 된 패턴 인식이라는 방식에 그 자리를 양보해야만"[84]하는 환경이 되었다. 디지털 미디어의 환경에서 자라나는 세대에게 "이 세상은 바퀴에 의해서 돌아가는 것이 아니라 회로를 통해서 돌아가고, 잘게 나뉜 부분들에 의해 파악되는 것이 아니라 통합적인 패턴들에 의해서 파악된다."[85] 그래서 전자 미디어의 세상은 "전자적 참여와 개입이라는 새로운 상황"[86]을 창출하고 있다. 미디어의 발명으로 새로운 환경이 만들어지고, 새로운 환경은 새로운 메시지를 창출하며, 이전과는 다른 세상을 만들어가는 것이다. 그런 과정을 통해 인간은 '연장되어왔다'(extended). 인간의 관계와 활동범위가 더 넓어졌다는 말이다.

　새로운 미디어가 도입하는 새로운 기술환경 자체가 미디어의 메시지가 될 수 있다는 맥루한의 발상은 전세계가 소셜미디어로 연결된 우리의 세상에서 새롭게 해석/적용될 필요가 있다. 오늘날 소셜

---

82) 위의 책, 17.
83) 위의 책, 17.
84) 위의 책, 18.
85) 위의 책, 19.
86) 위의 책, 25.

미디어가 창출한 새로운 인간환경은 무엇이고, 그 텅빈 미디어 속에 메시지로 담겨지는 어떤 미디어 메시지인가? 미디어는 새로운 규모와 형태의 인간관계를 만들어내며, 미디어의 본질적 메시지는 바로 이것이라는 맥루한의 분석은 그 본래 의도와는 상관없이 소셜 미디어 시대에 무책임한 내용을 자기 입맛에 따라 이익을 좇아 창출해 가는 '가짜뉴스'의 시대 속에서 우리에게 성찰을 요한다. 특별히 '메시지' 혹은 '내용'은 사라지고, 여러 영상장비들을 활용하여 자극적이고 선동적인 가짜뉴스의 제작과 유포의 온상이 되어버린 유튜브와 같은 미디어의 등장 속에서 우리는 맥루한의 말을 되새겨보고, 재해석할 필요가 느껴진다.

방탄 현상은 우리에게 맥루한의 '미디어가 메시지이다'라는 성찰을 뒤집어 '메시지가 미디어다'는 통찰로 이끈다. 이지영이 분석하는 대로, 방탄 현상은 "현재 세계 전체를 억압하고 있는 것들, 그 억압 하에서 사람들이 겪는 고통과 단절, 외로움" 그리고 그러한 세상을 바꾸려는 "욕망"이 결합하여 분출하고 있는 현상이다.[87] 말하자면 기호자본주의 융기를 통해 전세계가 네트워크로 연결되고, 이제 컴퓨터와 네트워크뿐만 아니라 인공지능과 로봇이 산업현장에 도입되면서 포스트휴먼 시대는, 유발 하리리의 표현대로, "불평등의 업그레이드"[88]를 가속화시키고 있다. 그 과정에서 극소수의 초부유층은 전세계 부의 대부분을 소유하고, 자신들을 소위 '호모 데우스'로 업그레이드하는 동안, 그 외 대부분의 사람들은 인간-이하의 존재로

---

[87] 이지영, 『BTS 예술혁명』, 17.

[88] Yuval N. Harari, *Homo Deus: A Brief History of Tomorrow* (London: Harvil Secker, 2015), 346-350.

전락해가는 과정이 진행 중이다. 거기에 더해, 코로나 팬더믹은 무인주문 시스템과 인공지능 서비스 등을 통해 대면 만남을 생략하는 생산과 소비과정의 도입을 촉진함으로써 이 '불평등의 업그레이드' 과정을 더욱 가속화하고 있다. 맥루한은 미디어를 인간관계의 규모와 형태 변화로 보고, 이것이 미디어의 메시지라고 했는데, 그런 맥루한이 포착하지 못한 것이 바로 이 범지구적인 불평등의 업그레이드라는 현상이다. 물론 맥루한의 시기는 자본주의가 성장하는 시대였고, 따라서 우리가 오늘날 경험하는 이 범지구적인 고통과 억압이 그의 눈에는 곧 극복될 어떤 것으로 간주되었을 수도 있다. 그의 이론이 오늘날의 현실을 포착하지 못한 것은 그의 잘못이 아니다. 다만 '미디어가 메시지'라는 그의 핵심주장이 포스트모던 시대를 거치면서, 메시지의 종말로 해석하고 이제 1인 미디어 시대에 실재나 진리는 증발하고, 진리란 그저 각자가 주장하기 나름이라는 식의 도착된 포스트모더니즘만 남은 소셜 미디어 시대에 도리어 그의 메시지에 대한 올바른 해석은 이제 '메시지가 미디어다'로 읽혀야 할 것처럼 여겨진다.

방탄소년단의 음악에 전세계 젊은이들이 공감을 표하는 것은 그들의 화려한 안무나 영상미 그리고 그들의 음악이 담지한 힙합을 가미한 하이브리드한 리듬 때문인 것만은 아니기 때문이다. 오히려 방탄소년단의 음악 속에는 그들의 활동초기부터 시대를 향한 일관되고 뚜렷한 메시지를 담고 있었고, 이 메시지들이 미국시장의 팬들에게 알려지면서, 그 음악과 메시지에 공감하는 미국의 젊은이들이 자발적으로 방탄소년단의 팬덤인 아미를 결성하여, 전세계적인 방탄현상의 촉매가 되었다. 거기에 그치지 않고 그의 팬덤 아미(ARMY)는 방탄소년단이 만들어내는 음악과 영상들을 자발적으로 자국어로 번역하여 퍼뜨리며, 방탄음악에 담긴 메시지와 의미를 더욱 더 증폭시켜주는 역할을 감당한다. 여기서 주목할 것은 그들이 방탄소년단의 팬으로서 하는 활동은 단지 '아이돌 덕질'에 그치는 것이 아니라, 방탄소년단의 음악과 영상들을 나름의 예술양식으로 만들어 네트워크를 통해 유포하고 있다는 점에서 예술양식의 변화를 촉발하고 있기도 하다는 점이다. 즉 방탄소년단의 음악과 영상 그리고 활동이 전 세계 젊은이들에게 '현상'이 될 수 있었던 것은 그 다양한 매체들을 통한 활동 안에 일관된 메시지와 서사가 담겨 있기 때문이지, 그 역은 아니라는 것이다.

무엇보다도 방탄소년단의 "음악과 가사, 뮤직비디오, SNS 동영상 등은 여러 가지로 해석될 수 있는 열린 구조의 서사가 되어 보다 풍성한 이야기를 만들어낸다."[89] 말하자면, 방탄의 음악과 영상에는 이야기의 '서사'가 존재하고, 따라서 그 안에 기호와 상징들이 담겨 있어서, 해석의 여지를 제공해 주고 있다는 말이다. 이는 현대 대중음악에서 사라져버린, 특별히 앨범이 아니라, MP3 파일을 다운로드 받거나 스트리밍을 통해 음악을 소비하는 시대에는 사라져버린 '트렌드'가 방탄소년단의 손에서 새롭게 영상을 담은 이야기로 재탄생하고 있는 것이다. 그 이야기적 서사구조는 무엇보다도 기존 사회의 도덕적 혹은 이데올로기적 이야기가 아니라 자신들의 이야기를 담고 있으며, 바로 그런 점에서 방탄은 "하고 싶은 것은 하고 하기 싫은 것은 싫다고 얘기하는"[90] 소위 Z세대에게 이야기적 서사를 부활시

---

[89] 서병기, 『BTS: 방탄소년단과 K팝』, 31.
[90] 위의 책, 32.

키고 있다.

IV. 나가며

방탄소년단은 자신들의 음악에 처음부터 명확한 메시지를 담아
내고자 하였다. 모두가 획일적인 꿈을 꾸며 똑같은 목표를 향해 서
로를 경쟁자로 간주하고, 서로를 밀어내고 승자가 되기 위해 달려가
는 세상에서 남이 만들어준 꿈을 꾸며 시대의 볼모가 되기보다는 실
패하고 좌절하고 소외되고 홀로 될 위험을 감수하더라도 자신만의
꿈을 꾸라는 것. 그리고 그 자신만의 꿈으로 다른 세상을 만들어 나
갈 꿈을 가지라는 것. 그래서 자기 삶의 주어가 되어 자신의 삶을 사
랑하라는 것. 그것은 바로 내 자신을 사랑하는 것이고 자신을 이해
하는 것이다. 그래서 남들이 알아주지 않아도 남들이 손가락질하여
도 자신의 꿈에 "쩔어" 부딪히고 넘어지고 실패하고 깨져도 달려가
라는 것. 방탄소년단은 음악적 메시지가 아니라 리듬이나 비트 그리
고 안무와 섹시한 의상 등으로 승부를 걸려하던 연예계의 일반적 흐
름에 편승하지 않고, 초기부터 묵직하게 자신들의 이야기, 자신들이
전하고자 하는 메시지를 잃지 않고자 했다. 그래서 그들의 음악에는
지금의 대중음악에서 거의 보기 어려운 '서사'가 살아있다.

방탄소년단의 음악적 메시지가 전세계적인 방탄현상이 되는 한
축이었다는 사실은 마샬 맥루한이 '미디어가 메시지이다'라는 말을
새롭게 해석해야 할 필요성을 제기한다: 메시지가 미디어이다. '미
디어'라는 말은 매체라는 말이다. 맥루한은 매체환경의 변화가 사람

들이 관계하는 규모와 형태와 속도를 바꾸기 때문에 이를 통해 사회와 문명의 구조가 급변한다는 사실을 강조했다. 하지만 이 '매체'라는 개념이 꼭 물질적 도구나 장비 혹은 수단만을 가리키는 것은 아니다. 우리의 언어도 '매체' 즉 '미디어'의 한 형태인 것이다. 방탄소년단의 전 세계적인 흥행은 메시지를 미디어로 해서 사람들의 공감을 이끌어내는 것이 가능하고, 또 그러한 선한 공감이 동반될 때 우리는 이 시대를 향한 희망과 그를 이루어내기 위한 변화를 꿈꿀 수 있을 것이다. 들뢰즈는 철학을 "개념을 형성하고, 발명하고 그리고 만들어내는 기술(art)"[91]이라고 말한 바 있다. 이런 맥락에서 방탄소년단은 음악으로 '철학을 한 것'이고, 바로 이런 맥락에서 서병기는 방탄소년단의 음악이 아티스트의 작업이었다고 말한 것이다. "세상에 자신이 하고 싶은 이야기를 던지는 존재"[92]로서 아티스트 말이다. 그리고 바로 그렇게 자신들의 개념을 형성하고 발명하고 만들어내는 기술(art)을 발휘했다는 의미에서 그들은 철학자인 것이다.

---

[91] Giles Deleuze & Félix Guattari, *What Is Philosophy*, trans. Hugh Tomlinson & Graham Burchell (New York: Columbia University Press, 1994), 2.

[92] 서병기, 『BTS: 방탄소년단과 K팝』, 43.

트로트와 개신교 찬송가에 나타난 '한국화'

김명희*

I. 들어가는 말

요즘 대한민국은 트로트 열기로 뜨겁다. 2019년 TV조선의 '내일은 미스트롯'(이하 미스트롯)을 시작으로 2020년 '내일은 미스터트롯'(이하 미스터트롯)을 통해 한국의 대중가요 트로트가 전 국민의 관심사가 되었다. 특히 '트로트'라면 중장년층들이 좋아하는 대중가요로 인식되어왔는데, 지금은 젊은층에서도 사랑받는 장르가 되었다. 2020년 1월 2일에서 3월 14일까지 방영된 미스터트롯은 역대 예능 최고의 시청률 35.711%(평균 시청률 23.894%)를 기록하며 막을 내렸다. 현재 방영 중인 '미스트롯2'도 25%~30%라는 높은 시청률을 보이고 있다. TV조선의 미스트롯과 미스터트롯에 이어 방송사마다 앞다퉈 선보인 트로트 프로그램들(MBN '보이스트롯', MBC 플러스 '나는 트로트 가

---

* 서강대학교 종교연구소 학술연구교수

수다', KBS '트로트 전국체전', SBS '트롯신이 떴다' 등)은 코로나19로 시름하는 대한민국에 위로가 된 '사이다' 서바이벌 오디션 프로그램이었다.

한동안 침체기를 보였던 트로트가 대국민 열풍을 일으킬 수 있었던 이유와 의미가 궁금하지 않을 수 없다. 그동안 대중가요 서바이벌 오디션 프로그램이 많았지만 유독 코로나19 시기에 방영된 트로트 프로그램이 남녀노소를 불문하고 대한민국 국민에게 사랑을 받은 이유가 무엇일까? 거기에는 '우리 것'이라는 게 있었고, 그 뿌리는 '풍류도'라는 한국인의 영성과 맞닿아 있었다. 대한민국 국민 몸 속에 흐르는 풍류도의 DNA는 남녀노소를 불문하고 트로트 열풍에 빠지게 만든 요인이 되었다. 이런 이유에서 트로트는 '한국화'와 함께 '대중화'를 띠게 되었고, 코로나19로 지쳐있는 국민들에게 정신적, 심리적 힐링의 공간을 마련해 주었다. 트로트는 한국화·대중화를 통해 '힐링문화영성'을 제공하였다.

한반도 밖에서 들어온 문화가 '풍류도' 토양에 적응하며 '한국의 문화'로 탄생한 '트로트'처럼, 한국의 개신교 찬송가도 '한국화'의 과정을 거쳐 오늘날의 '한국 찬송가'가 되었다. 서양의 선교사가 처음에 알려준 찬송가는 시간이 흐르면서 '한국의 것'을 찾으려는 노력 끝에 '한국의 찬송가'로 변화·발전하게 되었다. 흥미로운 것은 한국에 서양음악이 들어온 출발점이 찬송가라고 한다. 1885년, 미국인 선교사 아펜젤러와 언더우드가 한국에 선교하기 위해 입국하면서 보급했던 찬송가가 한국 서양음악의 시발점이 되었다는 것이다.[1] 대중음악으로서 트로트 음악도 서양음악의 마중물이었던 찬송가와

---

[1] 양우석, "한국 트로트음악의 역사적 변천과정에 관한 연구", 「음악과 민족」 Vol. 30 No. 30 (2005), 411.

어쩌면 같은 뿌리에서 만났을지도 모른다.

트로트와 한국개신교 찬송가의 '한국화' 과정을 체·상·용(體相用)의 원리를 통해 살펴보고자 한다. 체·상·용은 원래 불교 대승기신론 경전에 나오는 개념이지만 트로트와 찬송가의 한국화 과정을 설명하는 데 유용한 원리다. 체가 변하지 않는 본질을 나타낸다면, 상은 본질이 모습을 드러낸 상태다. 용은 본질과 모습이 결합되어 작용하는 것을 의미한다. 즉 체·상·용이란 본질과 형상, 운동이라고 할 수 있겠다. 체에는 '한국화'할 때 '한'(韓)이 속한다. 포용성의 성격을 띠고 있는 '한'은 '함'(含)으로도 설명할 수 있다. 상에는 '한국화'라고 할 때 '국'(國)에 속한다. 상은 체의 현현이기에 '한'이 '국'으로 혹은 '국'이란 틀에서 나타나는 것이다. 풍류도에서는 흥, 노래, 춤, 신바람이 여기에 속한다. 상은 창조성이 발휘되는 곳이다. 용은 '한국화'의 '화'(化)에 해당된다. 적용성이다. 삶의 적용이다. 풍류도의 풍(風)이 상(相)이라고 한다면, 류(流)는 용(用), 도(道)는 체(體)라고 할 수 있다.

본 논문에서는 먼저 트로트와 트로트 열풍에 대해 풍류도의 원리를 통해 '한국화'의 의미를 살펴본다. 이어서 한국개신교 찬송가에 나타난 체·상·용의 원리를 통해 '한국화'의 의미를 고찰한다.

II. 트로트의 한국화

1. 한국의 대중가요 트로트

'대중음악'이란 널리 많은 사람, 즉 대중이 즐기는 음악을 일컫는다. 대중음악은 예술성과 심미성에 가치를 두는 순수음악과 달리, 감각적인 대중성과 오락성 그리고 상업성에 기반을 두고 있으며, 짧은 시간의 유행성을 가진다. 프랑스의 샹송, 독일의 슐라거, 이탈리아의 칸쵸네처럼 나라마다 자국의 대중음악을 가지고 있지만, 오늘날 미국의 대중음악(팝, 힙합, R&B, 록, 댄스음악, 컨트리)에 묻혀 자국의 대중음악이 인기에 있어서 약세를 보이기도 한다. 한국의 대중음악으로 트로트를 비롯해 발라드, 힙합, R&B, K-POP, 인디음악 등을 꼽을 수 있다. 이 중에 트로트는 한국의 전통 대중가요로 알려져 있다. 다시 말해 외국인에게 한국의 대중가요를 소개할 때 우리는 트로트를 들려준다. 트로트는 일제강점기인 1920년대 말부터 우리나라에 도입되어, 비교적 오랜 시간을 거치지 않고 한국의 문화로 자리매김할 수 있었다. 한 세기라는 길지 않은 시간 속에서 어떻게 트로트가 한국의 대중가요가 될 수 있었는지 놀랍기만 하다. 트로트가 유입·발전되는 과정에서 한국의 뿌리와 맞닿은 것인지 추측해 본다. 트로트의 한국적 뿌리를 밝히기 위해 먼저 트로트의 역사적 변천 과정을 살펴볼 필요가 있다. 한국의 뿌리로부터 한국화가 출발하기 때문이다.

흥미롭게도 트로트는 한국개신교의 초기 선교역사에서 출발한다. 미국인 개신교 선교사 아펜젤러와 언더우드에 의해 기독교 복음과 함께 들어온 찬송가는 우리나라에 최초로 소개된 서양음악이었다. 1896년 찬송가에 우리말 가사를 붙인 '황제탄신축가'를 만들어 고종의 생일에 사용하기도 하였다. 그 외에도 찬송가와 함께 들어온 여러 나라의 민요에 한국 가사를 붙여서 우리 노래로 불렀는데, 이것이 창가(唱歌)의 기원이 되었다. 창가는 갑오경장 이후에 신시(新

詩)로 된 시가로, 시조나 재래의 가사 및 찬송가의 영향으로 처음에는 4·4조의 형식을 보이다가 이후에 7·5조나 8·5조 등으로 변화 발전하면서 자유시의 형식을 띠게 되었다. 이 창가의 가사에 음곡(音曲)을 붙여 부른 것이 노래 창가다. 서양음악의 영향을 받아 형성된 '신식 노래' 창가는 한반도에 큰 영향을 끼쳤고, 이후 가곡, 동요, 신민요, 유행가 등의 장르로 분화되었다. 이 중 유행가는 트로트 리듬을 수용하고 발전시켜 트로트 음악이라는 장르를 탄생시켰다. 1920년대 중반부터는 창가를 대신하여 '트로트'라는 유행가가 나타나기 시작했다. 1934년 4월에는 본격적인 유행가로 '황성옛터'(1932)가 등장해 인기를 누렸다.[2] 이후 유행가는 '트로트'라는 이름으로 변화·발전하였다. 초기에 리듬을 지칭했던 '트로트'가 시간이 흐르면서 장르를 가리키는 용어로 자리매김하였다.

영어 'Trot'(트로트)는 '빠르게 간다', '빠른 걸음으로 뛰다'라는 뜻이다. 1910년대 미국에서 유행하던 서양 춤곡의 하나인 폭스트로트(FoxTrot)에서 나온 트로트는 '트롯'이라고도 하고 '뽕짝'이라 불리기도 한다. 뽕짝은 트로트를 비하해서 부르는 말이다. 단조 5음계와 2박자를 주로 사용하기 때문에 '쿵짝쿵짝' 혹은 '뽕짝뽕짝' 하고 들리는 단순한 음악이라는 것이다. 2박자 리듬을 사용한 것은 엔카다. 트로트는 '쿵짝짝' 3박자 리듬을 사용한다. 일본은 전통음악에 폭스트로트를 접목시켜 엔카를 유행시켰다. 1930년대 말 일본의 조선어 말살 정책으로 인하여 한국 가요는 엔카에 동화되었고, 광복 후 재즈와 팝 등이 도입되면서 일본의 잔재를 없애고 우리의 주체성을 목적

---

2) 양우석, "한국트로트음악의 수용과 형성과정", 「음악응용연구」 Vol. 3 (2010), 128.

으로 트로트 음악이 시작되었다.[3] 양우석은 일제강점기를 통해 엔카가 유입되어 트로트 음악에 영향을 준 건 사실이지만, 여러 가지 점에서 둘 사이에는 차이가 있다고 본다. 트로트와 엔카는 발성과 음의 꾸밈, 가사의 전개 등에서 확연한 차이를 보인다는 것이다.[4] 엔카의 영향을 받았음에도 불구하고 트로트를 한국의 대중가요라고 보는 이유는 트로트가 가지고 있는 '한국적인 것' 때문일 것이다. 이 '한국적인 것'의 실체가 무엇인지 고찰해 볼 필요가 있다.

2. 트로트의 고유성과 창조성

'한국적인 것'은 무엇일까? 탁석산은 그의 책 『한국의 정체성』에서 '한국적인 것'이란 '정체성'과 관련된다고 말한다. 그에 따르면, 정체성은 고유성과 창의성을 내포한다. 여기서 주지해야 할 것은, '시원' (始原)이 고유성의 기준이 아니라는 점이다. 탁석산은 "시원을 고유성의 기준으로 삼는다면 인류가 지금 갖고 있는 문화나 문명의 고유성은 인류 최초의 문명인 이집트나 메소포타미아의 그늘에서 벗어나지 못할 것"이라고 주장한다.[5] 탁석산은 '고유성'을 '개성'과 동의어로 인식한다. 따라서 어떤 것의 정체성을 알고자 할 때 그것의 고유성과 개성을 살펴보면 된다. 개성은 다른 집단과 구별되는 속성으로, 일정 수준의 아름다움을 지닌다.[6]

---

[3] 김희연, "트로트 음악의 사회적 가치에 관한 고찰. 트로트 프로그램의 문화적 현상: '미스트롯', '미스터트롯' 프로그램 사례분석을 중심으로", 「문화와 융합」 42, No.9 (통권 73집, 2020), 563.

[4] 양우석, "한국트로트음악의 수용과 형성과정", 129.

[5] 탁석산, 『한국의 정체성』 (서울: 책세상, 2005), 84-85.

또한 고유성은 창의성과 밀접한 관계를 갖는다. 외래문화가 국경을 넘어 한국에 들어왔을 때 어떻게 창조적으로 수용·발전하느냐에 따라 '우리 것'이 될 수 있다. 이때 외래문화를 창조적으로 수용하는 역량이 필요한데, 그 기준점이 되는 것이 '보편적 가치'다. 탁석산은 바둑을 하나의 좋은 사례로 제시한다. 그는 문화의 창조적 수용과 퇴락의 기준은 외래문화가 자국에 수용되었을 때 '보편적 가치'에 도달했는지에 달렸는데, 바둑의 경우 잡기보다는 도예가 더 높은 가치이며 보편적이라고 한다. 그런데 중국에서 창안된 바둑이 한국과 일본에 전해졌을 때, 일본은 바둑을 '도예'로 발전시켜 그들의 문화로 만들었으나, 한국은 바둑을 '잡기'로 전락시켰다는 것이다. 중국이 전해준 바둑을 일본은 창조적으로 수용함으로써 바둑이 하나의 문화가 되었다. 즉 일본은 잡기를 문화의 하나로 끌어올려 도(道)의 경지에 이르게 했다는 것이다. 반면에 한국에서는 바둑이 잡기로서 한국의 문화가 되지 못했다고 지적한다.[7] 우리에게 바둑은 '보편적 가치'를 주지 못하고 있다는 게 탁석산의 견해다.

그렇다면 트로트는 어떤가? 1910년대 유럽과 미국에서 유행하던 4분의 4박자 리듬의 춤곡인 폭스트로트(Fox-Trot)가 일본과 한국의 문화와 만났을 때 어떤 현상이 일어났을까? 일본에서는 전통음악에 폭스트로트를 접목시켜 엔카를 유행시켰다. 한국은 유럽풍 가락에 일본풍 곡조를 가미하면서 한국적인 정조를 담아 한국적 창작가요의 틀을 만들었다.[8] 엔카와 트로트가 일제강점기에 동일하게 출발

---

6) 탁석산, 같은 책, 91.

7) 탁석산, 같은 책, 95.

8) 박윤석, "한국 트로트 탄생의 비밀", 「월간 샘터」 (2020), 32.

했으나, 트로트는 시간이 지나면서 창조적 진화를 하게 되었다. 일제강점기 당시 서양음악이 일본을 거쳐 한국에 들어왔을 때 우리는 제대로 된 녹음 장비가 없어 일본에서 음반 제작을 해야만 했다. 이런 이유에서 일본의 영향을 받으며 트로트가 발전했지만, 시간이 지날수록 트로트는 한국적인 모습을 갖추게 되었다. 초기에 일본이 '쿵짝쿵짝'의 2박자 리듬의 엔카가 유행했다면, 한국은 '쿵짝짝' 3박자의 트로트를 유행시켰다. 가사의 주제도 달랐다. 초기 트로트는 '항일 감정'을 담은 민족주의적 가사가 주를 이뤘다면, 엔카는 사랑노래가 대부분이었다.9) 트로트가 1970년대 전반기에 포크송 열풍으로 2년 정도 위축된 적이 있지만, 1976년에 발표된 조용필의 〈돌아와요 부산항에〉를 기점으로 다시 트로트 열풍이 일어났고, 오늘날까지 트로트 열풍은 대한민국을 달구고 있다.

한국의 대중가요로서 트로트의 고유성과 개성을 찾으라고 한다면, 한국인 고유의 3박자 리듬이다. 이것은 한국개신교 찬송가의 '한국화'의 특징과도 일치한다. 트로트는 처음부터 자생적으로 생겨난 게 아닌, 유럽풍의 가락과 일본의 곡조와 만나면서 점차 '한국의 대중가요'로 변화·발전하였다. 1926년 윤심덕의 〈사의 찬미〉(死의 讚美), 1932년 최초의 창작가요인 〈황성의 적〉, 1938년 손목인이 작곡한 〈목포의 눈물〉을 시작으로 이후 수많은 트로트가 창작되었고, 현재도 여전히 진행 중이다.10) 아마도 트로트 음악만큼 고유성과 개성을 지키면서 창조적으로 진화한 음악은 없을 것이다.

---

9) 이혜진, "트로트는 정말 일본 엔카에서 왔을까?", 「파이낸셜뉴스」, 2020.5.28. (https://hub.zum.com/fnnews/61344.)
10) 양우석, "한국트로트음악의 수용과 형성과정", 135.

3. 풍류도로서 트로트

서양 가락과 일본 곡조의 영향으로 탄생한 트로트가 과연 한국의 대중가요라고 말할 수 있는가? 탁석산의 말처럼 시원(始原)이 고유성의 기준이 아니라면, 외국에서 들어온 가락과 곡조가 '우리의 것'이 되기 위해서는 창조적 수용을 통해서만 가능하다. 어떤 낯선 문화를 우리 안으로 받아들이기 위해서는 창조적 수용이 필요한데, 이때 기준이 되는 것이 보편적 가치다. "한 문화의 수용이 모든 사람에게 보편적 가치를 갖는가?"라는 질문이 선행될 때 외래문화의 토착화와 대중화가 가능하다.

그렇다면 트로트에는 보편적 가치가 있는가? 있다. 트로트에서 한국문화의 뿌리이자 보편적 가치인 풍류도를 발견하게 된다. 신라의 최치원은 우리나라의 깊고 오묘한 도(道)가 '풍류'(風流)라고 소개한다. 우리나라의 고유한 영성이 '풍류도'(風流道)라는 것이다. 토착화신학자 유동식도 '풍류도'에서 한국인의 영성을 재발견하였다. 최치원의 풍류도를 토대로 유동식을 비롯한 많은 학자가 한국의 사상과 문학, 음악, 미학의 뿌리를 '풍류'라고 보았다.[11] 그러나 '풍류'는 한국에만 있는 용어가 아닌, 한국·중국·일본의 공통 용어였다.[12] '풍류'는 중국에서 최초로 사용하였으며, 인간의 내면적 가치를 강조하는 말이었다. 반면에 일본에서의 풍류개념은 섬세함과 화려함 등 주로 외면으로 드러나는 형태적인 아름다움이나 의장(意匠)의 세련

---

[11] 조춘영, "장단 - 풍류에서 한류로", 박성수 외, 『한류와 한사상』 (서울: 모시는 사람들, 2009), 305-306.

[12] 신은경, 『風流. 동아시아 美學의 근원』 (서울: 보고사, 2006), 15.

됨이 강조되었다. 삼국의 공통된 풍류개념은 '예술적으로 (혹은 미적으로) 노는 것'이다. 중국은 '호쾌하게, 어디에도 구속됨 없이', 일본은 '우아하고 세련되게', 한국은 '운치 있고 멋있게 노는 것'이다. '노는 것'이되 정신적인 영역까지를 포함하고 거기에 심미적 요소가 갖추어진 '풍류'였다. 그런데 한국의 '풍류'는 중국 및 일본과 다르게 종교성이 강조된다. 이 점이 한국 풍류개념의 고유성이고 독자성이다. 최치원에 의해 풍류가 유불선 삼교를 포함하는 종교성을 띠게 되었고, '풍류'는 중국 및 일본과 달리 한국에서 '풍류도'로 발전하게 되었다.[13] 이 '풍류도'가 트로트에서는 어떻게 나타나고 있을까?

유동식은 풍류도를 '한 멋진 삶'으로 풀이한다. 여기서 '한'은 종합 지양하는 창조적 마음이며, 현실에의 책임 있는 참여의 마음이다. 또한 '한'은 풍류의 마음이다. 이러한 '한'을 추구해 온 것이 '한족'이었고, 그들은 스스로 '한'(韓)이라고 불렀다. 대한민국/한국의 '한'자가 여기서 온 것이다. 김상일도 '한'(韓)은 우리의 이름이고, 정체성이며, 우리 것을 '우리의 것'으로 만들어 주는 말이라고 한다.[14] 순수한 우리말인 '한' 속에는 대상물의 전체와 그 전체 속 낱개의 구성요소가 동시에 포함되어 있다. 따라서 '한'은 '하나'를 뜻하는 동시에 '전체'를 뜻한다. 김진봉은 '한'이 한국인의 사고 구조를 형성하고 사고 양식을 산출하는 원형어라고 말한다. '일즉다·다즉일'(一卽多·多卽一)의 '한' 사상은 일치와 조화를 향한 풍류의 길, 곧 풍류도(風流道)

---

13) 김명회, "선교, 한류에서 배우다 - 한류의 뿌리 '풍류도'를 중심으로", 한국문화신학회 엮어지음, 『한류로 신학하기』(서울: 동연, 2013), 178-179.

14) 김상일, "한류에는 해지는 곳이 없다", 박성수 외, 『한류와 한사상』(서울: 모시는 사람들, 2009), 7.

이다.15) 트로트가 오랜 세월을 거치면서 다양한 리듬과 음악의 형식들을 창조적으로 수용하면서 고유성을 잃지 않고 진화·발전할 수 있었던 것은 한국인의 '보편적 가치'인 일치와 조화의 풍류도에 기인한다.

'한 멋진 삶'의 '멋'은 심미적 개념으로서 아름다움의 조화를 지향한다. 이것은 흥, 신바람, 정(情), 한(恨)으로 나타난다. 신바람이나 흥으로서의 '멋'은 노래와 춤으로 표현된다. 이 '멋'이 풍류도의 '풍'이다. '멋'의 신바람과 흥·정·한이 고스란히 담겨있는 음악이 트로트이다. 우리의 흥의 미감은 일본과 중국의 흥과 다르다. 일본의 오카시와 중국의 자미는 모두 대상의 관찰에서 오는 일반적인 기쁨의 미감인데, 한국의 흥은 주객합일의 경지를 드러내 주는 미감이다. 한국의 흥은 대상과 일체가 되어 '부분에서 전체로', '나에서 우리로' 나아가는 역동적·참여적·상승적·생태학적 성격을 지닌다. '흥'은 슬픔이나 무심계열의 미감과는 달리 대상과 주체를 적극적으로 융합한다. 트로트의 흥은 대상 및 현실과 적극적 관계를 맺고 긍정적 시선으로 이를 포착하는 데서 오는 밝은 느낌이 기반이 되는 풍류심이다.16) '흥'에 내포된 즐거움의 요소는 노래(歌)와 춤(舞)과 깊은 관련이 있다. 특히 흥은 신바람을 탄 에너지를 발산시키는 걸 전제로 한다. 신이 나고 흥이 나는 것은 에너지의 방출과 더불어 깊이 몰입하는 고도의 집중·농축상태를 말한다. 정(情)과 한(恨)은 함께 하기에, 정이 깨지면 한이 된다. 정은 한국에서 인간관계의 바탕이자 삶과 실천의 동력이다. 트로트의 가사 중에는 한국인의 정과 한을 담은

---

15) 김명희, "선교, 한류에서 배우다", 188.

16) 신은경, 『風流』, 89.

노래 가사가 많다. 정(情)과 한(恨)을 아우르면서(道) 홍겹고 신명나게(風) 살아간다(流). 물이 흐르는 길과 바람이 부는 길은 무한대다. 풍류의 도(道)로 살아가는 게 '한 멋진 삶'이다. 트로트가 한국적인 이유는 '한 멋진 삶'의 풍류도에 기반을 두고 있기 때문이다. 이처럼 트로트는 풍류도를 보편적 가치로 삼는다. 트로트의 고유성과 창조성은 풍류도에서 기인하며, 이것이 트로트의 정체성이자 '한국적인 것'이라고 할 수 있다. "트로트는 한국적인가?" 답은, "트로트는 한국적이다."

4. 트로트의 한국화

트로트 음악이 일본의 영향권 속에서 수용되었으나 '한국의 것'으로 창조적 발전을 하였다. 트로트의 창조적 수용과 발전은 곧 '한국화'와도 연결된다. 윤심덕과 박채선, 이류색 등 초기의 가수들은 트로트를 입체적 창법으로 노래했고,[17] 이후 많은 가수도 판소리나 민요를 익혀서 자신의 음악에 개성을 부여했다. 이러한 창조적 수용속에 트로트 음악은 긴 세월 동안 대중성을 띠게 되었다.[18] 양우석은 외국의 영향을 받았던 트로트 음악이 오래도록 사랑을 받을 수 있었던 것은 대중의 취향에 맞게 수용되었기 때문이고, 한국인에 의해 자생적으로 만들어졌기 때문이라고 주장한다.[19] 한국인의 '취향' 저변에는 홍과 신바람, 정과 한을 품고 있는 '풍류도'의 뿌리가 자리

---

17) 이영미, 『한국대중가요사』 (서울: 민속원, 1998), 15-20.
18) 양우석, "한국트로트음악의 수용과 형성과정", 133.
19) 양우석, 같은 글, 134.

잡고 있었다. 풍류도가 트로트 한국화의 이정표였다.

풍류도에 힘입어 트로트는 한국의 대중가요로서 지속적인 사랑을 받을 수 있었다. 탁석산은 정체성 판단의 기준 중 하나가 '대중성'이라고 한다. 대중성이란, 많은 사람이 공감한다는 뜻이므로 정체성과 긴밀한 연관성이 있다.[20] 트로트의 대중성이 얼마나 지속성을 갖는지는 2020년부터 시작된 대한민국의 트로트 열풍을 통해 입증되고 있다. '대중가요'로서 트로트는 한국의 정체성을 나타낸다. 한국의 정체성은 한국인의 주체성과 연관된다. 따라서 트로트의 한국화란 한국의 정체성과 주체성을 가지는 것이다.

김희선은 트로트의 시대적 단계를 형성기 · 확장기 · 전성기 · 변질기 · 정체기로 구분한다.[21] 이 다섯 단계를 통해 트로트가 어떤 과정을 통해, 어떤 모습으로 한국화되었는지 고찰할 수 있다.

제1기 형성기는 1930년대 일제강점기 시대로 트로트 양식이 자리잡은 시기이다. 이 시기의 트로트는 일본변안곡이 주를 이루었다. 〈황성옛터〉는 우리나라 사람이 작사 · 작곡한 곡이라서 큰 인기를 얻었다. 이난영의 〈목포의 눈물〉과 남인수의 〈애수의 소야곡〉, 김정구의 〈눈물 젖은 두만강〉 등이 있다. 형성기의 정서적 특징은 '신파'(新派)라고 할 수 있다. 신파조(新派調) 정서는 개인과 사회의 갈등 사이에서 개인이 욕망을 포기하고 체념하는 소극적 해소 방식을 제시한다.[22]

---

20) 탁석산, 『한국의 정체성』, 107.

21) 김희선, "2010년 이후 한국 트로트의 음악적 변화 및 수요층 증가용인에 관한 고찰" (경희대학교 아트 · 퓨전디자인대학원 석사학위논문, 2016), 6.

22) 김희선, 같은 글, 11-13.

제2기 확장기는 1940년대부터 1950년대까지로 해방과 분단의 과정에서 나온 '트로트'로, '장조 트로트'가 부상한다. 확장기의 트로트 양식은 전쟁과 분단의 고통 어린 삶과 만나면서, 다시 한번 새로운 생명력을 가지게 된다. 확장기에 신파적인 트로트 양식은 대중의 삶에 깊숙이 자리 잡게 된다.[23] 1950년에는 한국전쟁을 배경으로 현인의 〈전우여 잘 자라〉와 신세영의 〈전선야곡〉이, 휴전 이후에는 전쟁의 아픔과 실향민의 비애를 그린 현인의 〈굳세어라 금순아〉와 남인수의 〈이별의 부산정거장〉 등이 유행하였다. 1957년에는 '엘레지의 여왕'이라고 불리는 이미자가 데뷔하였다. 확장기에는 기존의 트로트 리듬과는 다른 형식의 트로트인 〈닐리리 맘보〉나 〈비의 탱고〉, 〈기타 부기〉와 같은 곡들이 발표되었다. 1940년대~1950년대는 트로트의 창조적 확장기라고 볼 수 있다.

제3기 전성기는 1960년대부터 1970년대로, 트로트에 서양 스탠더드 팝의 7음계 사용이 시작되었다. 이로 인해 트로트의 폭이 넓어지면서 많은 트로트 곡이 인기를 얻게 된다. 이 시기에 대중음악은 트로트 계열의 음악과 팝 계열의 음악으로 양분화된다. 트로트 계열의 대표적 노래로는 이미자의 〈동백아가씨〉(1964)가 있고, 팝 계열의 노래로는 한명숙의 〈노란 샤쓰의 사나이〉(1961)가 있다. 트로트 계열의 노래는 1960년대에 '왜색가요'라는 논란에 휩싸였지만, 대중의 인기는 여전했다. 전성기의 중요한 특징 중 하나는 미8군 중심의 '미8군 쇼'를 통해 트로트 음악이 미국적 양상을 띠게 된 것이다. 미8군 무대에서 실력을 키운 가수들이 트로트를 앞다투어 부르면서 트로

---

23) 김희선, 같은 글, 15.

트 음악은 다시 한번 확장하며 변화하였다.[24] 트로트는 빠르기가 초창기에 비해 느려졌고, 형성기에 배제했던 네째 음과 일곱째 음을 다시 복원하였다. 연주와 가창에서도 정확한 음높이가 유지되었고, 반주와 화성의 쓰임이 많아지고 다양해졌다. 1960년대 후반부터 한국가요계는 이미자와 패티김, 남진과 나훈아의 전성시대를 맞게 된다. 나훈아가 도시화로 인해 농촌을 등진 서민들의 향수를 달래는 노래를 많이 불렀다면, 남진은 독재개발시대의 중산층을 중심으로 자기 긍정적인 노래를 주로 불렀다. 1972년에 나온 나훈아의 〈고향역〉은 서민의 감정을 대변했고, 남진의 〈임과 함께〉는 권위주의 정권이 대중에게 보여주고 싶은 희망을 노래했다.[25] 트로트는 일제강점기와 전쟁, 남북분단, 경제개발시대라는 한반도의 역사와 함께 국민의 애환을 담아내면서 '한국의 가요'로 변화·확장하였다. 트로트의 대중화와 함께 '한국적인 것'이 점차 뿌리를 내리게 되었다.

제4기 변질기는 1980년대로 트로트에 리듬이 변화하면서 정서와 창법이 모두 바뀌는 시점이다. 1960년대 말, 록 음악을 만나면서 트로트는 리듬이나 정서, 인적 구성의 측면에서 두드러진 변화를 보인다. 1970년대 후반부터는 트로트가 기존의 근간을 흔들며 일종의 변질을 보이게 된다. 1980년대에는 새로운 리듬인 '트로트 고고'(Trot Gogo)가 등장한다. 트로트 고고는 일렉트로닉 기타와 드럼이 주도하는 록 스타일의 연주에 트로트적인 선율과 리듬이 결합하게 된다.

---

24) 신성원,『우리가 정말 알아야 할 우리 대중가요』(서울: 현암사, 2008), 124. 김희선, 앞의 글, 16 재인용.

25) 장유정·서병기,『한국 대중음악사 개론』(서울: 성안당, 2015), 237. 김희선, 앞의 글, 19 재인용.

리듬의 변질은 정서적인 변질로 이어졌다. 트로트의 대표적 정서인 신파는 빠른 리듬에 의해 경량화되었다.[26] 1988년에 나온 주현미의 〈신사동 그 사람〉과 현철의 〈봉선화 연정〉이 대표곡이다. 주현미와 현철의 활약은 '발라드', '댄스'와 더불어 트로트를 3대 대중음악 장르로 자리 잡는 데 크게 기여했다. 이 시기에 트로트는 젊은 세대의 음악과 대비되는 '기성세대의 음악'이라는 정체성을 추가로 가지게 되었다.[27] 1984년 주현미의 〈쌍쌍 파티〉 메들리는 300만 장(카세트테이프 4세트)이 팔려나갔다. 트로트 메들리는 인기 있는 노래를 같은 빠르기와 리듬으로 만든 기계적 편곡 형태를 띠는데, 주로 운전을 하며 일을 하는 성인층에 널리 보급되었다. 리듬에 따라 창법도 변화하였다. 나훈아식 창법을 계승한 꺾는 목을 남용하는 목소리가 유행처럼 트로트의 대표적 창법으로 굳혀갔다. 이로써 트로트는 단순해지고 표현은 유치해졌다. 트로트가 일상의 지루한 시간을 메워주고 술자리를 즐겁게 해주는 노래가 된 것은 이 시기부터였다.[28]

제5기는 트로트의 정체기로 1990년대부터 2000년대 초까지의 시기다. 1992년 서태지의 등장으로 대중음악의 흐름의 판도가 바뀌었다. 트로트는 중장년의 음악으로 자리매김하게 되었다. 1990년대는 태진아, 송대관, 설운도, 현철이라는 '트로트 4인방'의 시대가 시작되었다. 이들의 인기는 2004년 〈어머나〉(2004)를 부른 장윤정이 등장할 때까지 계속되었다.[29] 2010년 이후에는 트로트가 모든 연령에 걸

---

26) 김희선, 같은 글, 20.

27) 김창남 엮음, 『대중음악의 이해』(파주: 한울, 2012), 252-253; 김희선, 같은 글, 21-22.

28) 김희선, 같은 글, 22-23.

29) 김희선, 같은 글, 23-24.

처 인기를 누리게 되었다. 장윤정의 '어머나' 이후, 박현빈의 〈곤드레 만드레〉(2006)도 인기를 끌었다. 이 시기에 등장한 '네오 트로트' 혹은 '세미 트로트'는 음계, 리듬, 정서 등 모든 면에서 변화된 모습을 보였다. 음악적인 요소뿐 아니라 음악 외적인 무대, 의상, 배경까지 새로운 시도를 하였다.[30] 이러한 혁신적 변화로 등장한 것이 2020년 TV조선의 '내일은 미스트롯'과 '내일은 미스터트롯'이다. 이 트롯 방송은 대한민국에 새로운 트로트 열풍을 일으켰다.

트로트의 다섯 발전단계에서 알 수 있는 것은 트로트는 분명 '한국적인 것'이라는 점이다. 한국과 한국인의 역사와 삶, 정서를 담아 '흥'과 '한'으로 표현한 것이 트로트다. 트로트의 시원이 '한국적인 것'이어서가 아니라, 외래의 것이 한국의 문화와 사람에게 접목되면서 한국의 것이 된 것이다. 트로트는 한국 땅과 사람에 적용되고 변화·발전하면서 고유성과 창조성을 갖게 되었고, 그 때문에 대중성을 띠면서 한국의 정체성을 드러내게 되었다. 한국의 시대적, 사회적 상황을 반영하며 형식과 내용의 변화를 보였지만, 그 모든 변화를 하나로 묶어줄 수 있었던 끈은 한국인의 영성 '풍류도'였다. 이 풍류도가 트로트의 '한국화'를 가능케 했다.

III. 찬송가의 한국화

한국개신교 찬송가의 역사는 1892년에 발행된 한국개신교 최초의

---

30) 김희선, 같은 글, 25-26.

찬송가『찬미가』에서 시작된다. 트로트와 마찬가지로 개신교 찬송가도 초기에는 미국 선교사가 가지고 온 찬송에 영향을 받았지만, 시간이 갈수록 찬송가의 한국화가 진행되었다. 교회 밖에 '한국'의 대중가요 트로트가 있다면, 교회에는 '한국'의 개신교 찬송가가 있다.

1. 한국 찬송가의 형성

한국에 찬송가가 들어온 것은 미국 선교사들에 의해서다. 1885년 미국의 공식 선교사가 한국에 들어온 이후부터 1892년에 최초의 공인 찬송가가 발행될 때까지, 한국의 개신교회는 선교사들이 한국어로 번역한 영미찬송을 예배에서 불렀다. 미처 번역하지 못한 곡은 서양 찬송에서 번역한 중국어 찬송을 불렀다. 번역 찬송가들을 수집해 미국 감리교선교회의 후원 아래 1892년 한국 개신교회 최초의 찬송가인『찬미가』가 발행되었다. 이 찬송가에는 곡조가 없고 가사만 있는 27개의 찬송이 실렸다. 1894년에는 장로교 선교사인 언더우드 목사가 악보가 있는 최초의 찬송가인『찬양가』를 발간하였다.『찬양가』에는 한국인 작사 찬송 7곡을 포함해 117개의 찬송이 들어있다.『찬양가』는 찬송들을 번역하는 과정에서 '하나님'에 대한 용어 사용 문제로 논란이 되기도 하였다. '하나님'을 '아버지' 혹은 '여호와'로 번역한 게 문제가 되었다. 미국 찬송가를 한국어로 번역하면서 제기되는 신학 용어의 토착화 문제가 한국 찬송가를 발간하면서 논쟁점이 되었다. 이후로 교단마다 각각의 찬송가를 발행하게 되었고, 장로교와 감리교가 연합해『신정찬송가』(1931)를 출간하였다. 이 찬송가에는 314곡이 수록되었는데, 조선인 위원들에 의해 한국인 작사 찬송 7

곡과 한국 고유 곡조 5편이 모두 탈락하여 삭제되었다. 『신정찬송가』 이후에 교단들은 저마다 찬송가를 발행하여 사용하다 1949년에 둘째로 한국개신교회 공동찬송가인 『합동찬송가』가 제작되었다. 하지만 이 찬송가 역시 교단들을 만족시킬 수 없었다. 그래서 한국교회는 고려파 합동측은 『새찬송가』(1962), 감리교·성결교·장로교는 『개편찬송가』(1967)를 발행하여 중복해 사용하였다. 전국의 교회는 주일마다 주보에 '합·새·개' 찬송의 장수를 각각 표시하는 불편을 겪어야 했다.[31] 『개편찬송가』에는 한국인 작사 25곡과 작곡 27곡이 수록되었다.[32] 『개편찬송가』는 민족적 주체의식과 한국 전통음악의 선법에 따라 작곡한 곡들이 수록되어 있다는 점에서 "토착화를 지향한 찬송가"라고 평가되고 있다.[33]

1983년에는 『통일찬송가』가 발행되어 모든 개신교 교단이 사용하게 되었다. 『통일 찬송가』에 수록된 558곡 중 18곡(작사 17곡, 작곡 17곡. 371장은 작곡이 외국인, 460장은 작사가 외국인)은 한국인이 만든 찬송이다. 『통일찬송가』의 558곡 중 미국 복음가가 총 269편으로 『개편찬송가』보다 무려 82곡이 증가했다. 『통일찬송가』의 절반 이상이 미

---

31) 김성대, "한국개신교회 공인 찬송가의 토착화 (I) '한국 개신교회 초기 공인찬송가에 나타난 적용화(Adaptation) 연구: 『찬양가』, 『찬미가』, 『찬셩시』를 중심으로'", 「부산장신논총」 Vol.1 (2001), 140-142.

32) "주는 나를 기르시는"(67장, 최봉춘 작사, 장수철 작곡), "어둔 밤 마음에 잠겨"(212장, 김재준 작사, 이동훈 작곡), "어서 돌아 오오"(237장, 전영택 작사, 박재훈 작곡), "캄캄한 밤 사나운"(321장, 김활란 작사, 이동훈 작곡), "부름받아 나선 이몸"(387장, 이호운 작사, 이유선 작곡), "가슴마다 파도친다"(565장, 반병섭 작사, 이동훈 작곡) 등은 지금까지 애창되고 있다(김응재 2004, 30-31 참조).

33) 김응재, "한국 교회 찬송가의 토착화에 관하여" (호남신학대학교 신학대학원 석사학위논문, 2004), 32.

국 찬송이라는 사실에서 한국교회가 미국교회의 영향을 얼마나 받았는지 알 수 있다. 이뿐 아니라『통일 찬송가』에는 외국의 세속 노래가 많이 실려있다. 외국 국가[34], 외국의 세속가요[35], 외국 민요[36], 외국 오페라곡, 외국 교향곡, 미국 소방대원 행진곡, 외국 피아노곡, 미국 학교 노래책에 실려있는 곡 등, 다양한 종류의 곡이 '찬송'으로 재작업되어 수록되어 있다.[37]『통일 찬송가』에는 일본인이 작사·작곡한 곡도 수록되어 있다. 대표곡으로 "은혜가 풍성한 하나님은"(178장), "사랑하는 주님 앞에"(278장), "지금까지 지내온 것"(459장) 등이 있다.[38] 이처럼『통일찬송가』에서는『개편 찬송가』에 나타났던 토착화의 경향이 퇴보한 것을 볼 수 있다. 외국 국가와 외국 세속가요, 외국 민요 등을 찬송 곡으로 수록하면서, 한국의 세속가요와 전통민요는 한 곡도 수록하지 않았다고 비판을 받았다. 또한,『통일찬송가』의 한국인 작곡 찬송가 17곡은 5음계의 가락이 있기는 하지만, 3곡을 제외하고는 모두 한국 전통음악의 선법이 아니라는 것도 문제가 되었

---

34) 통일 찬송가에 있는 외국 국가: "전능의 하나님"(77장, 러시아 국가), "피난처 있으니"(79장, 영국 국가), "예수님의 귀한 사랑"(127장, 오스트리아 국가, 현재 독일 국가), "시온성과 같은 교회"(245장, 오스트리아 국가), "어느 민족 누구게나"(521장, 하우슈카 국가) 등.

35) 통일 찬송가에 있는 외국 세속 가요: "만복의 근원 하나님"(1장, Old hundredth), "오 거룩하신 하나님"(145장, Passion chorale), "내 진정 사모하는"(88장, The Lily of the Valley), "기쁜 일이 있어 천국 종 치네"(314장, Ring the Bells of Heaven), "내 기도하는 그 시간"(482장, Sweet hour), "하늘가는 밝은 길이"(545장, Anni Laurie) 외 다수.

36) "주 하나님 크신 능력"(80장)과 "천부여 의지 없어서"(338장)은 스코틀랜드 민요다. "내 맘의 주여 소망되소서"(533장)은 아일랜드 민요이며, 독일 민요 찬송은 "구세주를 아는 이들"(14장), "온 천하 만물 우러러"(33장), "만유의 주재"(48장), "즐겁게 안식할 날"(57장) 외 다수가 있다.

37) 김웅재, 앞의 글, 33-35.

38) 김웅재, 같은 글, 46.

다.[39]

『21세기 찬송가』도 2006년에 개신교 찬송가로 발행되었다. 전체 645장으로 되어있으며, 기존의 『통일찬송가』에서 162곡이 추가되고 78곡이 삭제되었다. 『21세기 찬송가』에는 한국 작곡가의 곡이 무려 108곡이나 추가되었다. 한국 기독교 역사 이래로 가장 많은 우리나라 작곡가의 찬송들이 수록되었다. 특이할 점은 영국이나 미국 중심의 찬송가 중심에서 벗어나 중국, 포르투갈, 아프리카, 그레고리안 성가가 수록되었다. 『21세기 찬송가』에서는 기존의 찬송가의 가사가 많이 변화되었다. 현재 『21세기 찬송가』는 대한예수교장로회(합동), 대한예수교장로회(통합), 기독교대한감리회, 기독교대한성결교회, 한국기독교장로회, 대한예수교장로회(고신), 기독교한국침례회에서 2007년부터 사용하고 있다.

1892년에 최초로 발행된 『찬미가』를 시작으로 『찬양가』, 『신정찬송가』, 『합동찬송가』, 『새찬송가』, 『개편찬송가』, 『통일찬송가』, 『21세기 찬송가』가 나오기까지 찬송가의 '한국화'가 점진적으로 심화되었음을 보게 된다. 그중에서 찬송가의 한국화가 가장 많이 반영된 것이 현재 우리가 사용하고 있는 『21세기 찬송가』다. 다음은 『21세기 찬송가』에 나타난 찬송가의 한국화의 특징을 살펴보겠다.

2. 찬송가의 한국화

김세완은 그의 박사학위논문 "한국교회음악의 한국화 연구"(2013)

---

[39] 김응재, 같은 글, 47-48.

에서 한국교회음악의 '한국화'를 "한국인이 창작한 교회음악이며 한국 전통음악의 기법을 반영하는 음악"이라고 정의한다. 그런데 한국화된 교회음악은 한국 전통음악의 기법을 시대에 맞게 반영해야 하기에, 공존하는 서양음악의 기법과 배합을 인정할 수밖에 없다고 한다. 특히 한국화의 실용성을 위해서는 서양음악의 기법과의 적절한 배합법이 필요하다는 것이다.[40] 결국 '한국화'는 혼종성을 인정할 수밖에 없다는 견해다.

김세완에 따르면, 1960년대 들어 교회음악이 '한국화'의 기법으로 활발히 창작되기 시작했다. 그러나 개화기부터 1950년대까지는 한국전통음악에 대한 종교적 배경과 부정적 인식 때문에 '한국화'에 대한 창작이 쉽지 않았다. 한국전통음악의 배경이 되는 종교가 한국의 전통 종교였기 때문이다. 일본의 식민지 정책으로 한국문화를 폄하하는 경향 때문에 한국전통음악에 대해서도 부정적 인식이 강했다. 이 시기에 찬송가의 '한국화'라고 한다면, 서구의 찬송가에 번역 가사를 붙이거나, 직접 작사하는 것이었고, 이것은 '한국화'의 첫걸음이 되었다.[41]

1960년대~2000년대에는 찬송가의 한국화 작업이 작곡을 통해 일어났다. 교회음악의 창작에 관한 인식이 높아지면서, 교회음악 작곡가들 사이에서는 '한국화'에 의한 창작 활동이 주체적으로 일어났다.[42] 그러나 1980년대에도 여전히 한국교회 음악가들은 교회음악

---

40) 김세완, "한국교회음악의 한국화 연구 -『21세기 찬송가』와『예수 나의 기쁨』을 중심으로" (백석대학교 기독교전문대학원 박사학위논문, 2013), i.

41) 김세완, 같은 글, 16.

42) 김세완, 같은 글, 17.

의 '한국화'에 대해 부정적 견해를 가지고 있었다.[43] 이 시기에는 찬송가의 한국화가 한국교회음악에 있어서 논의의 대상이었다. 한국화를 위해 찬송들이 창작되었지만, 보편성을 띠지는 못했다.[44] 1960년대~2000년대까지의 시기에는 한국화의 음악적인 기법이 제시되었고, 한국전통음악의 기법을 사용하자는 의견이 중요 사안으로 부각 되었다. 하지만 반발도 만만치 않았다. 1990년부터는 부정적 시각이 점차 사라지게 되었고, 마침내 한국전통음악의 기법으로 찬송가 곡을 만드는 데 관심을 집중했다.[45]

1960년대와 1970년대는 토착화 신학의 영향으로 교회음악에도 토착화 운동이 일어났다. 김세환은 교회음악의 토착화 작업을 한국화로 이해했다. 한국화 창작의 제일 세대가 작곡가 나운영과 박재훈이다. 이들의 토착화 작업은 교회음악가들에게 지대한 영향을 주었다.[46] 나운영과 박재훈의 한국화 기법은 서양음악의 기법을 근간으로 하여 한국전통음악의 기법을 도입하는 방식이었다. 이들 외에도 구두회는 한국적 분위기의 교회음악을 서양음악의 기법으로 표현하였다. 김국진은 한국전통음악의 기법과 서양음악의 기법과의 융합을 꾀하였다. 김두완은 한국전통음악의 기법을 작곡에 도입하였다. 나인용은 한국교회음악의 토착화를 적극적으로 지지하여 나운영의 기

---

[43] 경동교회 담임 강원용 목사는 크리스챤 아카데미 주최로 모인 자리에서 음악계의 상당한 분들이 "찬송가의 한국화는 말도 안 된다"는 의견을 펼쳤다고 보고하고 있다. 강원용, "찬송가의 한국화는 시급하다", 『찬송가의 한국화』 (서울: 한국 찬송가공회, 1983), 51.

[44] 김세환, 앞의 글, 18.

[45] 김세환, 같은 곳.

[46] 김세환, 같은 곳.

법에 동조하였으나 인위적인 한국적 표현은 반대하였다. 백경환은 토착화를 위해 한국적 화성이 필요하다고 하면서, 주로 서양음악의 기법으로 한국적인 교회음악을 창작하였다. 이중화는 한국인의 감성에 맞는 교회음악을 창출하기 위하여 서양음악의 선율로 한국인의 감성에 맞는 음악으로 재구성하였다. 한태근은 서양음악의 기법과 한국전통음악의 기법을 적절히 융합하였다. 황철익은 서양음악의 기법에 한국전통음악의 기법을 융화하였다.[47] 이렇듯 1960년대~1970년대에 나타난 찬송가의 한국화는 서양음악과 한국전통음악과의 만남을 통해 이루어졌다. 토착화란 이름으로 진행된 찬송가의 한국화는 여전히 서양음악의 그늘에서 벗어나지 못한 상태였다. 한편 찬송가의 한국화 과정에서 혼종화 현상이 나타났다. 한국화가 단순히 한국전통음악에 기반한 한국적 교회음악이 아닌, 서양음악에 바탕하는 한국화 작업이었다.

'토착화'와 '한국화'의 개념을 완전히 분리한 사람은 문성모다. 그는 1995년에 논문 "찬송가 한국화(토착화)의 가능성과 그 범위"에서 한국화와 토착화를 분리해서 설명하였다.[48] 그에 따르면, 토착화는 어떤 외래적인 씨앗이 수입되어 그 지역의 토양에 맞게 뿌리 내리는 것을 말한다. 그러나 이러한 개념은 교회음악에서는 사용할 수 없다고 보았다. 문성모는 씨앗에 비유된 서양의 교회음악을 한국의 토양에 맞게 고칠 수 없다고 본 것이다. 그래서 서양의 멜로디가 쓰인 교회음악을 한국식으로 바꿀 수 없다면, 서양의 기법을 한국전통음악

---

[47] 참조. 김규현, 『한국교회음악 작곡가의 세계』 (서울: 예솔, 2006).

[48] 문성모, "찬송가 한국화(토착화)의 가능성과 그 범위", 『민족음악과 예배』 (서울: 한 들, 1995), 301.

에 맞게 억지로 고치지 말고, 한국의 토양에 맞는 토종 씨앗을 잘 가꾸어 좋은 열매를 맺어야 한다고 주장하였다. 이것은 토종 씨앗인 한국전통음악의 가치를 재발견하여 교회음악에 도입하자는 의미로 볼 수 있다. 이 작업은 찬송가의 토착화가 아닌 한국화의 작업이라는 게 문성모의 견해다.[49] 그래서 문성모는 한국전통음악의 기법을 축으로 한국적인 교회음악을 창작하는 일에 몰두하였다.

문성모의 한국화에 이어 한국화의 개념을 제시한 학자는 이문승이다. 그는 찬송가의 한국화를 찬송가에 한국적인 음악 기법이 융화되어 한국적 정서가 이입된 것이고 새로운 창작의 유형을 포함한 것이라고 밝힌다. 그러나 이문승에게 있어서 찬송가의 한국화 작업은 여전히 서양음악 기법이 전제되었다. 다시 말해 찬송가의 한국화란, 서양 찬송가의 틀을 바탕으로 하여 한국인의 정서에 맞도록 한국음악의 기법을 잘 융합한 것을 의미하였다.[50] 2000년대에 한국화에 관한 개념을 체계화시킨 사람은 문옥배와 김성대다. 문옥배도 찬송가의 토착화보다는 한국화를 사용할 것을 주장하였다. 토착화가 과거에 머물러 있다면, 한국화는 과거에 머무르지 않고 현재를 관통하여 미래의 한국 교회음악을 수립하기 위한 용어라는 것이다.[51] 문옥배는 서양 찬송가를 한국에 일방적으로 적용할 수 없으며, 서양 찬송가를 한국전통음악으로 바꿀 수 없다고 보았다. 그는 현재는 서양음악과 한국전통음악이 공존하므로 한국전통음악을 토대로 서양 찬송가의 양식을 융합하여 교회음악의 한국화가 이루어져야 한다고 주

---

49) 문성모, 같은 곳. 김세완, 앞의 글, 20 재인용.

50) 이문승, "찬송가의 한국화", 「한국기독교신학논총」 13 (1996), 373-374.

51) 문옥배, 『한국교회음악 수용사』 (서울: 예솔출판사, 2004), 101.

장하였다. 이것을 'inculturation'이라고 부르며, 토착화가 아닌 한국화로 번역해 사용하였다.[52] 그에게 교회음악의 한국화는 서양음악과의 융합 속에서 가능한 것이었다.

반면에 김성대는 한국화라는 말 대신 토착화를 사용하면서 'inculturation'을 토착화로 번역하였다. 그는 한국 찬송가의 미래 지향적인 진정한 토착화는 'inculturation'이라고 주장하였다. 찬송가의 'inculturation'이란, 서양과 한국의 음악적 기법이 융합된 미래의 이상적인 토착화 형태의 찬송가를 의미한다. 김성대는 한국 찬송가의 토착화를 세 단계로 설명한다. 첫째, 한국 찬송가를 서양 선교사들이 주관하였던 적용화 단계다. 둘째, 한국 사람이 찬송을 번역하고 작사, 작곡하면서 한국 찬송가의 편집과 발행에 가담한 변용화 단계다. 셋째, 서양과 한국의 문화가 융합된 미래의 이상적인 토착화 단계다. 즉 'inculturation' 단계다. 이것은 한국전통음악 형식으로 작곡된 찬송가의 '토속화'가 아니다. 한국 찬송가의 '인컬처레이션'은 전통적인 민요 멜로디에 서양형식의 화성과 반주를 붙여 작곡한 찬송가의 '토착화'이다.[53] 즉 찬송가의 토착화는 혼종성 원리에 의해서 작동한다는 것이다.

2000년대 들어오면 한국화 개념이 문성모의 이론을 바탕으로 더 다듬어지게 된다. 학자들은 한국의 교회음악을 수립하기 위해 한국인의 심성에 맞는 음악을 찾았다. 그러나 한국인의 심성을 한국전통음악에서 찾을 것인가에 대해서는 차이점을 보였다. 문성모와 문옥

---

[52] 김세완, 앞의 글, 21.

[53] 김성대, "적용화(Adaptation) 관점에서 본 한국교회 찬송가 연구", 「신학과 실천」 18 (2009), 345.

배는 한국의 기층 음악인 전통음악에서 한국화의 기틀을 세웠다. 이들에게는 한국전통음악과 서양음악의 융합이 한국화의 원리였다. 한국전통음악을 축으로 하는 한국적인 교회음악보다는 새로운 문화 형태 안에서 교회음악을 창출하고자 했다. 그것이 '인컬처레이션'이자 토착화 작업이었다. 문성모, 문성배, 김성대에게 있어서 중요한 것은 한국인에게 맞는 한국적인 교회음악을 창작하는 것이었다.[54] 김세완은 그의 박사학위 논문에서 토착화라는 용어보다는 한국화라는 용어를 사용할 것을 피력하였다. 한국화의 의미는 김성대가 제시한 '인컬처레이션'이다.[55] 인컬처레이션 안에는 앞서 제시한 토착화와 한국화의 의미가 다 포함된다고 본 것이다.

3. 풍류도를 통해 본 찬송가의 한국화

김세완이 추구하는 한국화는 한국적인 색채가 나기 위해 한국전통음악을 사용하는 것을 배제하면서, 시대와 지역과 민족에 상응하는 교회음악을 만드는 것이다. 시대에 맞는 교회음악이란, 한국 성도들에게 내재해 있는 한국전통음악의 심성과 서양음악의 심성을 인정하면서 한국화 기법으로 창작하는 것이다. 가장 적합한 한국적인 교회음악은 한국전통음악의 기법과 서양음악의 기법을 배합하는 배합법에 달려 있다. 이 배합법은 성도들이 자신의 신앙을 고백하도록 하는 기능을 포함한다. 다시 말해서 한국 성도들의 신앙고백에 도움을 주어야 한다는 것이다.[56] 『21세기 찬송가』가 한국화의 대표

---

54) 김세완, 앞의 글, 23.

55) 참조. 김세완, 같은 글, 24.

적 사례다.『통일찬송가』에는 한국인 찬송이 16곡에 불과했으나,『21세기 찬송가』에는 한국인의 창작곡이 무려 128곡이나 수록되었다. 이 곡들은 서양음악의 기법으로 한국적인 정서를 나타낸 곡에서부터 한국전통음악의 기법이 원색적으로 들어간 곡까지 총망라해 있다.[56)]『21세기 찬송가』에는 한국전통음악의 요소가 독자적으로 나타나거나, 서양음악과 혼종성의 양상을 띠면서 한국화가 진행되었다.

　문화적 혼종성에 있어서 주지할 점은 자국의 문화적 정체성을 잃지 않는 것이다. 한국 찬송가가 서양음악의 기법과 한국전통음악의 기법과의 배합에 따라 한국 찬송가의 주체성 여부가 결정된다. 두 기법의 배합법에 따라 찬송가의 한국화가 가능해진다. 이정배는 이 배합법을 '함'(含)과 '접'(接)의 논리로 설명하였다. 이 논리대로라면, 찬송가의 한국화를 위해 서양의 음악 기법과 한국전통음악 기법이 조화롭게 만나면서 서양의 음악에 동화되지 않고 한국의 정체성을 유지할 수 있는 원리가 '함'과 '접'이다. '한국' 찬송가가 서양음악 기법을 포함하고 있지만, 그것으로 환원되지 않는 원리가 '함'이다. '함'이란, 존재 자체가 실체(요소)적이지 않고, 소금과 물이 섞인 소금물처럼 있는 것이다. 이때 소금물은 각각의 실체(요소)를 탈(脫)한 상태로서 지평확장 곧 혼종성을 의미하며, '함'의 논리의 결과물이다.[58)] 중요한 것은, 소금의 실체가 탈해졌음에도 그 맛이 실종되지 않고 다른 형태로 유지 보존된다는 사실이다. 영국과 미국 등 서양 찬송

---

56) 김세완, 같은 글, 24-25.

57) 김세완, 같은 글, 28-29.

58) 이정배, "한류(韓流)와 'K-Christianity': 한류와 한국적 기독교(토착화), 그 상관성을 묻다", 한국문화신학회 엮어지음,『한류로 신학하기』(서울: 동연, 2013), 41.

가를 번역하면서 출발한 한국 찬송가가 시간이 지나면서 서양음악 기법을 한국전통음악 안에 수용하면서 조화할 수 있었던 것은 '함'으로서의 혼종성에 기인한다. 이정배는 '함'의 논리는 반드시 '접'의 능동성과 잇대어 있어야 한다고 주장한다. '함'의 자연스런 수동성이 '접'의 논리와 만날 때 비로소 자신과 주위를 함께 살리는 문화를 창출할 수 있다고 역설한다. 최치원의 '포함삼교'(包含三敎)와 '접화군생'(接化群生)이라는 말 속에서 '접'(接)은 한국의 굿 문화에서 '신바람'으로 해석할 수 있다. 천신(天神)과 접하여 생기게 된 신명, 즉 신바람이 자기 밖의 무리(群)에게 생명의 가치로 접목된다. 이리하여 '함'과 '접'은 타자를 품으면서, 동시에 일체에게 생명가치를 선사하는 생명신비의 원리가 된다.[59] 한국의 찬송가가 서양 찬송과 서양음악 기법을 찬송가 안에 품으면서, 동시에 한국의 성도들에게 신앙고백을 하게 하고 구원의 체험을 하게 하는 힘은 '함'과 '접'의 혼종성 원리에 기인한다. '함'과 '접'으로서 혼종성에서는 자기의 주체성과 정체성이 그대로 지켜진다. 이것이 『21세기 찬송가』의 한국화된 곡들이 '한국적인 것'이 될 수 있는 이유다.

한국 찬송가의 혼종성 속에서도 서양음악으로 환원되지 않게 하는 '한국적인 것'은 무엇일까? 김응재는 그의 논문에서 "'한국 찬송가'는 한국인들의 신앙고백을 한국적인 가락에 실어 하나님께 드리는 찬송가"라고 정의한다. 그리고 한국 찬송가는 한국인의 영성을 담고 있는 찬송가라고 규정한다.[60] 한국 찬송가는 서양의 종교 문화 아프리오리에 기초한 서양인들의 신앙고백과 서양음악에 의존하는 찬송

---

59) 이정배, 같은 글, 42-43.

60) 김응재, 앞의 글, 53.

가가 아니라, 한국의 종교 문화 아프리오리에 기초한 한국적 영성이 담겨있는 한국인의 신앙고백(가사)과 한국 전통음악(곡)에 뿌리를 둔 찬송가라고 한다.[61] 윤성범도 한국의 그리스도인은 한국의 얼(정신)을 다시 찾아야만 믿음도 바로 찾게 될 것이라고 한다.[62] 윤성범은 한국 기독교인의 믿음은 한국의 얼, 즉 한국의 종교 문화 아프리오리를 기초로 한 믿음이어야 한다고 주장한다. 한국 찬송가는 한국의 종교 문화 아프리오리, 한국의 얼, 즉 한국인으로서의 신앙고백과 한국인의 마음을 움직이는 한국적 가락에 기초한 찬송가라고 할 수 있다.[63] 이 한국적 가락의 배경에는 한국인 영성의 뿌리인 풍류도가 있다.

최치원은 우리나라의 깊고 오묘한 도(道)가 풍류(風流)라고 소개한다. 유교, 불교, 도교의 가르침을 포함하고 있는 풍류를 최치원은 종교적 영성으로서 '도'(道)와 일치시켰다. 이후 풍류도는 유불선의 가르침에 뿌리를 내린 종교적 영성으로서 한국민족의 영성으로 자리매김하게 되었다. 최치원의 풍류도를 토대로 많은 학자가 한국의 사상과 문학, 음악, 미학의 뿌리를 '풍류'라고 보았다.[64] 토착화 신학자 유동식도 한국인의 영성을 포함삼교(包含三敎)의 풍류도에서 찾았다. 유동식은 풍류도를 '한 멋진 삶'으로 재해석하였다. 그가 말하는 '한 멋진 삶'으로서의 풍류도를 체(體)·상(相)·용(用)의 원리로 풀이해 보면, 찬송가에 나타난 한국인의 영성이 더 선명해진다.

---

[61] 김응재, 같은 글, 56.

[62] 윤성범, 『기독교와 한국사상』 (서울: 대한기독교서회, 1964), 15.

[63] 김응재, 앞의 글, 57.

[64] 김명희, 앞의 글, 178.

체(體)로서의 '한'은 종합 지향하는 창조적 마음이며, 풍류의 마음이다. '한'에는 크고 높다는 뜻이 들어있으며, '한'은 우리의 이름이고 정체성이며 우리 것을 '우리의 것'으로 만들어주는 말이다. '한'은 '하나'를 뜻하는 동시에 다(多)·일체(一切)·전체를 뜻한다. '한'은 한국인의 사고 구조를 형성하고 그 사고 양식을 산출하는 원형어로 풍류도의 '도'(道)이자 '체'(體)이다.[65] 찬송가의 '혼종성'에도 불구하고 우리가 '한국 찬송가'라고 부를 수 있는 것은 '한'이 품고 있는 체성(體性) 때문이다. '한'은 이정배가 말하는 '함'(含)이기도 하다.

체(體)의 드러남으로서의 상(相)의 풍류도는 '멋'으로 나타난다. 유동식의 '한 멋진 삶'에서 '멋'은 흥, 신바람, 정(情), 한(恨)으로 나타나며, 이들의 최종 목표는 조화에 있다. '상'으로서의 '멋'은 풍류도의 '풍'에 상응한다. 속성으로서의 '바람'(風)처럼, 미의식의 표현으로서 '멋'이 성립된다. 신바람이나 흥으로서의 '멋'은 노래와 춤으로 표현된다.[66] 유동식은 하나님과 인간이 합일을 이룰 때 우리의 삶 속에서 '신명'이 일어난다고 한다. 신명은 멋, 흥, 신바람을 통해 경험하게 된다. '멋'에 해당하는 흥, 노래, 춤, 신바람은 풍류도의 상(相)이라고 할 수 있다. 한국 찬송가는 흥, 신바람, 정과 한을 다 포섭하고 있다. '멋'의 '신명'을 통해 하나님과 하나 됨을 경험하게 된다. 심광현은 한국의 흥은 주객합일의 경지를 드러내주는 미감이라고 강조한다. 이 흥은 주체가 대상 및 상황에 능동적으로 참여하는 미감이다.[67] 한국 찬송가에서 사용하고 있는 한국적 가락과 음계의 '흥'은 '한국

---

65) 김명희, 같은 글, 186-187.

66) 김명희, 같은 글, 189.

67) 심광현,『흥한민국』(서울: 현실문화연구, 2005), 88.

적인 것'의 정체성이 되고 있다. 이성천도 한국전통음악 속에서 발견되는 '신명'을 한국인의 영성으로 규정한다.[68] 김응재는 "한국 찬송가는 하나님과 한국인이 하나로 어울리는 '신토불이의 영성', 하나님과 한국인이 하나로 융합하는 '신명의 영성', 하나님과 사람이 조화를 이룰 때 나타나는 '멋과 자유스러움의 영성'에 기초한 찬송가"라고 규정한다.[69] 이렇듯 한국인의 영성 중심에는 '신명'이 있는데, 신명은 풍류도에서 온 한국민족의 영성이다. 그 신명은 한국의 가락, 즉 한국의 리듬에서 온다.

찬송의 한국화 기법에는 한국적 리듬과 음계의 요소가 중요한 역할을 한다. 특히 리듬 구조는 한국전통음악과 서양음악을 가르는 중요 기준이 된다. 한국전통음악의 리듬은 3분박을, 서양음악의 리듬은 2분박을 취한다. 황병기는 그의 논문에서 서양음악과 한국전통음악의 리듬을 다음과 같이 설명한다. "서구음악에서는 박이 분할될 때는 2분이 원칙이다. 우리의 이웃인 중국과 일본도 2분박(duplet)이 대부분이다. 그러나 우리음악의 박은 2분되는 일은 극히 드물고 3분박(triplet)이 원칙이며, 그것도 한 박이 1+1+1로 3등분 되는 것이 아니라 2+1 또는 1+2로, 즉 긴 것과 짧은 것으로 양분되는 것이다. 즉 서구의 박이나 중국과 일본의 박이 균일한 단위로 나누어진다는 점에서 분할적(divisive)인 데 대하여 우리의 박은 등분을 거부하고 두 개의 다른 단위(2와 1)가 결합하는 부가적(additive) 성질을 지닌다."[70] 그리하여 『21세기 찬송가』의 한국 곡들에서는 한국전통리듬인 자진

---

[68] 이성천, 『한국 한국인 한국음악』 (서울: 풍남, 1997), 270.

[69] 김응재, 앞의 글, 58.

[70] 김세완, 앞의 글, 54.

모리장단이나 셋잇단음표를 사용해 한국전통음악의 리듬을 표현하고자 했다. 또한, 3/4박자를 사용해 한국전통음악의 3박을 나타내거나 장단을 사용하면서 '한국화'에 집중하였다. 한국화 기법을 나타내는 요소로는 리듬 외에 한국전통음악의 5음 음계가 있다. 『21세기 찬송가』에는 5음 음계를 사용해 작곡한 곡들이 25개에 달한다.[71] 그 외에도 6음 음계와 7음 음계를 통해서 한국전통음악을 보여주고자 한 곡도 다수 있다. 원래 6음과 7음의 음계에 속하는 곡들은 서양 음악적 기법이 강하지만, 서양음악의 기법의 관점에서 한국화가 되었다. 굳이 5음 음계를 쓰지 않더라도 다른 음악적인 요소로 한국적인 분위기를 살릴 수 있었다.[72]

유동식은 용(用)의 풍류도로 '삶'을 내세운다. '한 멋진 삶'의 체로서의 '한'이 포함삼교의 포월성을 함의하고 있다면, 용으로서의 '삶'은 중생을 교화(弘益人間)하여 사람 되게 하는 것이다. 즉 '용'은 풍류도의 '효용성'을 총괄하는 우리말이다. 용(用)이 체(體)의 작용이기에, '삶'은 도(道)의 작용(用)이 된다. 풍류도의 '류'(流)에 해당하는 것이 '삶'이다.[73] 한국 찬송가의 궁극적 목적은 찬송의 '흥'(風)을 통해 하나님과 하나가 된 사람은 삶 속에서 '신명나게' 살아가는 것(流)이다. 신앙의 열정이 있는 사람은 타자와도 신명나게 살아갈 것이다. 하나님과의 '흥' 안에서 '나와 너'가 하나가 되어 '도'(道)를 이루며 살아갈 것이다. 이 풍류도가 한국 찬송가의 정체성이고 고유성이며 창조성이다.

---

71) 김세완, 같은 글, 63-65.
72) 김세완, 같은 글, 67-68.
73) 김명희, 앞의 글, 192.

Ⅳ. 나가는 말

지금까지 트로트와 개신교 찬송가에 나타난 한국화에 대하여 고찰하였다. 트로트와 찬송가의 한국화의 특징을 정리하면 다음과 같다.

첫째, 트로트와 찬송가가 유럽과 미국에 시원을 두고 있다. 트로트는 미국의 폭스트로트에서 출발해 일본의 엔카를 거쳐 한국의 대중가요로 자리매김하게 되었다. 개신교 찬송가는 미국의 선교사들이 가지고 들어온 '그들'의 찬송가를 번역하여 사용하면서 '우리'의 찬송가로 발전시켰다. 트로트와 찬송가가 미국에 기원을 두고 있음에도 불구하고 적응, 변용, 발전의 과정을 통해 '한국적인 것'이 되었다. 탁석산의 말대로 문화의 고유성이 시원에 있지 않고 창조적 발전에 있다고 할 때, 트로트와 개신교 찬송가는 한국화를 통해 '한국적인 것'이 되었다.

둘째, 트로트와 찬송가의 한국화 과정 속에는 혼종성이 포함되어 있다. 트로트는 초기에 미국의 폭스트로트 리듬과 일본 엔카의 영향을 받기도 하였지만, 우리의 리듬과 정서를 기반으로 다양한 트로트 양식을 발전시켰다. 찬송가도 초기에는 유럽과 미국의 찬송들을 번역하여 사용하였으나, 시간이 지나면서 서양음악의 기법과 한국전통음악의 기법을 접목시켜 '한국적인 찬송가'로 재창조했다. 트로트와 찬송가의 한국화는 100% 한국의 것을 통해서 이루어진 게 아니다. 수입되어온 타 문화와 우리의 문화가 만나서 '한국의 것'(트로트와 찬송가)이 되었다. 트로트와 찬송가의 한국화는 '함'(含)과 '접'(接)의 혼종성을 통해 가능하였다. 이 혼종성은 우리의 정체성을 잃지 않고 서양의 문화로 환원되지 않는 창조적 혼종성이다.

셋째, 트로트와 찬송가의 한국화의 기저에는 풍류도가 있다. 트로트와 찬송가는 3박자 리듬과 우리의 음계를 통해 풍류의 흥과 신바람, 신명을 생산한다. 가사를 통해서는 한(恨)과 정(情)을 표현한다. 트로트와 찬송가의 바탕에는 한국인의 영성 '풍류도'가 있다.

넷째, 풍류도의 '도'(道)는 종합 지향하는 창조적 마음이다. 트로트와 찬송가는 '하나/조화'를 지향한다. ① 다양한 문화(음악)를 창조적 혼종성을 통해 조화한다. ② 사람과 사람 간에, 하나님과 사람 간에 '하나'를 지향한다. 갈등과 부조화를 넘어 신명나게 하나가 되는 '합일의 체험'을 추구한다. ③ 신명, 신바람, 흥을 생활 현장에 적용하여 삶의 활력을 불어넣는다.

위에서 언급한 것처럼, 트로트와 찬송가는 한국화에 있어서 공통된 특징이 있음을 알 수 있다. '한국화'라는 말 속에는 '한국의 정체성'이란 뜻이 내포되어 있다. 탁석산에 따르면, 한국의 정체성 곧 한국의 특수성은 한국의 정신이나 정서만이 아니라, 한국 특유의 표현 양식을 통해서도 발견할 수 있다고 한다. 트로트와 찬송가에 나타난 한국 특유의 표현 양식을 '풍류도'에서 찾았다. 그런데 신라의 최치원이 제시한 한국인의 고유한 영성으로서 '풍류도'가 트로트와 찬송가의 정체성이 되려면 현재와 관련성이 있어야 한다. 탁석산은 정체성이 현재와 관련이 없다면 '훈고학'이 될 뿐이라고 역설한다. 따라서 대중성과 함께 현재성은 정체성을 파악하는 데 중요한 요소다.[74] 탁석산의 말대로, 트로트와 찬송가의 한국화를 논할 수 있는 것은

---

[74] 탁석산, 앞의 글, 106-107.

이들의 현재성과 대중성 때문이다. 트로트의 현재성과 대중성은 오늘날 대한민국을 뜨겁게 달군 '트로트 열풍'을 통해서 충분히 입증되었다. 회중 찬송가로서 찬송가도 현재까지 열창되고 있다.

　코로나19의 위기 속에 대한민국을 뒤흔든 트로트 열풍은 방 안에 갇혀 있던 모두를 신명나게 하였다. 트로트 방송프로그램마다 최고 시청률을 갈아치우며 할머니와 손주, 엄마와 딸, 해외교민/외국인과 대한민국 국민이 트로트의 흥과 신바람으로 하나가 될 수 있었다. 반면에 찬송가는 코로나바이러스의 전염성 위험으로 맘껏 부를 수 없었다. 사람들은 트로트를 통해서 마음의 힐링이 되었지만, 찬송가는 그렇지 못했다. 코로나 방역지침으로 흩어진 사람들은 트로트 프로그램을 보기 위해 TV 앞에 모여들었다. 풍류도의 '류'(流)는 '풍'(風)의 신바람과 흥을 통해 '흥겹고 신명나게 살아가는 것'을 의미한다. '용'(用)으로서의 '류'는 트로트와 찬송가의 흥과 신바람이 삶 속에 적용되는 것을 뜻한다. 코로나19 시대에 트로트를 들으며 흥겹게 살아가는 것처럼, 찬송가를 부르며 신명 나게 살 수 있길 소망한다.

| 참고문헌 |

강응섭 · 백승희 | 팬데믹 시대의 가족 서사: 고레에다의 〈그렇게 아버지가 된다〉를 읽는 두 개의 관점

강응섭.『첫사랑은 다시 돌아온다』. 서울: 세창, 2016.

기형도.『입 속의 검은 잎』. 서울: 문학과지성사, 1989.

박규태.『일본정신분석』. 서울: 이학사, 2018.

박미선 외.『가족주의와 가족의 경계들』. 서울: 한국문화사, 2020.

야마모토 시치헤이/김승일 · 이근원 옮김.『일본자본주의의 정신』. 서울: 범우사, 1998.

앤더슨, 베네딕트/서지원 옮김.『상상된 공동체: 민족주의의 기원과 보급에 대한 성찰』. 서울: 길, 2018.

엘리자베트 벡-게른스하임/박은주 옮김.『가족 이후에 무엇이 오는가?』서울: 새물결, 2005.

우에노 치즈코/이미지문화연구소 옮김.『근대 가족의 성립과 종언』. 서울: 당대, 2009.

은석 · 안승재 · 함선유 · 홍백의. "세대 차이인가, 계층 차이인가? : 한국과 일본의 가족가치관 차이를 중심으로."「아시아리뷰」8/1 (2018): 47-74.

이수연 · 이동훈 · 이덕희 · 이민영. "트라우마 사건을 경험한 성인의 낙관성, 대처 방식, 외상 후 성장, PTSD 증상, 음주문제."「한국심리학회지」31/2 (2019): 571-600.

이현주. "이문화 수용과 수용층의 세대연구: 한국의 '386'세대와 일본의 "단카이 세대"를 중심으로."「일본언어문화」40 (2017): 277-293.

임경택. "일본식 근대 호적 기술의 전개 과정과 이에(家) 및 이에제도."「일본사상」18 (2010, 한국일본사상사학회): 167-198.

정수완. "고레에다 히로카즈(是枝裕和)영화에 나타난 가족의 의미 연구."「씨네포럼」19 (2014): 139-167.

Freud, S. "Massenpsychologie und Ich-analyse," *Gesammelte Werke*, vol. 13. Frankfurt: Fischer verlag, 1940.

Hegel, G.W.F. *La phénoménologie de l'esprit*, vol. 1. Paris: éditions Montaigne, 1941.

Lacan, J. *L'identification* (IX, 1961-1962).

윤영훈 | 가족의 탄생: 한국 영화/드라마 속 가족 풍경을 통해 재고하는 기독교 가족의 의미

강보라 · 김기덕. "tvN 드라마 〈응답하라 1988〉 아버지 캐릭터 분석." 「인문콘텐츠」 44호 (2017): 129-154.

고미숙. 『호모 코뮤니타스』. 서울: 그린비, 2010.

김영민. 『영화인문학』. 파주: 글항아리, 2009.

김은혜. "한국사회의 가족해체와 가족신학의 정립의 필요성." 「한국여성신학」 75집 (2012): 6-21.

김정운. 『나는 아내와의 결혼을 후회한다』. 서울: 쌤앤파커스, 2009.

바렛, 미쉘 · 메리 맥킨토시/김혜경 · 배은경 역. 『반사회적 가족』. 서울: 나름북스, 2019.

베네볼로, 레오나드/ 장성수 역. 『근대 도시계획의 기원과 유토피아』. 서울: 태림북스, 1996.

백소연. "가족이라는 레트로토피아." 「한국극예술연구」 65집 (2019): 13-40.

이숙진. "최근 한국 기독교의 아버지 담론에 대한 비판적 성찰: '착한' 가부장주의를 중심으로." 「종교와 문화비평」 22 (2012): 209-237.

이진경. 『모더니티의 지층들』. 서울: 그린비, 2007.

_____. 『문화정치학의 영토들』. 서울: 그린비, 2007.

한금윤. 『모던의 욕망, 일상의 비애』. 서울: 프로네시스, 2012.

황두영. 『외롭지 않을 권리』. 서울: 시사IN북, 2020.

Coontz, Stephanie. *Marriage, A History: How Love Conquered Marriage*. New York: Penguin Group, 2006.

Roof, Wade Clark. *Spiritual Marketplace: Baby Boomers and Remaking of American Religion.* Princeton: Princeton University Press, 1999.

송용섭 | 다문화 영화들 속에 비친 한국의 기독교

마르티엘로, 마르코/ 윤진 옮김. 『현대사회와 다문화주의』. 서울: 한울, 2002.

이형식, 『다문화주의와 영화』. 서울: 엘피, 2018.

호머, 숀/김서영 옮김. 『라캉읽기』. 서울: 은행나무, 2017.

황영미 외. 『영화로 읽기 영화로 쓰기』. 서울: 푸른사상, 2015.

Metz, Christian. *The Imaginary Signifier: Psychoanalysis and the Cinema.* Bloomington: Indiana University Press, 1982.

Rushton, Richard and Gary Bettingson/이형식 옮김. 『영화이론이란 무엇인가』. 서울: 명인문화사, 2016.

Sikov, Ed. *Film Studies: An Introduction.* NY: Columbia University Press, 2010.

Taylor, Charles. "The Politics of Recogntion." In *Multiculturalism : Examining the Politics of Recognition.* NJ: Princeton University Press, 1994.

영화:

〈반두비〉(2008): 신동일 감독, 백진희(민서), 마붑 알엄(카림) 주연, 독립영화.

〈완득이〉(2011): 이한 감독, 유아인(도완득), 김윤석(이동주) 주연, CJ 엔터테인 먼트.

박종현 | 한국 여성 영화에 대한 기독교 공동체의 응답 가능성

〈82년생 김지영〉(2019)

〈미스 백〉(2018)

〈벌새〉(2019)

〈한공주〉(2014)

바디우, 알랭/현성환 옮김. 『사도 바울』. 서울: 새물결, 2008.

스타크, 로드니·로저 핑키 지음/유광석 옮김. 『종교경제행위론』. 서울: 북코리아, 2016.

조남주. 『82년생 김지영』. 서울: 민음사, 2016.

존스톤, 로버트/주종훈 옮김. 『허무한 아름다움』. 서울: IVP, 2005.

박일준 | 방탄소년단을 철학하다: 메시지가 미디어다

구자형. 『BTS: 어서와 방탄은 처음이지』. 서울: 빛기둥, 2018.

김성철. 『This Is 방탄 DNA: 방탄소년단 콘텐츠와 소셜 파워의 비밀』. 도서출판 독서광, 2017.

맥루한, 마샬(Marshall McLuhan). 『미디어의 이해: 인간의 확장』(Understanding Media: the Extensions of Man). 김상호 역. 서울: 커뮤니케이션북스, 2011.

서병기. 『BTS: 방탄소년단과 K팝』. 서울: 성안당, 2019.

이지영. 『BTS 예술혁명: 방탄소년단과 들뢰즈가 만나다』. 서울: 파레시아, 2019.

조귀동. 『세습중산층사회: 90년대 생이 경험하는 불평등은 어떻게 다른가』. 서울: 생각의 힘, 2020.

차민주. 『BTS를 철학하다』. 서울: 비밀신서, 2017.

크로프트, 맬컴(Malcolm Croft). 『BTS: 서툴지만 진실되게 두려워도 당당하게』 (BTS: the Ultimate Fan Book). 홍정인 역. 서울: 미르북컴퍼니, 2019.

Deleuze, Giles & Félix Guattari. *What Is Philosophy.* trans. Hugh Tomlinson & Graham Burchell. New York: Columbia University Press, 1994.

Harari, Yuval N. *Homo Deus: A Brief History of Tomorrow.* London: Harvil Secker, 2015.

Haraway, Donna. *Staying with the Trouble: Making Kin in the Chthulucene.* Durham: Duke University Press, 2016.

Keller, Catherine. *Political Theology of the Earth: Our Planetary Emergency and the Struggle for a New Public.* New York: Columbia University Press, 2018.

김명희 ㅣ 트로트와 개신교 찬송가에 나타난 '한국화'

강원용. "찬송가의 한국화는 시급하다."『찬송가의 한국화』, 서울: 한국 찬송가공
　　　회, 1983.

김규현.『한국교회음악 작곡가의 세계』. 서울: 예솔, 2006.

김명희. "선교, 한류에서 배우다 – 한류의 뿌리 '풍류도'를 중심으로." 한국문화신
　　　학회 엮어지음,『한류로 신학하기』, 166-2011. 서울: 동연, 2013.

김상일. "한류에는 해지는 곳이 없다." 박성수 외,『한류와 한사상』. 서울: 모시는
　　　사람들, 2009.

김성대. "적용화(Adaptation) 관점에서 본 한국교회 찬송가 연구."「신학과 실천」
　　　18 (1998): 337-370.

_____. "한국개신교회 공인 찬송가의 토착화 (I) '한국 개신교회 초기 공인찬송
　　　가에 나타난 적용화(Adaptation) 연구:『찬양가』,『찬미가』,『찬성시』를
　　　중심으로'."「부산장신논총」Vol.1 (2001): 130-157.

김세완. "한국교회음악의 한국화 연구 -『21세기 찬송가』와『예수 나의 기쁨』을
　　　중심으로." 백석대학교 기독교전문대학원 박사학위논문, 2013.

김응재. "한국 교회 찬송가의 토착화에 관하여." 호남신학대학교 신학대학원 석
　　　사학위논문, 2004.

김창남 엮음.『대중음악의 이해』. 경기: 한울, 2012.

김희선. "2010년 이후 한국 트로트의 음악적 변화 및 수요층 증가용인에 관한 고
　　　찰." 경희대학교 아트·퓨전디자인대학원 석사학위논문, 2016.

김희연. "트로트 음악의 사회적 가치에 관한 고찰. 트로트 프로그램의 문화적 현
　　　상: '미스트롯', '미스터트롯' 프로그램 사례분석을 중심으로."「문화와 융
　　　합」42, No.9 (통권 73집, 2020): 557-589.

문성모. "찬송가 한국화(토착화)의 가능성과 그 범위."『민족음악과 예배』, 서울:
　　　한들, 1995.

문옥배.『한국교회음악 수용사』. 서울: 예솔출판사, 2004.

박윤석. "한국 트로트 탄생의 비밀."「월간 샘터」(2020): 32-33.

신성원.『우리가 정말 알아야 할 우리 대중가요』. 서울: 현암사, 2008.

신은경.『風流. 동아시아 美學의 근원』. 서울: 보고사, 2006.

심광현.『홍한민국』. 서울: 현실문화연구, 2005.

양우석. "한국트로트음악의 수용과 형성과정."「음악응용연구」3 (2010): 127-139.

_____. "한국 트로트음악의 역사적 변천과정에 관한 연구."「음악과 민족」Vol. 30 No. 30 (2005): 411-432.

윤성범.『기독교와 한국사상』. 서울: 대한기독교서회, 1964.

이문승. "찬송가의 한국화."「한국기독교신학논총」13 (1996): 371-402.

이성천.『한국 한국인 한국음악』. 서울: 풍남, 1997.

이영미.『한국대중가요사』. 서울: 민속원, 1998.

이정배. "한류(韓流)와 'K-Christianity': 한류와 한국적 기독교(토착화), 그 상관성을 묻다." 한국문화신학회 엮어지음,『한류로 신학하기』, 25-73. 서울: 동연, 2013.

이혜진. "트로트는 정말 일본 엔카에서 왔을까?"「파이낸셜뉴스」2020.5.28. (https://hub.zum.com/fnnews/61344)

조춘영. "장단 - 풍류에서 한류로." 박성수 외,『한류와 한사상』, 305-343. 서울: 모시는 사람들, 2009.

탁석산.『한국의 정체성』. 서울: 책세상, 2005.

대중문화와 영성

2021년 11월 26일 처음 펴냄

엮은이 ㅣ 한국문화신학회
지은이 ㅣ 강응섭 김구 김명희 김상덕 남성혁 박일준 박종현
　　　　　백승희 송용섭 윤영훈 이민형 이병성 전철
펴낸이 ㅣ 김영호
펴낸곳 ㅣ 도서출판 동연
등　록 ㅣ 제1-1383호(1992. 6. 12)
주　소 ㅣ 서울시 마포구 월드컵로 163-3
전　화 ㅣ (02)335-2630
전　송 ㅣ (02)335-2640
이메일 ㅣ h-4321@daum.net
블로그 ㅣ https://blog.naver.com/dong-yeon-press

Copyright ⓒ 한국문화신학회, 2021

ISBN 978-89-6447-740-3 93200